中国电子信息产业发展研究院系列专著

先进制造业集群发展实践
组织变革与合作创新

侯彦全　编著

电子工业出版社

Publishing House of Electronics Industry

北京·BEIJING

内容简介

本书以丰富、完善中国特色产业集群理论体系，指导中国产业集群发展为目标，重点对先进制造业集群进行了理论探讨；界定了先进制造业与先进制造业集群的内涵；搭建了先进制造业集群组织变革和合作创新的"双轮驱动"架构，明确了集群组织变革和合作创新的理论基础、内在机理、驱动机制、发展模式等；系统总结了集群发展促进组织、产业链企业联合党委、产业链上下游企业共同体等集群组织变革发展实践，以及龙头企业引领型、新型研发机构赋能型、多边平台网络协作型等集群合作创新模式的理论逻辑和实践；从先进制造业集群数字化转型、政策工具箱、梯次发展体系、走向创新集群之路、组织网络变革趋势五个方面，提出了先进制造业集群未来值得进一步研究的方向与重点。

未经许可，不得以任何方式复制或抄袭本书之部分或全部内容。
版权所有，侵权必究。

图书在版编目（CIP）数据

先进制造业集群发展实践：组织变革与合作创新 / 侯彦全编著. —北京：电子工业出版社，2023.12
（中国电子信息产业发展研究院系列专著）
ISBN 978-7-121-46950-3

Ⅰ. ①先… Ⅱ. ①侯… Ⅲ. ①制造工业－产业发展－研究－中国 Ⅳ. ①F426.4

中国国家版本馆 CIP 数据核字（2023）第 248445 号

责任编辑：秦 聪　　文字编辑：曹 旭
印　　刷：天津千鹤文化传播有限公司
装　　订：天津千鹤文化传播有限公司
出版发行：电子工业出版社
　　　　　北京市海淀区万寿路 173 信箱　邮编：100036
开　　本：720×1 000　1/16　印张：14　字数：269 千字
版　　次：2023 年 12 月第 1 版
印　　次：2023 年 12 月第 1 次印刷
定　　价：79.90 元

凡所购买电子工业出版社图书有缺损问题，请向购买书店调换。若书店售缺，请与本社发行部联系，联系及邮购电话：（010）88254888，88258888。
质量投诉请发邮件至 zlts@phei.com.cn，盗版侵权举报请发邮件至 dbqq@phei.com.cn。
本书咨询联系方式：qincong@phei.com.cn。

序　言

今天收到彦全的来信，附件是一篇书稿。信中写道："王老师，您好。我的书稿排版出来了，还请您过目。有个不情之请，不知道您是否可以帮我为这本书作序。"关于为书稿作序，我向来是慎重的。不过，我阅读了书稿之后，同意为本书写篇序言。

我从 1982 年开始研究产业集聚，1995 年开始关注产业集群，到现在已经41 年了。最初，我寻找在中国什么地方有集群，涉及的产业活动从高技术到低技术，从创意到非创意，从研究开发到生产制造，我研究了地理邻近、产业联系、社会网络、协同效应、知识溢出。后来，"产业集群"在媒体、政府研究报告甚至正式文件中陆续出现，但是在打造产业集群的口号声中，低端集群的升级和转型遇到了不小的困难，甚至存在企业的倒闭和迁移。在产业地产过度开发的背景下，一些中小企业自然集聚的区域未能得到集群政策的支持。

从 20 世纪 90 年代末开始，我国研究产业集群的学者们一直在不停地探索，从翻译和理解发达国家的集群文献，逐渐走到结合中国的集群发展实际，思考如何发展中国的集群理论，解决中国的实际问题。从 2004 年到现在，经济学、管理学、地理学、社会学的研究学者进行了跨学科的交流，产业集群与区域发展学术会议坚持了 19 年，进行到了第 21 届。我们的研究目标是促进中国创新集群政策的出台和实施。

从媒体上看，产业集群在我国往往被看作"打造产业链"和"打造产业集聚区"，追求的是短期收益，甚至是在各种利益主体的博弈下发展"工业地产""文化地产""科技地产"，而不是技术学习、创新、创造，与国家的自主创新发展战略相违背。

一个问题一直在我的脑海中出现——产业集群研究的目标是什么？波特

说，产业集群可以提高企业竞争力，可以提高区域竞争力，可以提高国家竞争力；克鲁格曼说，产业集聚可以产生规模报酬递增；贝卡蒂尼说，新产业区内有创新环境，可以促进企业创新；很多国家都制定了集群动议或集群战略……

2010年，我在《超越集群——中国产业集群的理论探索》一书中提出了超越集群的八个主张：超越依靠低成本和规模扩张的"打造产业链"和"打造产业集聚区"的做法；超越产业集群作为静态的产业组织形态的认识；超越产业集群内"共同的社会文化和价值观必然促进企业合作"的命题；超越"产业集群必然导致区域经济发展"的逻辑；超越"产业集群必定是创新的空间"的思维；超越从"集群经济"层次理解集群的高度；超越把产业集群看作封闭系统的思维；超越仅用发达国家理论指导中国实践的思维。我国实现关键技术的突破，需要真正的创新集群，最为重要的是要有促进相关行为主体之间真诚合作的体制和机制，需要实实在在的制度创新。集群研究的最终目标，是推动提高我国自主创新能力所需要的制度创新。

2011年，我在第十届产业集群与区域发展国际学术会议的主旨发言中说："我们都很清楚，欧美国家和众多发展中国家正在继续实行集群的动议或策略，回到了集群时刻（Cluster Moment），但是我国在创新型国家的能力建设中，集群战略的重要性还没被充分认识。面对严酷的现实，我们的集群研究任务还相当艰巨，需要继续探索集群研究的方法，深入调研国情实际，从全球链认识地方系统，而培育创新集群的政策仍然是我们讨论的核心。"

我在参考了国外很多文献后提出，政策必须因地制宜，认真分析政府能做什么，如何进行公共干预。产业集群一般指自愿合作而集聚的一群企业，它不是自上而下从零开始组建的，但是通过政策可以克服企业之间缺乏信任、缺乏明确分工，以及缺乏资金等阻碍集群形成的困难。集群政策从市场出发，促进本地企业之间的公平竞争和集体协作，增加人力资本的积累。要把干预的重点放在促进产业联系方面，至于发展什么，如何发展，则由企业自己去决定，切忌一刀切和过多干预。纵观全球，对于区域和国家而言，最重要的是构建具有全球竞争力的集群，从而在复杂多变的国际环境中实现高质量的就业和经济增长。如何构建具有全球竞争力的集群是世界上很多产业集群面临的新挑战。

自2004年开始，"产业集群"一词在行业发展报告和新闻报道中出现得越来越多。科技部、国家发展改革委、工业和信息化部、农业农村部等国家部委以及中国纺织工业联合会等行业协会都以产业集群作为政策抓手。

2007年，国家发展改革委出台了《关于促进产业集群发展的若干意见》。2011年，科技部火炬中心组织实施"创新型产业集群建设工程"。2013年，科技部启动创新型产业集群试点工作。2019年，国家发展改革委发布了《关于加快推进战略性新兴产业集群建设有关工作的通知》，公布了第一批66个国家级战略性新兴产业集群名单；工业和信息化部启动了先进制造业集群发展专项行动。2021年，科技部已在全国布局了152个创新型产业集群。2022年，"实施国家战略性新兴产业集群工程"写入了政府工作报告。

党的十九大报告提出，促进我国产业迈向全球价值链中高端，培育若干世界级先进制造业集群。党的二十大报告重申了要培育世界级先进制造业集群。中共中央、国务院印发的《扩大内需战略规划纲要（2022—2035年）》中也提到了培育世界级先进制造业集群。2023年5月，国务院常务会议审议通过了关于加快发展先进制造业集群的意见。

工业和信息化部主导的先进制造业集群竞赛借鉴的是德国的赛马模式，即由政府给予资金和政策支持，引导集群"比学赶超"。工业和信息化部通过开展多轮竞赛，在全国选拔出了45个国家先进制造业集群。赛迪研究院发布的《世界级先进制造业集群白皮书》提出，世界级先进制造业集群是指在一定区域内，基于专业化分工和比较优势，与先进技术、工艺、先进制造领域相关的企业及关联机构共生形成的高度协同、分工明确、布局合理、技术领先、产业链完善的产业创新网络，并在总量规模、创新能力、组织架构、管理运营、品牌效应、开放程度、制度环境、市场竞争力等方面处于世界领先水平，是先进制造业集群和区域一体化的高级形态。2022年，工业和信息化部出台了《促进中小企业特色产业集群发展暂行办法》，提出"十四五"期间在全国范围内认定约200个中小企业集群，引导和支持地方培育一批省级中小企业集群。

什么是培育创新集群的政策？截至2022年年底，工业和信息化部完成了3批次集群竞赛，遴选出60个初赛优胜集群、45个决赛优胜集群（国家级先进制造业集群）。这个竞赛过程是一个优化培育集群思路、凝聚集群发展共识的过程。彦全的这本书出版适逢其时。他全程参与了工业和信息化部培育先进制造业集群的相关政策实践，此书是他在实际工作中不断深化对产业集群理论的学习，经过认真思考和研究写成的。尽管我的学术语言和他的工作语言不完全相符，但我仍然认定这本书是当前社会需要的好书，能够对集群政策的正确实施和集群理论研究的深化起到抛砖引玉的作用。

发展先进制造业集群是重要的组织变革探索，因为先进制造业集群是处于市场与企业之间的一种网络组织，是有效的区域治理（Governance），它完全不同于政府管理（Government）。此外，由于复杂技术的创新不能依靠单个企业，必须在有效的集群治理机制作用下，使各类创新行为主体通力合作。这也是先进制造业集群的重要特征。本书对我国先进制造业集群内出现的龙头企业引领型、新型研发机构赋能型、多边平台网络协作型等合作创新实践进行了分析。正如本书所言，"推动先进制造业集群走向创新集群的核心要义在于不断激发集群发展内生动力，不断推动知识生产与创造、加速知识扩散与技术外溢，促进集群不断衍生发展新的技术、新的产品、新的产业"。

本书准确抓住了工业和信息化部培育先进制造业集群工作中的两个要点，即促进组织变革和合作创新，将这两个要点作为驱动先进制造业集群高质量发展的两个"轮子"。"以合作创新为动力，可以深化集群组织变革。以集群组织变革为抓手，可以进一步促进集群合作创新"。作者对他和他的研究组所调研的一些案例进行了很好的分析。与以往的国内产业集群研究文献相比，本书探索了先进制造业集群在我国的实践经验和发展路径，对未来如何进一步培育世界级先进制造业集群以及其他创新集群具有重要的参考价值。

当前，发达国家正在多个创新集群之间建立知识网络，集群的对外开放和国际合作趋势值得我们密切关注。在我国，先进制造业集群的政策研究尚处于发展初期，理论研究发展得比较缓慢，甚至基本停留在十几年前。我国还有大量低端的产业集群亟待升级，先进制造业集群的实践经验尚在探索过程中，各种问题会不断暴露出来，实际工作对政策研究和理论探讨还会提出越来越高的要求，因此加强政策研究迫在眉睫。我希望本书能对产业集群研究者的深入研究起到促进作用，也希望彦全继续努力，为我国产业集群研究和培育创新集群作出更大的贡献。

王缉慈

2023 年 9 月 6 日

前　　言

当前，产业集群作为一种高效率的产业空间集聚经济现象，如同"空气中弥漫的创新气息"被广大学者、政府官员和企业认可和熟知。新一轮科技革命和产业变革使网络化协同创新、群体性技术突破、集群化产业布局成为产业发展大趋势，产业生态和产业集群日益成为竞争的焦点。推动产业集群化发展、培育和发展高水平的产业集群在引领产业和技术发展、打造竞争优势方面的作用越来越突出。产业集群已经构成了全球经济的基本空间框架，国与国之间的竞争更多地表现为区域的竞争，而区域核心竞争力则往往集中在它所拥有的产业集群之中。

制造业历来是创新最为集中、活跃的领域，制造业发展质量和效益直接体现一个国家、一个地区的生产力水平，从根本上决定一个国家、一个地区的综合实力和经济地位，是区别发达国家或地区同发展中国家或地区的重要因素。先进制造业集现代科学技术之大成，是先进生产力的代表。它在技术和工艺、制造模式和产业组织方式、产业附加值和带动性等方面具有独特特征。发展好先进制造业，是夯实物质文明基础，引领生产力变革的关键所在；而推动以新能源、新材料、电子信息、高端装备、生物医药等为代表的先进制造业集群化发展，加快在先进制造业领域培养一批具有国际竞争力的产业集群，则是一个国家建设制造强国、塑造国际产业竞争新优势的重要途径。

在我国制造业由大变强的关键时期，在中国制造走向中国创造的关键节点，党的十九大报告明确提出"促进我国产业迈向全球价值链中高端，培育若干世界级先进制造业集群"，首次从政策术语层面提出先进制造业集群的概念，并将培育与发展先进制造业集群放在战略高度予以推进。这项政策术语的提出有着产业集群理论的坚实支撑，以及我国产业集群和先进制造业发展的探索实践基础。在现有的学术研究背景下，我们需要聚焦政策术语提出的背景、目的及实现路径,对其进行学理性解读,同时基于自身实践去进一步丰富相关理论体系,从而进一步指导政策实践。

总体看,党的十九大报告提出先进制造业集群的概念以后,学术界对此并没有投入太多的关注,更多的是将先进制造业集群视为一种基于先进制造业领域的生产性产业集群,用传统的产业集群理论去解释先进制造业集群化发展的现象,尚未深入研究先进制造业集群的内在机理、驱动机制、发展路径等。

回顾我国改革开放 40 多年的历史进程,政府引导建立的各类产业园区和市场主导的专业化产业区(专业镇和专业县等)的产业蓬勃发展,有力助推了工业化发展进程,探寻出一条中国特色新型工业化道路。源于发达国家的产业集群理论应用于中国特色新型工业化道路实践时,需要更深刻的理论指导。基于工业化实践所形成的中国特色产业集群理论,将是中国特色工业化发展的生动诠释。党的二十大提出加快推进新型工业化的战略部署,这将使中国特色新型工业化得到深入推进。我们需要把经典产业集群理论与我国实际相结合,与我国先进制造业和先进制造业集群发展相结合。

不得不指出的是,受限于对先进制造业集群概念内涵、功能定位的认识,现有产业集群理论研究面临瓶颈,尚未触及先进制造业集群的全貌,相关实证研究也有所欠缺。因此,我们需要将先进制造业集群纳入经典产业集群理论体系,结合我国近年来的实践,拓展和丰富中国特色产业集群理论,探寻先进制造业集群发展的中国路径,使产业集群研究逐步回归本源。具体到切入点,笔者认为主要集中在以下三个方面。

第一,先进性是拓展产业集群研究宽度的关键。

产业集群是不断发展的,先进性是引领产业集群发展的动力。随着新一轮科技革命和产业变革蓬勃兴起,以大数据、云计算、人工智能、工业互联网等为代表的新一代信息技术加速与制造业深入融合,材料科学、生命科学加速发展,催生出智能制造、绿色制造、服务型制造等新型生产制造模式,涌现出大规模个性化定制、网络化协同、智能运维等新业态、新模式,促进了增材制造、虚拟现实、信息通信、新能源汽车、工业机器人、智能家电等先进制造业的发展。现有的产业发展形态、制造模式、组织形态已经较原有产业集群理论研究发生较大改变。据此,只有做好产业集群先进性研究,才能把握先进技术、制造方式、服务模式、组织方式变革趋势,在发挥产业集群规模经济和范围经济的同时,加速集群创新外溢和技术扩散,形成产业集群竞争新优势。

第二,网络化是回归产业集群研究本源的核心。

产业集群是各行为主体"结网和互动"的组织网络,是企业、科研院所、中介组织、政府机构等行为主体在业务合作、资源交换、信息传递活动过程中互动交流关系的总和。但是在稀缺资源(创新资源、市场资源、人力资源)的影响下,这种网络结构以不对称联系和复杂网络为主要特征。当前,数字经济的发展加速推动产业组织的发展与演化,从根本上改变了产业组织运行的规则与逻辑,并深刻地影响着集群组织网络的运行效率。因此,认清产业集群生产的社会嵌入性、网络关系的复杂性,推动产业集群"结网"、强化网络治理、实现集体行动和提升集体效率依旧是当前和今后产业集群研究的核心。

第三,融合化是探索产业集群研究方向的重点。

经典产业集群研究的是,企业和机构在地理空间上的高度集聚,基于产业的专业化分工和行为主体的互动合作带来规模经济和范围经济,并最终形成创新经济的问题。随着新一代信息技术的不断进步和深度应用,平台型组织、生态型企业的崛起正促使产业分工降低对地理空间邻近的依赖,而突破地域限制、专业化分工及整体协作的虚拟产业集群逐渐成为一种新形式,产业集群的线上(虚拟空间)与线下(地理空间)的融合发展成为一个新的命题。复杂多变的国际形势倒逼产业由水平分工向垂直整合转变,水平分工的横向联合和上下游紧密协作的纵向整合的产业链集群发展迎来新机遇。推动产业集群发展,愈发需要面对逐渐模糊的产业边界,激发跨行业、跨领域的交叉融合优势。具体谈论某一细分产业形成的产业集群只会流于形式,多产业融合的产业集群才是发展重点。具体到产业生态,更需要探索产业链融合发展新机制,促进产业链与创新链、资金链、人才链的耦合发展,形成产业集群的"化学效应"。

与理论研究相对应,先进制造业集群的政策实践已相继开展。自2019年起,工业和信息化部深入实施先进制造业集群发展专项行动,组织开展全国先进制造业集群竞赛，建立先进制造业集群竞争力评价指标体系，遴选出45个国家先进制造业集群，搭建交流合作平台，出台专项措施，推动先进制造业集群综合竞争力不断提升。在全国先进制造业集群竞赛的带动下，多个省（自治区、直辖市）纷纷制定本地区先进制造业集群发展政策，部分省也开展了本地区先进制造业集群竞赛，确定本地区重点发展的先进制造业集群，相关媒体对先进制造业集群进行了大量报道，在全国掀起了一股关于先进制造业集群的热潮，使得产业集群又迎来一个高光期。

笔者致力于先进制造业集群的研究，并有幸全程参与了工业和信息化部的政策实践。其间，为做好理论支撑，研究组在经典产业集群理论的框架下，对先进制造业集群的内涵、特征、路径等进行了初步研究，提出通过深化集群组织变革、强化集群合作创新来驱动先进制造业集群发展的思路。一方面，提出组建集群发展促进组织的构想，以此为切入点来完善集群社会网络构成，创新集群治理机制，促进集群成员达成共同目标和统一行动。另一方面，提出强化集群合作创新，构建集群合作创新网络，加速集群知识外溢和技术扩散，有效提升集群核心竞争力。总体看，三年来，组织变革和合作创新作为驱动先进制造业集群发展的两个"轮子"，在实践中得到初步验证。

基于此，笔者欲通过深入研究，从理论角度进一步分析先进制造业集群组织变革和合作创新的"双轮驱动"架构，明确集群组织变革和合作创新理论基础、内在机理、驱动机制、发展模式等，发掘我国先进制造业集群实践，以丰富完善中国特色产业集群理论体系，指导中国产业集群发展。围绕这个写作目的，笔者想通过本书重点探索三个问题。

第一个问题，如何理解和定位先进制造业集群？

需要明确的是，笔者对先进制造业集群的研究是在经典产业集群理论体系下进行的。基于此，先进制造业集群其实是产业集群在新时代背景下的演绎。对其概念内涵的界定应在产业集群地理邻近、产业联系和行为主体互动合作核心三要素的基础上，探讨先进制造业集群独有的特征。总体而言，这种特征恰恰集中体现在先进制造业集群的先进性上。这种先进性不仅体现为集群本身所拥有的技术水平的先进、产业领域的先进、生产制造模式的先进，更涉及新一轮科技革命和产业变革趋势下，经济发展范式变动带来的产业集群组织形式、发展模式的变革。这种变革不仅进一步放大了先进制造业集群的特征，而且使经典产业集群理论在解释和指导新的实践中需要进一步拓展理论外延。

经典产业集群理论将产业集群分为生产型集群和创新型集群，并将创新型集群定位为产业集群发展的高级阶段。笔者认为，先进制造业集群本身具备高效率的合作创新网络，体现了一个国家或地区某一行业领域的综合竞争力。因此，先进制造业集群立足于先进制造业，应该将其看作生产型集群和创新型集群的合体。当前，数字经济正带来产业集群的生产制造模式、组织形式和发展模式的变革，国际政治经济形势加速推动产业集群化、产业内在化发展，疫情冲击下产业链、供应链的安全稳定催生新的发展范式。为此，我们需要适应这些变化，积极把握产业集群化的发展规律，将先进制造业集群作为产业集群发展的高级阶段，赋予其制造强国建设的重要载体、现代化产业体系的重要支柱、区域经济发展的重要力量这三大使命，有力支撑中国特色新型工业化发展进程。

第二个问题，如何准确认识组织变革和合作创新驱动先进制造业集群发展？

先进制造业集群作为生产型集群和创新型集群的合体，应在遵循传统产业集群发展路径的同时，探索一条与其内涵特征相对应的实践之路。创新为先进制造业集群发展提供"动力"，而动力引擎的高效运转则需要集群产业组织的保驾护航。聚焦集群组织变革，重在探讨新技术、新业态带来的产业组织形态和模式的变动方向，研究以集群发展促进组织为代表的第三方组织在先进制造业集群发展中的重要作用，探讨保障产业组织高效运转的集群现代化治理机制。聚焦集群合作创新，重在研究如何构建起"政产学研用"的集群合作创新网络，激发各类创新主体的积极性和主动性，加速技术创新、学习、吸收和传播，推动创新成果大规模产业化应用，进而有效破解经济和科技"两张皮"问题。

组织变革和合作创新两者相互配合、相互促进，共同驱动先进制造业集群发展。一方面，集群合作创新网络立足点在创新，而着力点在合作。这就需要借助集群组织变革，增强"政产学研用"等创新主体的协同效应，加速跨界融合、平台崛起，实现集群创新发展。另一方面，集群组织变革重在提升集群产业组织网络的运转效率，增强集群治理能力。这就需要发挥集群合作创新网络优势，通过推动龙头企业构建企业创新生态系统，培育生态主导型企业，借助"政产学研用"网络优势来优化集群组织结构形式，提升集群产业组织密度和韧性。

第三个问题，如何更好地发掘先进制造业集群的中国实践？

经典产业集群理论在我国生根发芽、茁壮成长为一棵参天大树，是与我国工业化发展取得的历史性成就分不开的。无论是新产业区理论所强调的嵌入性、创新型和制度厚度，还是波特的集群理论所强调的集群区位，都对提高竞争力发挥着作用。在当前新型工业化发展的进程中，先进制造业集群作为一种产业发展模式正扎根实际、茁壮成长，应对照集群组织变革和合作创新，发掘中国实践，探寻中国路径。

基于此，聚焦组织变革，笔者着重探讨了先进制造业集群发展促进组织的理论基础、主体选择和发展实践，发掘产业链企业联合党委、产业链上下游共同体等层级治理的创新实践。聚焦先进制造业集群合作创新，笔者重在总结龙头企业引领型、新型研发机构赋能型、多边平台网络协作型的集群合作创新模式，探讨龙头企业创新生态系统运行机理，发掘新型研发机构贯通创新价值链条、破解死亡峡谷的功能定位，指出产业创新服务综合体对集群中小企业创新创业的重要作用。

围绕以上三个问题，笔者基于平时的思考和研究，综合各方材料，编写了本书。本书由六章构成，全书内容结构如下图所示。

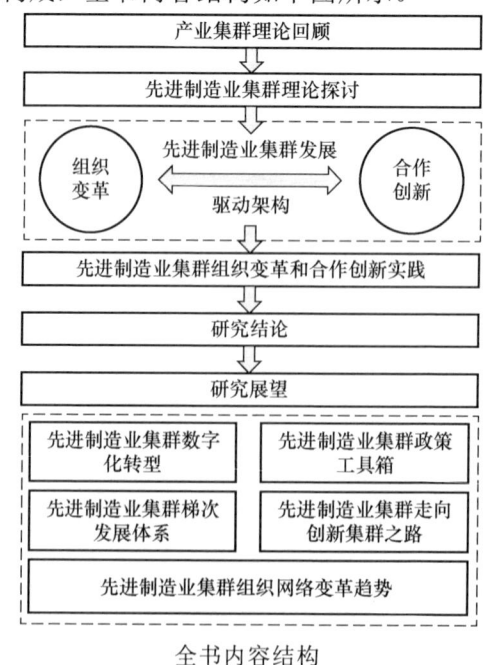

全书内容结构

前　言

第一章重点对先进制造业集群进行了理论探讨，基于对产业集群理论的回顾，对产业集群的内涵进行了再认识，分析了产业集群的形成与发展机制，提出了当前产业集群发展实践的新动向及存在的误区。第二章界定了先进制造业与先进制造业集群的内涵，指出了先进制造业集群相较于产业集群所具备的独特特征，进而提出了世界级先进制造业集群的内涵及其在主要国家和地区的发展实践，总结了我国先进制造业集群发展实践。第三章重点搭建了组织变革与合作创新驱动先进制造业集群架构，分别对组织变革与合作创新的理论基础、作用机理等进行了分析，提出了组织变革与合作创新驱动先进制造业集群架构的总体思路。第四章和第五章分别聚焦先进制造业集群组织变革和合作创新，系统总结了集群发展促进组织、产业链企业联合党委、产业链上下游共同体等的发展实践，以及龙头企业引领型、新型研发机构赋能型、多边平台网络协作型等不同类型集群合作创新模式的理论逻辑和实践。第六章基于我国先进制造业集群发展实践进行了总结，从先进制造业集群数字化转型、政策工具箱、梯次发展体系、走向创新集群之路、组织网络变革趋势五个方面，提出了未来值得进一步研究的方向与重点。

在全书撰写过程中，笔者得到了多位产业集群专家学者、集群实践者和践行者的指点。北京大学王缉慈老师作为笔者从事产业集群研究的领路人，对本书的编写给予了很大的帮助。笔者对经典产业集群理论的初步认识到逐渐深化，都离不开王缉慈老师不遗余力的指导。尤其是本书立足先进制造业，将先进制造业集群作为生产型集群和创新型集群的合体这一研究脉络的构建，也是在王缉慈老师的指点下进行的。中国科学院赵作权老师是另一个给予笔者大力支持的学者。笔者有幸与赵作权老师一同参与到先进制造业集群的相关研究与支撑工作中。赵作权老师对国外经典产业集群理论的认识，对国内先进制造业集群发展变革的呼吁，都给笔者撰写本书带来了很大启发。在此，笔者对两位老师的热心帮助表示诚挚的感谢。

同时，笔者也要感谢给予我帮助的各位领导和同事，没有他们的支持和帮助，笔者完成不了如此繁重的编写工作。本书的实践总结，很多正是得益于笔者亲身参与的先进制造业集群政策研究与支撑工作。如果没有这份难忘的工作经历，笔者是不能系统梳理出如此众多的研究成果的。

最后，笔者还要感谢实地调研中与我交流的先进制造业集群发展促进组织负责人、相关机构负责人及企业家，正是他们的探索，才形成了中国式产业集群发展实践，助推了我国先进制造业集群发展。

系统地进行先进制造业集群研究和实践总结是一项繁重的工程。鉴于笔者自身研究能力、时间和精力有限，提出的观点并不一定科学、全面，梳理的数据和案例难免有疏漏，书中肯定存在不少缺陷甚至错误，相关实践还缺乏一定的实证模型，敬请各位学术界前辈、同人和实践者批评指正。笔者将继续关注先进制造业集群发展，与广大实践者一起探寻中国式先进制造业集群发展道路，不断丰富中国特色产业集群理论体系，为我国制造业由大变强的历史性转变作出一点贡献。

侯彦全

2023 年 3 月

目　录

第一章　产业集群 … 001

第一节　产业集群理论回顾 … 002
一、产业区理论 … 002
二、波特的集群理论 … 005

第二节　对产业集群内涵的再认识 … 010
一、产业集群是地理邻近的企业和机构的集合体 … 010
二、产业集群是组织和认知邻近的区域创新系统 … 010
三、产业集群是各行为主体关联协作的社会网络 … 011

第三节　产业集群的形成与发展机制探析 … 013
一、资源禀赋效应叠加重大事件触发是产业集群形成与发展的关键起点 … 013
二、专业化分工与合作竞争是产业集群形成与发展的基本动因 … 014
三、技术创新的扩散效应和激励作用是产业集群形成与发展的根本动力 … 014
四、产业组织的衍生拓展和自我革新是产业集群形成与发展的本质核心 … 015
五、政府引导下的区域产业政策是产业集群形成与发展的重要保证 … 016
六、依附于制度文化的区域根植性是产业集群形成与发展的有力支撑 … 016

第四节　产业集群发展实践新动向 … 018
一、数字经济带来虚拟产业集群的崛起 … 018
二、逆全球化潮流下加速产业区域化、集群化 … 020
三、新冠疫情倒逼产业链集群发展 … 021

第五节　产业集群发展存在的误区 … 024
一、过于强调众多企业的地理空间集聚，却忽视产业集群内企业间的互动交流 … 024

二、过于强调做大产业集群规模和推动技术发展，却忽视组织变革的
　　　　深远影响 ··· 025
　　三、过于强调产业集群走全产业链的发展模式，却忽视产业集群路径
　　　　锁定的潜在风险 ··· 025
　第六节　本章小结 ··· 027

第二章　先进制造业集群 ·· 029
　第一节　先进制造业内涵与特征 ··· 030
　　一、先进制造业的内涵 ··· 030
　　二、先进制造业的特征 ··· 047
　第二节　先进制造业集群内涵与优势 ······································· 050
　　一、先进制造业集群的内涵 ··· 050
　　二、先进制造业集群的竞争优势 ··· 053
　　三、世界级先进制造业集群 ··· 055
　第三节　全球先进制造业集群发展动态 ···································· 058
　　一、美国 ·· 058
　　二、德国 ·· 066
　　三、日本 ·· 068
　第四节　我国先进制造业集群发展实践 ···································· 071
　　一、先进制造业集群的发展基础 ··· 071
　　二、先进制造业集群的发展实践 ··· 076
　第五节　本章小结 ··· 083

第三章　先进制造业集群的组织变革与合作创新 ························· 085
　第一节　先进制造业集群组织变革 ··· 086
　　一、先进制造业集群组织结构 ·· 086
　　二、先进制造业集群组织治理 ·· 090
　　三、先进制造业集群发展促进组织 ······································ 093
　第二节　先进制造业集群合作创新 ··· 101
　　一、先进制造业集群合作创新网络 ······································ 101
　　二、合作创新网络作用机理 ··· 103
　　三、合作创新网络驱动模式 ··· 105

目录

　　第三节　从组织变革走向合作创新 ·· 109
　　　　一、以组织变革为抓手，促进集群合作创新 ······························· 109
　　　　二、以合作创新为动力，深化集群组织变革 ······························· 109
　　第四节　本章小结 ··· 111

第四章　先进制造业集群组织变革实践 ·· 113
　　第一节　集群发展促进组织的发展实践 ··· 114
　　　　一、集群发展促进组织的组建与运营 ··· 114
　　　　二、集群发展促进组织的功能发挥 ·· 117
　　　　三、集群发展促进组织在实践中面临的瓶颈 ······························· 118
　　　　四、集群发展促进组织的典型案例 ·· 119
　　　　五、政策建议 ·· 135
　　第二节　融合型平台组织的典型实践 ·· 138
　　　　一、产业链企业联合党委模式 ·· 138
　　　　二、产业链上下游企业共同体模式 ·· 141
　　第三节　本章小结 ··· 144

第五章　先进制造业集群合作创新实践 ·· 145
　　第一节　龙头企业引领型的集群合作创新 ·· 146
　　　　一、龙头企业的集群合作创新网络作用机理 ······························· 146
　　　　二、龙头企业创新生态系统——集群合作创新网络新形式 ············· 149
　　　　三、龙头企业引领型的集群合作创新典型案例 ···························· 152
　　第二节　新型研发机构赋能型的集群合作创新 ···································· 160
　　　　一、新型研发机构的内涵与定位 ··· 160
　　　　二、新型研发机构典型示例 ·· 163
　　第三节　多边平台网络协作型的集群合作创新 ···································· 172
　　　　一、产业创新服务综合体的内涵与理论逻辑 ······························· 172
　　　　二、产业创新服务综合体的功能定位 ·· 173
　　　　三、产业创新服务综合体典型示例 ·· 176
　　第四节　本章小结 ··· 180

第六章　结论与展望 ·· 181
第一节　研究结论 ·· 182
一、深化了对先进制造业集群的内涵认识和功能定位分析 ················· 182
二、构建了组织变革和合作创新驱动先进制造业集群发展的总体架构 ········ 184
三、总结了先进制造业集群组织变革和合作创新的中国实践 ············· 186
第二节　研究展望 ·· 188
一、先进制造业集群数字化转型 ··· 189
二、先进制造业集群政策工具箱 ··· 192
三、先进制造业集群梯次发展体系 ··· 194
四、先进制造业集群走向创新集群之路 ··· 195
五、先进制造业集群组织网络变革趋势 ··· 196

参考文献 ·· 199

第一章 产业集群

　　推动产业集聚发展,形成专业化分工与关联协作的产业集群是一种全球性的经济现象。产业集群作为区域经济增长的重要引擎,其所具备的持续发展动力和独特的竞争力已经在全球多个国家和地区得到了实践验证。各个国家和地区形成的色彩斑斓的经济"马赛克",构成了全球经济发展的基本空间框架。产业集群理论知识如同"空气中弥漫的创新气息",已经得到学者、政府领导和企业家的广泛熟知和认可。鉴于经典产业集群理论的完善性,本章不用大量的笔墨论述它,而是结合中国特色新型工业化道路实践,聚焦先进制造业集群研究需要,回归产业集群研究的本源。

第一节　产业集群理论回顾

产业集群的本质是一种产业组织形态和经济发展模式。系统梳理国内外相关研究文献可以发现，产业集群的理论分支众多，从时间维度来看，其经历了从边缘到主流的过程。产业集群的内涵也非常丰富，既包括经济学研究的产业集群、产业群、区域产业集群，又包括经济地理学研究的地方生产系统、新产业区、产业区、产业集聚、产业综合体、区域创新系统等。总体看，这些概念从不同侧面反映了产业集群的内在特征，即集中体现为基于产业分工和集聚发展所形成的规模经济、创新经济和聚变经济。

目前，文献普遍认同的影响产业集群理论和政策的研究脉络主要有两支：一支是 100 多年前英国著名经济学家阿尔弗雷德·马歇尔（Alfred Marshall）提出的产业区（Industrial District）概念，众多学者对其进行了研究与推广，20 世纪 80 年代，意大利学者贝卡蒂尼（Bacattini）在总结"第三意大利"经验的基础上，提出了新产业区概念；另一支是美国经济学家迈克尔·波特（Michael Porter）从竞争力的全新视角来看待和分析某一特定产业的地理集聚所提出的集群（Cluster）理论。

一、产业区理论

产业集群的出现可以追溯到劳动分工。由于分工的存在，资源能够得到较为合理的配置，推动规模经济的形成。我国明清时期的苏州纺织、景德镇陶瓷等是早期产业集聚发展的产物。同时期，在资本主义快速发展的英国，亚当·斯密（Adam Smith）在其所著的《国富论》中研究英国家庭作坊和手工场时，就谈到了产业专业化分工、市场范围的相关思想，并提出中小企业结成群体的概念。亚当·斯密虽然没有提出产业集群的概念，却首次提出了"群体"一词，指引后来学者研究分工创造效率及产业集聚经济现象。可以说，这具有划时代的意义。

19 世纪末，英国经济学家马歇尔从经济学角度解释了产业集聚现象，并在其《经济学原理》一书中提出了"产业区"的概念。马歇尔将产业区定义为专业化产业在特定地方的集聚，这是一种在历史和自然共同限定的区域内，中小企业积极地相互作用，企业群与社会趋向融合的群体。可以说，马歇尔的产业区概念更偏向于中小企业集聚区，对产业地区性集聚现象的研究起到了很好的引领作用。

在马歇尔看来，地方性产业之所以能够在产业区内集聚，除了自然条件和相关资助，根本原因在于能够获得外部经济。具体来看，产业区具备如下特征：一是形成广义的产业，且单个企业高度专业化；二是形成开放的产业氛围，生产活动和社区交往能够促进劳动力和信息交流；三是存在不完全竞争的市场，同时企业间又能相互协作；四是具备诚信的银行系统、便利的购物条件。后来，马歇尔在1920年出版的《经济学原理》（第三版）中，将产业的地区性集聚现象解释为专业劳动市场的存在、中间品投入和技术外溢（徐康宁，2003年）。但由于马歇尔的产业区思想缺少严格的数理表示方法，后来的新古典经济学研究对此并没有过多涉及。

20世纪80年代，贝卡蒂尼提出产业区是意大利战后发展的支柱之一，使用新产业区的概念可以很好地解释托斯卡纳及"第三意大利"的其他地区为什么会有如此高效率的工业增长。皮奥里和萨贝尔（Piore and Sabel，1984年）合著的《第二次产业分工》一书在对"第三意大利"和德国南部地区的产业区进行分析的基础上，系统地对19世纪的产业区再现现象进行了重新解释。他们认为，"第三意大利"的产业区专业化程度高、企业间协同作用，是一个弹性专精或柔性专业化（Flexibility Plus Specialization）的中小企业所组成的地方生产系统。贝卡蒂尼（1989年）进一步研究认为，新产业区是一种社会地域的实体，其特点是居民社区和多个企业在一个自然和历史意义上有边界的区域内积极地相互渗透。此后，派克、贝卡蒂尼、森根伯格（Pyke、Becattini、Sengenberger，1990年）在一篇题为《意大利的产业区和企业间合作》（*Industrial Districts and Inter-firm Co-operation in Italy*）的研究报告中，讨论了产业区概念，并指出产业区涉及一个社会领域的活动，其特征是在一个自然和历史上有边界的区域内，活跃地存在一个群体和一批公司。

基于意大利创新传统产业区的经验，热贝罗蒂（Rabellotti，1995年）认为创新型的专业化产业区具备以下特征：一是企业的空间集聚和部门集中；二是行为主体间有社会文化联系和共同的行为准则；三是基于市场，物品、服务、信息和人员形成了纵向和横向的联系；四是有为众多企业服务的公共服务机构。

2009年，贝卡蒂尼、贝兰迪、普罗波利斯（Becattini、Bellandi、Propris）这三位研究产业区的学者作为主编，将53篇来自世界各国的论文汇集，出版了《产业区手册》（*A Handbook of Industrial Districts*）一书。该书的出版在一定程度上表明了新产业区（又称意大利式产业区）已经成为集群理论的重要分支和区域发展、经济地理研究的热点。

具体到国内的研究，王缉慈（2016年）认为，新产业区对研究发展中国家的中小企业专业化集聚现象具有非常重要的意义。她在《创新集群三十年探索之旅》一书收录的《北京新技术集聚体分析：它是正在形成新产业区吗？》论文中指出，西方新产业区的精髓是走自立型而不是依附型发展道路，但对发展中国家来说，加强区域内行为主体间的合作联系、构建区域创新网络和发展新产业区非常重要。20世纪末的北京中关村已具有新产业区的雏形，但由于区域内行为主体间联系薄弱和本地根植性差，还不能称之为成熟的新产业区。

就此可以引出，新产业区理论强调社会和文化因素的影响，嵌入性、创新性和制度厚度是识别新产业区的基本标准。其中，嵌入性是新产业区的标志之一，它指的是新产业区内各行为主体的经济行为要嵌入社会关系中，与本地企业形成"强关系"和"弱关系"。因此，也有观点将新产业区定义为"基于一定的地方劳动力市场，由社会劳动分工紧密联系在一起的企业所组成的本地化网络"。创新性所体现的创新能力是新产业区得以持续发展的动力。新产业区所形成的产业氛围，对企业、科研机构开展正式或非正式的合作，促进知识学习、知识外溢和技术扩散具有重要作用。制度厚度是新产业区区别于马歇尔的产业区概念的重要因素。新产业区内的企业需要处理好竞争和协作的关系，在政府部门、行业协会、社会组织等的参与下，形成良性竞争、充分协作的制度安排。

20世纪90年代，以克鲁格曼（Krugman，1991年）为代表的新经济地理学派将空间概念引入规范的经济学研究，基于垄断竞争市场结构和规模报酬递增的假设，提出新的空间经济理论，并发表了集聚经济的观点。克鲁格曼把劳动市场共享、专业化分工和技术外溢解释为产业区的三个关键因素，首次通过工业集聚模型分析证明工业集聚将导致制造业中心区的形成。同时，受贸易保护、地理分割等外在环境限制，工业集聚形成的产业区空间格局呈现多样化趋势，特殊的历史事件将会在产业区形成过程中产生巨大的影响力。但新空间经济理论未能深入新产业区内部，也没有深刻剖析新产业区发展模式与区域创新、发展环境之间的互动关系。

总体看，新产业区理论仍有很多不足，具体表现如下：一是对跨国公司论述不够，认为垄断的企业注定是不合作、浪费资源和难以创新的企业，但在现实中，大企业与小企业不仅在当地范围内而且在全球范围内有着深度合作；二是对国家干预的论述不足；三是尚未对大学及其他非营利机构的作用进行完整概括；四是不重视新产业区形成中熟练技术劳动力的跨区域流动；五是对环境因素考虑不足（王缉慈，2019年）。相信随着全球化的发展，加之新一轮科技革命和产业变革的蓬勃发展，新产业区理论将不断演进。

二、波特的集群理论

我国很多产业集群研究者、政策实践者在开展产业集群研究时都是以学习、认识波特的集群理论为出发点的。集群的概念首次正式出现是在迈克尔·波特1990年出版的《国家竞争优势》一书中。波特在对美国、德国、日本、韩国、意大利等10个工业强国的研究中发现，企业在地理上集聚对生产率和创新能力的提升具有重要促进作用。波特认为，一国竞争力的高低取决于产业创新与升级的能力，各国只能在本国特有的产业中获得国家竞争优势，竞争优势需要通过高度本地化过程产生并持续发展，而评价一个国家产业竞争力的关键则是该国是否形成有效的竞争性环境和具有地理集中性，进而推动产业集群的出现。波特将集群发展提高到增强国家竞争力的高度，创新、升级、竞争力等词汇作为学术讨论的对象，借助《国家竞争优势》的出版，集群理论陆续走进政府部门、企业代表的视野中。

国家竞争优势理论认为，没有一个国家能在所有部门都获得国际竞争优势，只有在本国特有的产业能获得国家竞争优势。有些国家能形成特色产业，并通过持续推动特色产业创新与升级获得国家竞争优势；而有些国家不能形成特色产业，即使有特色产业，特色产业也会在所谓的创新中不断走向衰败，更不用提形成国家竞争优势了。这是为什么呢？为了回答这个问题，波特构建了著名的"钻石模型"（多数学者也称之为"菱形架构"，见图1-1）。

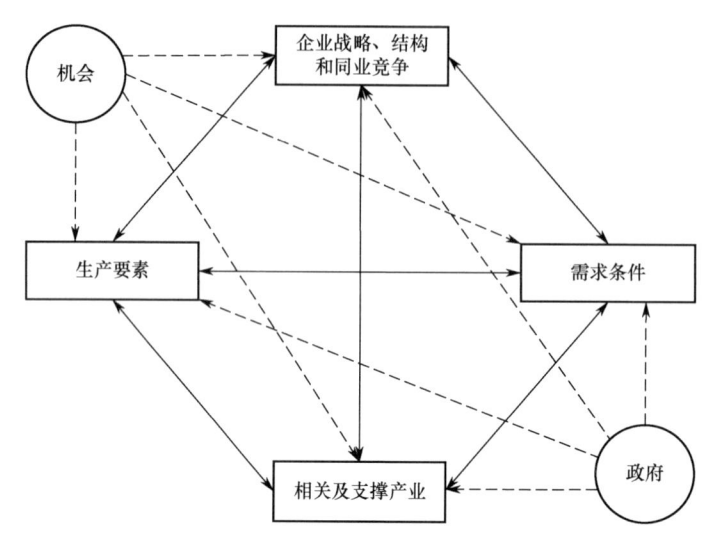

图1-1 波特"钻石模型"

注：参考《国家竞争优势》，迈克尔·波特著，李明轩编译。

波特认为，国家竞争优势的取得关键在于四个基本要素和两个辅助要素的整合作用。

生产要素主要包括一个国家的自然资源、地理位置、气候等初级要素，以及劳动力、资本、基础设施、知识资源等高级要素。波特认为，初级要素可以为一个国家提供一些初始的优势，而高级要素对国家竞争优势的形成则具有更重要的作用。

需求条件指的是某一特定产业的产品和服务在国内的市场需求数量与市场成熟度。波特认为，市场需求数量的多少、市场成熟度的高低、消费者的需求多样性对塑造该国竞争优势具有显著作用。

相关及支撑产业主要是指国内是否存在具有国际竞争力的供应商和关联辅助行业。某一特色产业叠加相关及支撑产业，会形成上下游纵向协作的产业链条，链条各环节产业会相互响应、自我促进。

企业战略、结构和同业竞争往往与国家的环境和历史有关。国内的本地竞争给企业带来创新、改进质量、降低成本、通过投资提升生产要素等级等一系列压力，这有助于刺激企业不断改造升级。

波特认为，以上四个基本要素是相互作用和相互制约的，任何一个基本要素的发挥，都需要其他基本要素的作用。同时，机会和政府这两个辅助要素又是最大变量。竞争优势的形成，需要重大技术变革、重大热点事件等带来的机会，而这些机会往往是无法控制的。这需要政府政策的影响，政府部门往往会通过正向激励性政策和负向约束性政策，来增强或削弱国家竞争优势。

随着不断用竞争观点指导企业战略和创造商业环境，波特的集群理论不断丰富和完善起来。1998年，波特在《哈佛商业评论》上发表的《集群与新竞争经济学》一文中阐述了在全球经济中集群区位对提高企业竞争力的作用，并明确提出，产业集群是指在某一特定领域内互相联系的、在地理位置上集中的公司和机构的集合，这些地理上靠近的相互联系的公司和关联的机构同处于一个特定的产业领域，由于具有共性和互补性而联系在一起，并可以纵向向下延伸至销售渠道和客户，横向扩展到辅助性产品的制造商及专业化培训、教育、信息研究和技术支持的政府部门及其他机构（波特，1998年）。

2009年，波特和科特尔斯（Porter and Ketels）在《产业区手册》收录的《集群和产业区：共同的根源，不同的视角》（Clusters and industrial districts: Common roots, different perspectives）一文中指出，集群是专业化的知识、技能、基础设施和支柱性产业在提高生产力方面的自然表现，也是地理纬度、活动维度和商业环境维度的集中体现。集群是由供应商关系、共同的劳动力市场、竞争、知识学习和外溢的组合所驱动形成的，具备推动持续创新、降低企业进入风险、促进衍生与发展等重要作用。波特的集群理论将网络理论与竞争联系起来，将经济集聚理论和社会网络理论整合到一起，进而指出，集群提供了一种新理论方法探讨网络、社会资本和民众参与影响竞争的机制（王缉慈，2019年）。集群是处于市场和等级组织之间新型的空间组织形式，相较于单个大型企业，更具备效率和灵活性优势；相较于分散、随机的市场交易，重复性交易有利于降低交易成本和更好地协作。可以说，波特的集群理论更新了过去经济活动区位取决于一般生产要素禀赋的主流观点，为企业区位选择、地方发展特色产业提供了新的视角。

改革开放以来，基于中国特色工业化发展实践，借鉴国外产业集群理论研究成果，我国众多学者从经济学、地理学、管理学等学科角度对产业集群的内涵与构成、形成与发展开展研究，有效丰富、完善了经典产业集群理论体系。其中，比较权威且较早的产业集群内涵是由王缉慈提出的。王缉慈认为，产业集群是一种新型的产业组织形态，由地理上邻近且相互联系的企业和关联机构组成，它们同处于一个特定领域，围绕共同目标，相互交流合作形成网络化的协作关系。企业作为集群主要行为主体，主要是集群上下游生产制造企业和金融、法律、咨询等服务企业。机构则分为合作机构和知识机构两类，知识机构指的是大专院校、科研院所和技术创新中心等提供基础、共性技术创新的研究机构，合作机构指的是促进集群成员交流合作、提高集群集体效率和协同能力的机构（王缉慈，2010年）。地理邻近、产业联系和行为主体互动合作是形成产业集群的三要素，这为开展产业集群研究、识别一个地方是否形成产业集群等，提供了根本遵循（见图1-2）。

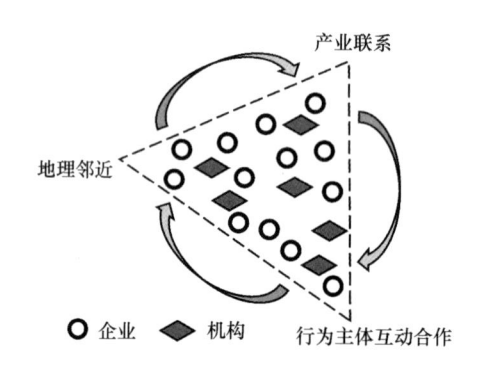

图1-2 产业集群三要素

注：参考《超越集群：中国产业集群的理论探索》，王缉慈。

需要指出的是，与国内外产业集群发展实践如影随形的是，对产业区理论和波特的集群理论的讨论。波特用一般模式将不同起源、结构、组织动力和发展轨迹的各类集群整合起来，这使得集群理论显得简单化。波特提出的竞争力概念过于宽泛和复杂，并且将竞争力与生产率的概念交错使用，陷入区域竞争力强就是区域生产率高的误区。相关学者指出，波特的集群理论的根本局限是他从其他经济现象中抽象出集群，并且集群往往以孤立、自我封闭的实体形式出现（Breschi and Malerba，2001年）。同时，波特的集群理论是不完全理论，只强调了集群对竞争的重要性，但回避了技术发展的来源和性质、生产的社会嵌入性、权利的作用及网络关系的复杂性等问题（王缉慈，2019年）。在空间层面上，波特提出的集群并没有固定的边界，既可以大到一个国家，又可以小到一个园区，使得集群在不同空间范围内都能套用。

第二节 对产业集群内涵的再认识

进入 21 世纪以来，众多学者对产业集群的研究一直在不停地进行，不同领域的学者从集群形成机制、集群分类、组织治理、竞争力评价等角度开展专题研究。而在实践中，我国产业集群遵循市场经济规律，在国家和地方政策的支持下取得了飞速发展，在一定程度上丰富了我国产业集群理论体系，进一步丰富了产业集群的内涵。由此，基于对产业区理论的回顾，综合众多学者的研究和实践，笔者对产业集群的内涵认识如下。

一、产业集群是地理邻近的企业和机构的集合体

就产业区理论和波特的集群理论而言，地理邻近是产业集群三要素之一。波特认为，集群产生的原因之一就在于邻近而引起的外部性，集群是某一特定领域内互相联系、在地理位置上集中的公司和机构的集合（波特，1998 年）。经济地理和区域经济理论早就发现，数量众多的相关企业和机构集聚在一起所引起的外部性（也称作"邻近效应"），可以有效减少物流成本、交易成本、能源成本和时间成本，带来外部经济效应和报酬递增。

当然，如果只强调地理邻近，不强调社会网络属性，那么地理邻近的企业和机构的集合体跟所谓的企业集聚是等同的。地理邻近虽然能影响集群创新，但它既不是集群创新的必要条件，也不是充分条件，它需要强化其他形式邻近的作用来影响创新（李琳，2014 年）。因此，产业集群所强调的地理邻近与地理上的"扎堆""凑一起"有着本质区别。我们不能简单地以打造园区的形式来培育发展集群。就集群而言，企业和机构的地理邻近更多的是方便进行集体行动，提升集体效率。

二、产业集群是组织和认知邻近的区域创新系统

正如上文所探讨的，集群是处于市场和等级组织之间新型的空间组织形式，

具有市场和企业双重性质。相较于单个大型企业，集群更具备效率和灵活性优势；相较于分散、随机的市场交易，集群企业间的重复性交易有利于降低交易成本和更好地协作。组织邻近指的是产业集群组织内各主体间组织特性相似，即共同隶属或利益形成的关系相近，是行为主体交互学习与创新的一个重要维度。产业集群组织邻近，促使合作双方的认知结构和环境相似，进而促进认知邻近的产生和发展（李琳、韩宝龙，2009年）。相关研究和实践表明，组织和认知邻近对集群创新绩效有显著的正向影响作用。正如约瑟夫·熊彼特（1912年）所认为的，创新不是孤立事件，它们趋于集聚，需要企业间的相互合作和竞争；也如新产业区理论所强调的，产业集群是一个区域创新系统，是孕育创新过程的产业社区。

产业集群内的企业、高校、研究机构、中介机构基于组织和认知邻近，通过横向、纵向的联结和互动形成区域创新生态系统，基于正式的交易性协作和非正式的非交易性协作，有效降低创新成本，加速知识学习、知识外溢和技术扩散，最终形成包括短期优势和长期优势在内的集群综合竞争优势。但是过度的认知邻近也会对集群的学习和创新造成不利影响，一方面容易导致认知锁定，另一方面会提高无意识知识外溢的风险（李琳，2014年）。我们需要平衡好认知差异和认识邻近之间的关系，建立多样且互补的知识基础（Boschma，2005年）。

三、产业集群是各行为主体关联协作的社会网络

社会网络理论研究的是既定的个体间、单位间、群体间所形成的各类社会关系，用以解释相同的社会情境下各行为主体形成相似行动的原因与本质。从社会网络视角来看，产业集群归根到底是一种社会网络，基本构成要素是众多的节点（企业、机构）和节点之间的相互关系。新产业区理论强调社会和文化因素，并指出地理上接近并具有经济联系的企业在充满信任的产业社区中、在一定的制度安排下可能会增强社会联系（王缉慈，2019年）。波特将经济集聚理论与社会网络理论整合到了集群模式中，他在集群定义中强调的"地理上靠近的相互联系的公司和关联机构，具有共性和互补性而联系在一起"本身就是社会网络的一种体现。

研究认为，产业集群社会网络是指集群内企业、科研院所、中介组织、政府机构等行为主体在业务合作、交换资源、传递信息活动过程中互动交流关系的总和。产业集群社会网络直接或间接地将集群成员连接起来，受稀缺资源（创新资源、市场资源、人力资源）的影响，形成了以不对称联系和复杂网络为主要特征的网络结构，因此产生了以获取稀缺资源为目的合作和竞争活动。网络联系的基础是分工合作，围绕某一产业，形成横向和纵向、直接和间接的联系，主要表现为产业链、供应链的纵向关联、不同企业和机构的横向联合及同类企业的群居等。

第三节　产业集群的形成与发展机制探析

产业集群的形成与发展是多种效应综合影响及内外部动力相互作用的动态过程。正如波特所认为的，地理上邻近、文化和制度上允许特别的访问、特别的关系、较好的信息、强有力的激励是产业集群发展的优势。笔者通过对国内外知名产业集群的形成原因和发展模式分析发现，一个成熟且实力较强的产业集群，大多是所在区域在具备一定产业发展基础的前提下，通过重大事件触发、专业化分工与合作竞争、知识学习和技术扩散，并辅以政策引导和制度文化滋养，实现衍生互动与自我革新的（侯彦全、张兆泽，2022年）。

一、资源禀赋效应叠加重大事件触发是产业集群形成与发展的关键起点

虽然新产业区理论和波特的集群理论都已经表明，资源禀赋的地理区位在产业集群的形成与发展中的地位已经逐步弱化，但不可否认，为了充分利用本地区的自然资源或劳动力、技术、资本等非自然资源优势来实现规模经济和范围经济，其仍是一个产业集群形成和发展的起点。同时，一些研究学者认为，产业集群的形成也受到了"偶然因素"的影响。笔者将其概括为重要历史事件、突出人物或典型企业、科研院所的推动。正是资源禀赋效应叠加重大事件触发，才促使集群自身的先发优势不断自我累积和强化，最终成为产业集群的"原爆点"。这也是产业集群不仅产生在我国东部沿海发达地区，还产生在我国中西部欠发达地区的原因。一些新兴的发展潜力巨大的产业集群先在某个地方偶然落地生根，该行业内最新的技术最有可能在该地区出现和传播，人才和服务也将陆续向该地区集中，不断有企业进入该地区，裂变出新的企业，产业集群不断成长。

例如，长沙工程机械产业集群缘起于20世纪60年代浦沅机械厂和第一机械工业部建筑机械研究所相继迁至长沙这一历史因素，后凭借湖南优越的地理位置和丰富的劳动力资源，建筑机械研究所借助城镇化建设的东风，不断裂变出三一、中联重科等领军企业，进而带动集群不断发展壮大。无锡市物联网集群则离不开2009年国务院批准同意无锡建设国家传感网创新示范区这一事件

的"触发",借力无锡民营经济发展优势和新技术、新要素带来的发展机遇,使得无锡在物联网产业领域率先"生根发芽",最终凭借先发优势形成全国领先的物联网"生态群落"。

二、专业化分工与合作竞争是产业集群形成与发展的基本动因

产业集群是一种分工明确、具有自组织功能的专业化生产体系(万幼清,2013年)。从生产制造方式和营销服务模式看,产业集群具有专业化的特征。在产业集群内,数量众多、相互联系的大中小企业为追求规模经济汇聚到一定地理空间内,每个企业都专注于某一道工序来完成最终产品的生产,各类机构聚焦某一个环节提供专业化的服务。企业、金融机构、行业协会、培训机构、贸易协会、创新中心、政府部门、商业服务组织等,通过纵向专业化分工和横向经济协作最终形成分工与合作关系网,依托各类专业化市场和区域性物流的支撑,有效降低了运输成本、互动成本和信任成本,进而实现"弹性专精"的生产和经营活动,大大提高了总体生产效率。可以说,产业集群的形成,是集群企业分工协作的结果。

例如,深圳市电子信息产业集群的形成与发展离不开赛格电子器材配套市场、华强北的支撑,是5万余家专注于各类电子元器件、智能终端的设计、开发、制造、服务、应用等环节的企业专业化分工和合作的结果。又如,南京新型电力装备产业集群是600多家规模以上工业企业、17家单项冠军企业和10家专精特新"小巨人"企业的集合体,这些企业分布在电力装备产业链"发、输、变、配、用、调度、通信、综合能源服务、电力网络安全"9大环节上,为国电南瑞、国电南自、南高齿等一批龙头企业提供了80%以上的本地配套。

三、技术创新的扩散效应和激励作用是产业集群形成与发展的根本动力

一个成熟的产业集群大多形成了区域知识网络和创新生态系统,企业间相

互学习、模仿和借鉴，加速了知识外溢和技术扩散，进而激励企业下更大力度、花更多精力开发新技术、新产品，更有助于企业与科研院所间通过高效合作降低创新风险与成本，加速技术创新能力的螺旋式累积。

例如，杭州数字安防产业集群聚焦名校、名院、名所建设，依托200余家创新载体和平台，搭建海康威视视频感知、阿里云城市大脑两个国家人工智能开放创新平台，推动了海康威视、新华三、大华股份和宇视科技等龙头企业，以及大立科技、中威电子、博雅鸿图等"单项冠军"企业在关键控制芯片设计和研发、终端设备制造等关键环节的"链式创新"。又如，温州乐清电气产业集群依靠正泰、德力西等龙头企业的相互促进，聚焦智能电气产品，通过优化整合供应链、搭建公共技术服务平台，带动金卡智能、宏丰电工等800多家专精特新中小企业创新发展。

四、产业组织的衍生拓展和自我革新是产业集群形成与发展的本质核心

从演化特征看，产业集群的形成与发展呈现出从低级到高级、从简单到复杂的动态化和可塑性。纵观国内外知名产业集群的形成与发展，大多经历了从依靠产业生态优势吸引更多企业集聚到推动众多企业裂变成长，再到企业间激烈竞争倒逼集群升级的生命周期历程，伴随的则是在原有产业链环节发展壮大的同时，不断沿产业链拓展上下游环节，衍生出新的产业"接续"或"替代"原有产业，最终实现持续的规模扩张和整体升级。

例如，东莞市智能移动终端集群依靠引进诺基亚，建立了完善的手机硬件供应体系，在诺基亚没落之后迅速依靠步步高旗下的OPPO和vivo两大子品牌和引进华为研发制造基地，抢占了智能手机的"赛道"，并不断向智能可穿戴设备、虚拟与增强现实设备、智能服务机器人等多领域延伸，最终形成了以整机生产制造为主，涵盖从方案设计、元器件和模组、电池、整机制造到应用服务等全部环节的融合型集群。又如，深圳市、广州市高端医疗器械集群的发展离不开生命科学与电子信息技术的交叉融合，机电一体化的高度发展带来临床诊断的新型数字成像技术、植入电子治疗装置、数字化手术设备等高端医疗器

械产品在集群内的产生与快速发展，推动了迈瑞、开立、理邦等企业实现转型升级，最终形成了以医学影像诊断类、医用电子仪器类等为特色的融合型产业集群。

五、政府引导下的区域产业政策是产业集群形成与发展的重要保证

对于产业集群的发展，政府的主动作为贯穿了全过程。积极有效的区域产业政策助推产业集群选择相对最优的发展路径，建立符合自身发展的区域资源配置体系、基础设施供给体系，形成公平竞争的市场环境。

例如，江苏省早在 2003 年就出台了《关于培育产业集群促进区域经济发展的意见》，又在 2018 年率先出台了《关于加快培育先进制造业集群的指导意见》，遴选出新型电力（新能源）装备、物联网等 13 个基础较好的先进制造业集群作为重点培育对象，并分类制定培育政策措施，这为推动集群竞相发展和水平提升奠定了良好的基础。又如，合肥市智能语音集群以 2012 年、2018 年工业和信息化部与安徽省人民政府分别签署的部省共同推进智能语音产业发展合作协议为引领，聚焦"精准滴灌"和"生态打造"制定出台了一系列政策措施，累计安排扶持资金近 20 亿元，相继组建总规模 50 亿元的智能语音及人工智能产业发展基金，举全市之力打造出了"中国声谷"品牌。

六、依附于制度文化的区域根植性是产业集群形成与发展的有力支撑

根植性（也称嵌入性）是经济主体的经济行为与区域的社会、文化和政治等的关系，是形成产业竞争优势的力量源泉。产业集群基于特定区域环境（包括社会历史文化、经济和社会关系网络等）的根植性，强化了产业集群行为主体对区域品牌和地理标识的高度认同。产业集群的发展与本地经济、社会乃至政治、文化密切地联系在一起，有效提升了整个产业集群产业链条的完整性和区域供应配套的黏性，使得某个企业或产业链条脱离这个环境的阻力非常大，

即使脱离了这个环境，也很容易变成"无本之木"，难以可持续发展。同时，产业集群依靠区域性的行业协会、产业联盟、科研机构等集群集体行动的组织者、群规群范的倡导者，在一群敢闯敢干的企业家的带领下，形成了开拓进取、鼓励创新、追求卓越、开放包容的集群文化。可以说，产业集群成员间的关系不仅可以用契约来维持，还可以依赖承诺与信任。

例如，以民营化与原生态、重商文化等为特质的佛山家电产业集群发轫于改革开放中的乡镇经济，厚植了集聚经济和创新经济发展的土壤，依靠民间自发形成的行业协会、商会和政府引导下的集群发展促进中心，在集群间有效构建了"竞争者合作"和"抱团发展"的理念，形成了集群成员共同遵守的准则，推动企业共同应对各类风险、共享市场机会。

综上分析，只有在地理区位、基础设施、产业政策和制度文化等方面具备一定的条件，一个区域才有可能培育和发展出成功的产业集群。产业集群是市场经济发展的必然结果，但也离不开政府强有力的引导和政策的支持，需要切实处理好培育与发展的关系。这也启示我们，产业集群的形成和发展是多种因素影响的结果，培育产业集群要尊重产业发展规律和考虑地方承载力，以及考虑文化、区位、政策、产业等因素，综合施策。

第四节　产业集群发展实践新动向

一、数字经济带来虚拟产业集群的崛起

前文提到，随着信息和互联网技术的快速发展，突破地理空间限制、专业化分工及整体协作的虚拟产业集群逐渐成为产业发展的新形式。传统产业集群追求交易成本降低和规模经济扩大所依赖的"地理邻近"正在被开放化、动态化的虚拟产业集群的"组织邻近"替代，产业集群的空间形态逐步由"脑体合一"走向"脑体分离"（李春发等，2020年）。

所谓虚拟产业集群（Virtual Industrial Cluster，VIC），是指依靠现代通信与网络技术、活动范围不局限于地理区域的产业集群，通过各种公共服务、中介机构等组织搭建的平台共享资源，使产业链和价值链具有内在联系的企业和机构在虚拟空间上集中，实现充分竞争、共同发展的虚拟化集合体。阿里巴巴1688平台、海尔卡奥斯工业互联网平台等都是虚拟产业集群的代表，以及建立了合作创新平台且由跨区域企业组成的美国工程技术研究中心、中国制造业创新中心等，在一定标准上都可以归类为虚拟产业集群。

总体看，虚拟产业集群与传统产业集群最大的区别在于，以产业"组织行为接近"取代"地理位置接近"的空间集聚（Romano、Passiante 和 Elia，1999年）的驱动机制由自然资源禀赋转向平台企业。虚拟产业集群的边界是动态的和模糊的，传统的地理空间束缚将变得十分脆弱，取而代之的是利用分布不均的资源禀赋和知识溢流的灵活性，在更大的虚拟空间范围内加速信息资源的流动和市场机遇的分享（李运强、吴秋明，2006年）。虚拟产业集群内成员之间保持较高的独立性和自由度，可以基于信任和契约相互联结，合作伙伴选择相对自由，进出也比较容易。由于集群内的成员是动态变化的，旧的企业离开、新的企业进来，这使得虚拟产业集群时刻保持活力。同时，虚拟产业集群借助互联网和大规模数据处理技术，建立能够实现跨区域协作的虚拟创新环境，极大地提高了信息共享与创新合作效率，同时也有效促进了多学科交叉融合。虚拟产业集群更多地形成智力资本等无形资源的协同，而非有形资源的集聚，从而具备人力资本协同效应、结构资本协同效应和社会资本协同效应（肖建华等，

2016年)。虚拟产业集群与传统产业集群比较见表1-1。

表1-1 虚拟产业集群与传统产业集群比较

比较项目	传统产业集群	虚拟产业集群
驱动机制	自然资源禀赋驱动	平台企业驱动
空间维度	地理上集中所呈现的地域性	网络虚拟所呈现的全球性
组织文化	基于地域的管理与文化认可	更加开放包容的文化
集群组织结构	结构和合作流程较为清晰	结构和合作流程不清晰,动态变化
集群治理模式	多数依靠企业的信誉和层级管理	依靠网络组织,公开透明的信息
供应链关系	采购-分销-物流等传统作业管理	共享信息化综合服务平台的建设和协调

从虚拟产业集群的内涵与特征可以看出,虚拟产业集群更适合科技创新、文化创意等产业的发展。而生产制造领域的产业集群(即生产型集群)重在制造业的集聚发展,地理空间在其发展中仍扮演较为重要的角色,但企业对资源的跨区域整合配置需求、技术知识创新的快速获取及信息技术的应用将生产型集群的虚拟化转型提到了新的高度。

生产型集群的依托载体从实际的地理空间向地理空间和虚拟化平台空间相结合转变。生产型集群拉近了成员间的"空间距离和组织距离",在一定程度上降低了运输成本、互动成本和信任成本。受制于地理空间的约束,集群外企业为获得集群效益而迁入集群的成本往往很高。区域内特定的自然条件、历史文化与政策环境往往使得集群成员的关系相对封闭,存在开放性不足进而陷入路径依赖的风险。而基于互联网构筑的虚拟空间是超越地理空间边界的,具有先天的开放属性。生产型集群通过企业虚拟化转型、网络虚拟载体和平台搭建,将有效推动集群成员基于一定的契约和规则实现虚拟空间的集聚,最终形成一个线下"实体"与线上"虚拟"的有机结合体。这不仅可以突破集群成员数量与规模的限制,让企业随时随地进出虚拟空间,还可以加速信息的交流共享,减少信息的不对称。一方面,减少不必要的交通物流运输信息,从而间接降低地理空间实体中的交通运输成本;另一方面,可以促进网络组织的形成,增强信息的透明性与开放性,缩短集群的组织距离。

生产型集群的演进路径加速向"地理集聚和平台主导-产业社区化运作-全球化发展"转型。传统产业集群的发展路径基本经历初期(企业在特定地理空间上的集聚)、成长期(通过质量与效率的提升,形成密切相关、具有价值关联的产业体系)、成熟期(技术创新、品牌创新为主导)三个阶段。但虚拟产业集群本身特征决定的地理空间、组织空间的无边界将使得产业生态体系更加复杂,地理空间的集聚正在弱化,质量与效率的提升作为集群发展的应有之义也不再扮演重要的角色,增强集群成员间的互动与协作、推动集群社区化发展成为关键。生产型集群的虚拟空间将通过采取模块化的组织方式,以用户为资源吸引企业、政府和其他社会机构进入平台空间进行高效、便捷、快速的互动与协作,最终形成一个虚拟化的产业社区。产业社区的形成为缩短成员间协作的组织距离提供制度保障,传统区域分工体系也将嵌入虚拟空间所带来的全球化分工体系之中,带来集群的开放发展。

二、逆全球化潮流下加速产业区域化、集群化

国际金融危机后,发达国家反思并重新审视"脱实向虚"的发展模式,相继出台"再工业化"战略,力图凭借在新兴领域的先发技术优势,推动高端制造业回流和升级,培育壮大先进制造业,掌控高价值环节,扭转产业空心化势头。发展中国家凭借更加丰富的资源要素和更加低廉的资源要素成本,积极承载劳动密集型产业和新兴产业转移,着力提升全球产业分工中的地位。同时,一些新兴经济体利用技术外溢效应,学习发达国家跨国公司的产品技术、工艺技术和组织管理经验,再通过加大研发投入和消化吸收后的创新,技术水平快速提升,逐步走出初级产品出口加工的阶段,从低端向中高端攀升,成为改变甚至主导全球价值链的新力量。

在世界经济一体化进程中,经济全球化是社会生产力发展的客观要求和科技进步的必然结果,为世界经济增长提供了强劲动力。但是,逆全球化如同幽灵般始终与全球化相伴随。特别是近年来,受欧美政治和经济形势的影响,逆全球化有愈演愈烈的趋势。新冠疫情和中美经贸摩擦使各大经济体普遍认识到,产业链任何环节的断裂都会对经济产生巨大冲击,任由制造业外向化发展很容易造成本土空心化,追求产业安全可控成为一项战略选择,各国政府和企业更加注重从安全出发对产业链、供应链进行调整。

在市场、技术、政治等多种力量的共同作用下，当前全球产业分工模式和格局的深层次变化，产业链、供应链区域化、本土化、分散化趋势更加凸显。跨国公司将选择性地缩短产业链垂直分工的环节，把原来外包给各国、各企业的产业链环节转移至自身内部，实现纵向一体化。原来基于比较优势和市场考量的分散在不同国家和地区生产的各个工序和环节将回流至一个国家内部或若干国家的边境地区，各产业环节也将避免"放在一个篮子里"而采取多元化布局的方式来追求集聚化发展。对于战略性制造业、先进制造业等，政府也会进行干预，编制备份计划。

一个国家为追求经济发展和产业安全、一个企业为追求经济利益和满足政治诉求，都在寻求其中的平衡点。而从产业发展规律和未来趋势来看，产业集群理应是解决方式之一。在产业集群这个可控的区域空间内，龙头企业将不断强化产业链的垂直整合，带动产业链上下游企业分工协作，而数量众多的同类型企业也将基于水平分工不断扩大规模经济，这既保证了产业专业化分工带来的经济利益，又确保了产业安全。同时，产业集群通过"引进来"和"走出去"，不断强化区域内循环的国际化联系，深度嵌入全球产业链和创新链之中，成为产业国际合作的"锚点"，在未来面临突发事件时能做到"进可攻、退可守"。

三、新冠疫情倒逼产业链集群发展

新冠疫情对产业链、供应链稳定与安全造成了较大冲击，订单停摆、生产停滞、企业停工、物流停运，人流物流严重受阻，产业链、供应链上任何一个"断点""堵点"都极易造成经济运转"停摆"甚至"瘫痪"。企业更加注重产业链的配套安全，从而开始收缩自身产业链、供应链。一些区域也开始注重围绕产业链上下游，集聚相关配套企业到可控的区域内，实现产业链的垂直整合。可以说，新冠疫情倒逼产业链从水平分工向纵向一体化的垂直整合转变，培育发展完整产业链或某一重要环节的产业链集群成为一个重要趋势。

"温州模式"下强调水平分工的产业集群面临较大的发展压力。温州模式是一种强调水平专业化分工，带动大量同类型中小企业集聚进而实现规模经济的发展模式。改革开放以来，尤其是我国加入世界贸易组织（WTO）以来，我国东部沿海和内陆地区多个地方学习借鉴"温州模式"，围绕轻工消费品等领域形成了一批以专业镇、专业县为代表的中小企业特色产业集群。随着产业转型升级的步伐加快，"温州模式"在自主创新、品牌打造、价值升级等方面已经稍显吃力。由于"温州模式"主要以中小企业为主，企业创新研发投入意愿不强，多数企业靠模仿创新、拼市场价格。而且，这种模式在地方优惠政策的吸引下，很容易快速复制，这也是近年来东部沿海地区成批企业转移的原因。新冠疫情对"温州模式"下的产业集群发展带来较大冲击。由于主要强调水平分工，区域内产业链上下游并不齐全，受物流运输阻断影响，上游原料和部件在区域内存在真空，区域供应配套体系基本停摆。

产业链集群成为解决"温州模式"困境的重要方式。 产业链集群是指围绕某一行业产业链或某一大产业链内小产业链的上下游企业、各类机构在一定区域内集聚、协作所形成的产业集群。它能够凭借产业水平分工和产业链垂直整合的双重优势，带动企业专业化分工和各类要素高度集聚，形成了完整、集中、高效的产业链和快速应对市场变化的供应链体系。产业链集群将为龙头企业整合上下游资源，打通产业链、供应链"堵点""断点"，向具有控制力的"链主"企业转型升级，提供天然的"土壤"。一批专精特新中小企业也可依靠集群完整的产业生态系统和高度集聚的要素资源，积极围绕"链主"企业紧密配套、协作发展。同时，产业链集群能够凭借多技术交叉融合和多场景应用优势，构建围绕产业链的"政产学研用"创新网络，加快产业链集群技术的外溢和扩散。由此可以看出，产业链集群能够有效整合产业链、创新链、资金链等各环节资源，推动大中小企业共同行动，强化上下游和产供销各环节协同发展，为解决"温州模式"困境提供了一条路径。

笔者在调研中发现，在新冠疫情冲击下，产业链集群"稳仓石"作用更加凸显。一是产业链集群凭借耦合紧密的产业链条，推动企业"共同行动"，协同推进复工复产。产业链集群能够及时有效组织企业共同行动，快速应对新冠疫情导致的供应链条断裂风险，通过产业链上下游、大中小企业协同复工复产，确保产业链的正常运转。二是产业链集群通过枢纽带动，形成区域"风险共担"机制，抱团化解新冠疫情冲击。以社会组织、产业联盟等为代表的行业组织充分发挥业务专长和行业影响力，发动行业资源，积极建言献策，帮助企业渡过难关，成为协助政府应对新冠疫情影响的一支重要社会力量。三是产业链集群借助活跃的创新体系，促进产业"推陈出新"，助力企业转危为机。面对突如其来的新冠疫情，集群企业及时发现新冠疫情带来的机遇，发挥创新资源优势，开发防疫产品和服务，创新防疫物资供给，不仅实现了区域产供销一体化，而且有效增强了产业的抗风险能力。

第五节　产业集群发展存在的误区

回顾改革开放 40 多年的历史进程，我国产业集群遵循政府引导建立各类园区和市场主导建立专业化产业区（专业镇、专业县等）两种方式，实现了蓬勃发展，有力助推了我国工业化发展的进程。

从全国的主要城市（区域）看，产业集群的空间布局与我国重要生产力布局基本一致，整体呈现出东部沿海产业带和沿长江产业带的 T 字形分布。东部沿海地区的天津、青岛、上海、苏州、南京、宁波、杭州、温州、泉州、广州、深圳、东莞等基于先发优势，已经在新一代信息技术、高端装备、新材料、生物医药、轻工消费品等领域形成了一批具有较强竞争力的产业集群。中西部的长沙、株洲、郑州、合肥、西安、成都、德阳，以及东北老工业基地的沈阳、大连等基于自身积累，在能源化工、高端装备、绿色食品、特色轻工、新材料等领域，也形成了一批特色化、专业化的产业集群。

但是随着我国经济高质量的发展，原有的追求规模和速度的发展模式和发展方式已经难以适应新发展阶段的要求，产业集群发展长期积累的问题也日益突出。笔者在对地方的调查研究中发现，政府部门和产业界对产业集群认识和操作层面上的误区也更加突出。这种误区主要体现在以下三个层面上。

一、过于强调众多企业的地理空间集聚，却忽视产业集群内企业间的互动交流

在产业集群发展过程中，地方和部门对产业链、产业集群、产业园区三者之间的关系认识得还不够清晰，多数仍在走重点打造开发区、专业化城镇等各类产业集聚区的老路，并存在将打造产业规模大、主导产业突出、创新水平高、要素资源集聚的产业集聚区等同于产业集群的错误思路。造成这个问题的原因主要在于混淆了产业集聚与产业集群的概念。产业集聚主要侧重于描述某个产业的空间集聚状态，而产业集群则重点聚焦地理邻近的企业和各类机构之间形成高度网络化的互动与交流机制。由产业集聚形成的产业集聚区是指企业和各

类机构在地理上集中形成的特定区域，核心是强调规模经济的区域性概念。产业集群则是企业和各类机构在地理上集中，通过相互合作与交流共生形成的产业组织网络，核心是强调集群内部"结网和互动"的网络化概念。

二、过于强调做大产业集群规模和推动技术发展，却忽视组织变革的深远影响

在"地区本位主义"影响下，地方在打造产业集群过程中很容易唯规模论，片面追求主导产业的规模，更有甚者直接将集群的地理范围进行人为扩大以追求主导产业的大规模，以引进高科技人才和企业为手段追求技术的领先。这种以规模和技术论英雄的观点是对做大做强产业集群的片面理解，忽视了集群组织变革在打造产业集群中的重要作用。综合竞争力强的产业集群是集产业竞争力、技术水平、组织管理、开放合作和创新文化等多要素于一体的产业生态网络，产业规模和技术创新的"领先"只是其中重点反映的指标之一。与做大产业规模和推动技术创新相并行的则是推动产业集群的组织变革。产业集群成员间的良好互动和配套服务对产业集群发展具有关键作用。产业集群作为一个高度网络化的产业组织，核心应该是推动集群组织变革，搭建正式或非正式交流机制，推动集群形成技术共生、利益共享、组织共治的集群网络化发展格局。

三、过于强调产业集群走全产业链的发展模式，却忽视产业集群路径锁定的潜在风险

当前，地方在打造产业集群过程中，基本遵循"龙头带动、链条延伸、要素集聚"的思路，通过优化要素集聚、做好服务配套、营造产业集群发展良好生态等手段推动"纵向"上下游企业衔接和"横向"配套企业协同，找出产业链缺失或薄弱环节，打造"大而全"的产业链。这将打造产业集群的模式看得过于单一且流于形式了，偏离应追求核心竞争力的关键。一方面，产业集群强调区域产业根植性的重要性，但这并不等于产业链的所有环节都需要集聚在一个特定的区域，核心环节根植于地方基础上的特定环节完全可以在产业集群外

完成。另一方面，国内外相关理论和实践证明产业集群也有"生命周期"。企业的根植性和开放性不强，过于强调产业集群走全产业链很容易导致集群被锁定在既有的技术和产业路径，从而故步自封、走向衰落。正如波特认为的，集群产生后就处于动态演化中，可能由于外部的威胁或者内部的僵化而失去竞争力。与国际知名产业集群相比，我国大多数产业集群仍处在全球产业分工体系中的中低端，研发设计和高端服务能力不足，核心技术依然受制于人，行业话语权有待提高。迫切需要产业集群主动嵌入全球产业链、价值链和创新链之中，不断增强集群的开放包容性。

总体看，上述三个问题已经严重制约了产业集群竞争力的提升和高质量发展，迫切需要创新发展理念、转变发展方式，加速推动制造业领域的产业集群向先进制造业集群转型升级。这对促进我国产业迈向全球价值链中高端，增强我国制造业创新力和竞争力，推动新型工业化发展具有重要意义。

第六节　本章小结

产业集群的本质是一种产业组织形态和经济发展模式，目前权威的产业集群理论主要有产业区理论和波特的集群理论。新产业区理论强调社会和文化因素的影响，对研究发展中国家的中小企业专业化集聚现象具有非常重要的意义。波特将集群发展提高到增强国家竞争力的高度，更新了过去经济活动的区位取决于一般生产要素禀赋的主流观点，为企业区位选择、地方发展特色产业提供了新的视角。

产业集群是地理邻近的企业和机构的集合体、组织和认知邻近的区域创新系统、各行为主体关联协作的社会网络，一个具有较强竞争力的产业集群的所在区域在具备一定产业发展基础的前提下，会通过重大事件触发、专业化分工与合作竞争、知识学习和技术扩散，并辅以政策引导和制度文化滋养，实现衍生互动与自我革新。

我国进入高质量发展阶段对产业集群转型升级和高质量发展提出了新的要求。第一，数字经济带来产业集群生产制造模式和产业组织方式的变革，正在从根本上改变产业组织运行的规则与逻辑，并深刻地影响着产业集群的运行效率和发展方向，催生虚拟产业集群的发展。第二，国际政治经济形势加速推动产业集群化、产业内在化发展，"收缩"的经济全球化倒逼产业区域本土化、多元化布局，以先进制造业为代表的产业竞争日益成为大国竞争的焦点，推动优势领域的产业集群向更高水平迈进，引领和主导全球技术创新与产业变革，日益成为各大国和主要经济体打造国际产业竞争优势的重要抓手。第三，在新冠疫情冲击下，产业链、供应链的安全稳定需求催生新的发展范式，倒逼产业链水平分工向纵向一体化垂直整合转变，培育发展完整产业链条或某一重要环节的产业链集群成为未来一个重要方向。

回顾改革开放40多年的历史进程，我国产业集群遵循政府引导建立各类园区和市场主导建立专业化产业区（专业镇、专业县等）两种方式，实现了蓬勃发展，有力助推了我国工业化发展进程。但是随着我国经济高质量的发展，原有追求规模和速度的发展模式及方式已经难以适应新发展阶段的要求，产业集群发展长期积累的问题也日益突出，存在过于强调众多企业的地理空间集聚，却忽视产业集群内企业间的互动交流；过于强调做大产业集群规模和推动技术发展，却忽视组织变革的深远影响；过于强调产业集群走全产业链的发展模式，却忽视产业集群路径锁定的潜在风险。这三个问题迫切需要创新发展理念、转变发展方式，加速推动制造业领域的产业集群向先进制造业集群的转型升级。

第二章　先进制造业集群

　　制造是人类最基本的生产活动之一，主要为经济活动提供物质基础。制造业则是将原材料、能源、设备、劳动力、技术、资金、数据等资源要素，通过制造过程转化为可供人们使用和利用的工具、工业品与生活消费产品的行业。纵观现代国际经济发展史不难看出，无论经济形态如何变迁，制造业都是创新最为集中、最为活跃的领域，制造业的发展直接体现一个国家或地区的生产力水平，从根本上决定一个国家的综合实力和国际地位，是区别发达国家和发展中国家的重要因素。发展好先进制造业，是夯实物质文明基础、引领生产力变革的关键所在。培育与发展先进制造业集群，是实现经济良性循环和筑牢国家经济命脉的战略选择。

第一节　先进制造业内涵与特征

制造业是科学技术转变为生产力的关键环节，制造业发展与技术进步的关系十分密切。随着技术进步、产业发展，新与旧、传统与新兴正在悄然发生变化。先进制造技术是先进制造产业发展的前提。与一个时期的先进技术相匹配的制造业，随着新技术、新业态的涌现，逐步变成传统产业。先进制造业（Advanced Manufacturing Industry，AMI）表面上是与传统制造业相对的制造业，而本质上是一种先进的生产方式，是引领制造业发展的产业形态。推动先进制造业的发展，可以说是一场生产方式的深刻变革。

一、先进制造业的内涵

目前，在理论层面上，先进制造业并没有一个统一、权威的认定标准，先进制造业的内涵与概念边界相对模糊；在国家层面上，先进制造业也没有明确的统计门类或标准来界定哪些产业属于先进制造业。因此，以当代产业创新进程和国际生产体系变革的特征为背景，我们需要从新技术带来的制造模式创新视角、生产组织方式创新视角、制造与服务功能关联视角出发，认识先进制造业的基本内涵。先进制造业的代表性观点主要有新型制造业、工业生产系统和先进产业形态。

（一）新型制造业

该观点将先进制造业理解为依靠科技创新，贯穿研发、生产、服务全过程，能够带来良好社会、经济和生态效益的一类新型制造业。鉴于当前尚未有先进制造业的统计口径，该观点参考高技术产业范围，结合国家新的《国民经济行业分类》（GB/T 4754—2017）和《高新技术（制造业）分类（2017年）》（见表 2-1）标准，确定先进制造业的范围。由此，先进制造业主要包含：医药制造，航空、航天器及设备制造，电子及通信设备制造，计算机及办公设备制造，医疗仪器设备及仪器仪表制造，信息化学品制造 6 类。唐晓华等（2020年）从先进制造规模、技术创新、效率、管理效益、信息化应用、国际竞争能力与可持续发展能力7个方面，对现有制造业行业进行综合评价，进而识别出现阶段我国具有先进制造业特征的行业，主要包括：计算机、通信和其他电子设备制造业，电气机械和器材制造业，汽车制造业，仪器仪表制造业，铁路、船舶、航空航天和其他运输设备制造业，通用设备制造业，专用设备制造业，医药制造业，烟草制品业及化学原料和化学制品制造业等。

表2-1 高新技术（制造业）分类（2017年）

代码			名称	行业分类代码
大类	中类	小类		
01			医药制造业	27
	011		化学药品制造	
		0111	化学药品原料药制造	2710
		0112	化学药品制剂制造	2720
	012	0120	中药饮片加工	2730
	013	0130	中成药生产	2740
	014	0140	兽用药品制造	2750
	015		生物药品制品制造	276
		0151	生物药品制造	2761
		0152	基因工程药物和疫苗制造	2762
	016	0160	卫生材料及医药用品制造	2770
	017	0170	药用辅料及包装材料	2780
02			航空、航天器及设备制造业	
	021	0210	飞机制造	3741
	022	0220	航天器及运载火箭制造	3742
	023		航空、航天相关设备制造	
		0231	航天相关设备制造	3743
		0232	航空相关设备制造	3744
	024	0240	其他航空航天器制造	3749
	025	0250	航空航天器修理	4343
03			电子及通信设备制造业	
	031		电子工业专用设备制造	
		0311	半导体器件专用设备制造	3562
		0312	电子元器件与机电组件设备制造	3563
		0313	其他电子专用设备制造	3569
	032		光纤、光缆及锂离子电池制造	
		0321	光纤制造	3832
		0322	光缆制造	3833
		0323	锂离子电池制造	3841

（续表）

代码			名　称	行业分类代码
大类	中类	小类		
	033		通信设备、雷达及配套设备制造	
		0331	通信系统设备制造	3921
		0332	通信终端设备制造	3922
		0333	雷达及配套设备制造	3940
	034		广播电视设备制造	393
		0341	广播电视节目制作及发射设备制造	3931
		0342	广播电视接收设备制造	3932
		0343	广播电视专用配件制造	3933
		0344	专业音响设备制造	3934
		0345	应用电视设备及其他广播电视设备制造	3939
	035		非专业视听设备制造	395
		0351	电视机制造	3951
		0352	音响设备制造	3952
		0353	影视录放设备制造	3953
	036		电子器件制造	397
		0361	电子真空器件制造	3971
		0362	半导体分立器件制造	3972
		0363	集成电路制造	3973
		0364	显示器件制造	3974
		0365	半导体照明器件制造	3975
		0366	光电子器件制造	3976
		0367	其他电子器件制造	3979
	037		电子元件及电子专用材料制造	398
		0371	电阻电容电感元件制造	3981
		0372	电子电路制造	3982
		0373	敏感元件及传感器制造	3983
		0374	电声器件及零件制造	3984
		0375	电子专用材料制造	3985
		0376	其他电子元件制造	3989
	038		智能消费设备制造	
		0381	可穿戴智能设备制造	3961
		0382	智能车载设备制造	3962
		0383	智能无人飞行器制造	3963

第二章 先进制造业集群

（续表）

代码			名　称	行业分类代码
大类	中类	小类		
		0384	其他智能消费设备制造	3969
	039	0390	其他电子设备制造	3990
04			计算机及办公设备制造业	
	041	0410	计算机整机制造	3911
	042	0420	计算机零部件制造	3912
	043	0430	计算机外围设备制造	3913
	044	0440	工业控制计算机及系统制造	3914
	045	0450	信息安全设备制造	3915
	046	0460	其他计算机制造	3919
	047		办公设备制造	
		0471	复印和胶印设备制造	3474
		0472	计算器及货币专用设备制造	3475
05			医疗仪器设备及仪器仪表制造业	
	051		医疗仪器设备及器械制造	
		0511	医疗诊断、监护及治疗设备制造	3581
		0512	口腔科用设备及器具制造	3582
		0513	医疗实验室及医用消毒设备和器具制造	3583
		0514	医疗、外科及兽医用器械制造	3584
		0515	机械治疗及病房护理设备制造	3585
		0516	康复辅具制造	3586
		0517	其他医疗设备及器械制造	3589
	052		通用仪器仪表制造	
		0521	工业自动控制系统装置制造	4011
		0522	电工仪器仪表制造	4012
		0523	绘图、计算及测量仪器制造	4013
		0524	实验分析仪器制造	4014
		0525	试验机制造	4015
		0526	供应用仪器仪表制造	4016
		0527	其他通用仪器制造	4019
	053		专用仪器仪表制造	
		0531	环境监测专用仪器仪表制造	4021
		0532	运输设备及生产用计数仪表制造	4022
		0533	导航、测绘、气象及海洋专用仪器制造	4023

（续表）

代码			名称	行业分类代码
大类	中类	小类		
		0534	农林牧渔专用仪器仪表制造	4024
		0535	地质勘探和地震专用仪器制造	4025
		0536	教学专用仪器制造	4026
		0537	核子及核辐射测量仪器制造	4027
		0538	电子测量仪器制造	4028
		0539	其他专用仪器制造	4029
	054	0540	光学仪器制造	4040
	055	0550	其他仪器仪表制造业	4090
06			信息化学品制造业	
	061		信息化学品制造	
		0611	文化用信息化学品制造	2664
		0612	医学生产用信息化学品制造	2665

鉴于新技术、新产业的发展，上述分类并不全面。在地方层面上先进制造业的范围得到了扩充。浙江省高新技术产业（制造业）统计分类目录（2018年）见表2-2，读者可进行参考。

表2-2 浙江省高新技术产业（制造业）统计分类目录（2018年）

序号	行业名称	序号	行业名称
一	化学原料及化学制品制造业	14	中药饮片加工
1	有机化学原料制造	15	中成药生产
2	有机肥料及微生物肥料制造	16	兽用药品制造
3	化学农药制造	17	生物药品制造
4	生物化学农药及微生物农药制造	18	基因工程药物和疫苗制造
5	涂料制造	19	卫生材料及医药用品制造
6	初级形态塑料及合成树脂制造	20	药用辅料及包装材料
7	化学试剂和助剂制造	三	非金属矿物制品业
8	专项化学用品制造	21	防水建筑材料制造
9	文化用信息化学品制造	22	隔热和隔音材料制造
10	医学生产用信息化学品制造	23	特种玻璃制造
11	环境污染处理专用药剂材料制造	24	技术玻璃制品制造
二	医药制造业	25	光学玻璃制造
12	化学药品原料药制造	26	玻璃纤维及制品制造
13	化学药品制剂制造	27	特种陶瓷制品制造

（续表）

序号	行业名称	序号	行业名称
28	耐火陶瓷制品及其他耐火材料制造	61	制药专用设备制造
29	石墨及碳素制品制造	62	纺织专用设备制造
四	设备制造业	63	电工机械专用设备制造
30	锅炉及辅助设备制造	64	半导体器件专用设备制造
31	汽轮机及辅机制造	65	电子元器件与机电组件设备制造
32	水轮机及辅机制造	66	其他电子专用设备制造
33	金属切削机床制造	67	医疗诊断、监护及治疗设备制造
34	金属成形机床制造	68	口腔科用设备及器具制造
35	金属切割及焊接设备制造	69	医疗实验室及医用消毒设备和器具制造
36	机床功能部件及附件制造	70	医疗、外科及兽医用器械制造
37	生产专用车辆制造	71	机械治疗及病房护理设备制造
38	连续搬运设备制造	72	康复辅具制造
39	电梯、自动扶梯及升降机制造	73	其他医疗设备及器具制造
40	泵及真空设备制造	74	环境保护专用设备制造
41	气体压缩机械制造	75	社会公共安全设备及器材制造
42	液压动力机械及元件制造	五	交通运输设备制造业
43	液力动力机械元件制造	76	汽柴油车整车制造
44	气压动力机械及元件制造	77	新能源车整车制造
45	滚动轴承制造	78	汽车用发动机制造
46	滑动轴承制造	79	汽车零部件及配件制造
47	齿轮及齿轮减、变速箱制造	80	高铁设备、配件制造
48	气体、液体分离及纯净设备制造	81	铁路机车车辆配件制造
49	照相机及器材制造	82	海洋工程装备制造
50	复印和胶印设备制造	83	飞机制造
51	计算器及货币专用设备制造	84	航天器及运载火箭制造
52	工业机器人制造	85	航天相关设备制造
53	特殊作业机器人制造	86	航空相关设备制造
54	增材制造装备制造	87	其他航空航天器制造
55	石油钻采专用设备制造	88	航空航天器修理
56	深海石油钻探设备制造	六	电气机械及器材制造业
57	炼油、化工生产专用设备制造	89	电动机制造
58	塑料加工专用设备制造	90	微特电机及组件制造
59	模具制造	91	变压器、整流器和电感器制造
60	印刷专用设备制造	92	配电开关控制设备制造

（续表）

序号	行 业 名 称	序号	行 业 名 称
93	电力电子元器件制造	123	服务消费机器人制造
94	光伏设备及元器件制造	124	其他智能消费设备制造
95	其他输配电及控制设备制造	125	电子真空器件制造
96	光纤制造	126	半导体分立器件制造
97	光缆制造	127	集成电路制造
98	锂离子电池制造	128	显示器件制造
99	镍氢电池制造	129	半导体照明器件制造
100	铅蓄电池制造	130	光电子器件制造
101	智能照明器具制造	131	其他电子器件制造
102	电气信号设备装置制造	132	电阻电容电感元件制造
七	计算机、通信和其他电子设备制造业	133	电子电路制造
103	计算机整机制造	134	敏感元件及传感器制造
104	计算机零部件制造	135	电声器件及零件制造
105	计算机外围设备制造	136	电子专用材料制造
106	工业控制计算机及系统制造	137	其他电子元件制造
107	信息安全设备制造	138	其他电子设备制造
108	其他计算机制造	八	仪器仪表制造业
109	通信系统设备制造	139	工业自动控制系统装置制造
110	通信终端设备制造	140	电工仪器仪表制造
111	广播电视节目制作及发射设备制造	141	绘图、计算及测量仪器制造
112	广播电视接收设备制造	142	实验分析仪器制造
113	广播电视专用配件制造	143	试验机制造
114	专业音响设备制造	144	供应用仪器仪表制造
115	应用电视设备及其他广播电视设备制造	145	其他通用仪器制造
116	雷达及配套设备制造	146	环境监测专用仪器仪表制造
117	电视机制造	147	运输设备及生产用计数仪表制造
118	音响设备制造	148	导航、测绘、气象及海洋专用仪器制造
119	影视录放设备制造	149	农林牧渔专用仪器仪表制造
120	可穿戴智能设备制造	150	地质勘探和地震专用仪器制造
121	智能车载设备制造	151	教学专用仪器制造
122	智能无人飞行器制造	152	其他专用仪器制造

（二）工业生产系统

该观点将先进制造业归纳为广泛应用先进制造技术、采用先进制造模式、形成先进市场网络组织的工业生产系统。

第一，以先进制造技术为基础的技术突破是先进制造业的主要表现。当前，信息技术、生物技术、新材料技术、新能源技术等，正加速通过技术创新与应用驱动制造业研发设计、生产制造、产业形态和商业模式的深刻变革。先进制造技术（Advanced Manufacturing Technology，AMT），是指集现代机械工程技术、电子技术、自动化技术、信息技术等多种技术为一体所产生的技术、设备和系统的总称，一般分为现代设计技术、先进制造工艺技术、综合自动化技术和现代生产管理技术 4 大类。随着云计算、大数据、移动互联网、物联网、人工智能等新一代信息技术与制造业的深度融合，先进制造技术加速走向数字化、智能化、网络化、集成化、精密化和绿色化，增材制造、减材制造、工业机器人、数控机床等先进制造技术、设备、工艺在生产制造中得到应用。

第二，先进制造模式是先进制造技术应用到生产制造过程和运行机制的统称，是先进制造业的核心表现。新一轮科技革命和产业变革的加速发展，正在颠覆传统制造业的研发设计、生产管理、运营服务等模式，催生更有效率、更加优质的柔性生产和智能制造应用。当前，智能制造已经成为主流的先进制造模式。我国的制造强国建设、美国的先进制造业伙伴计划、德国的工业 4.0 战略计划、英国的工业 2050 战略、韩国的制造业创新 3.0 计划等，都将发展智能制造作为构建制造业竞争优势的关键举措。

我国《智能制造发展规划（2016—2020 年）》中明确提出，智能制造是新一代信息通信技术与先进制造技术深度融合，贯穿于设计、生产、管理、服务等制造活动的各个环节，具有自感知、自学习、自决策、自执行、自适应等功能的新型生产方式。按照李培根院士的解释，智能制造的特征包括如下方面。

（1）智能制造面向产品全生命周期而非狭义的加工生产环节，产品是智能制造的目标对象。

（2）智能制造以新一代信息技术为基础，如物联网、大数据、云计算等，是泛在感知条件下的信息化制造。

（3）智能制造的载体是智能制造系统。智能制造系统从微观到宏观有不同的层次，如制造装备、制造单元、制造车间、制造企业和企业生态系统等。智能制造系统包括产品、制造资源（机器、生产线、人等）、各种过程活动（设计、制造、管理、服务等）及运行与管理模式。

（4）智能制造系统必须具备有一定自主性的感知、学习、分析、决策、通信与协调控制能力，这是其区别于"自动化制造系统"和"数字化制造系统"的根本所在。智能制造系统的总体框架见图2-1。

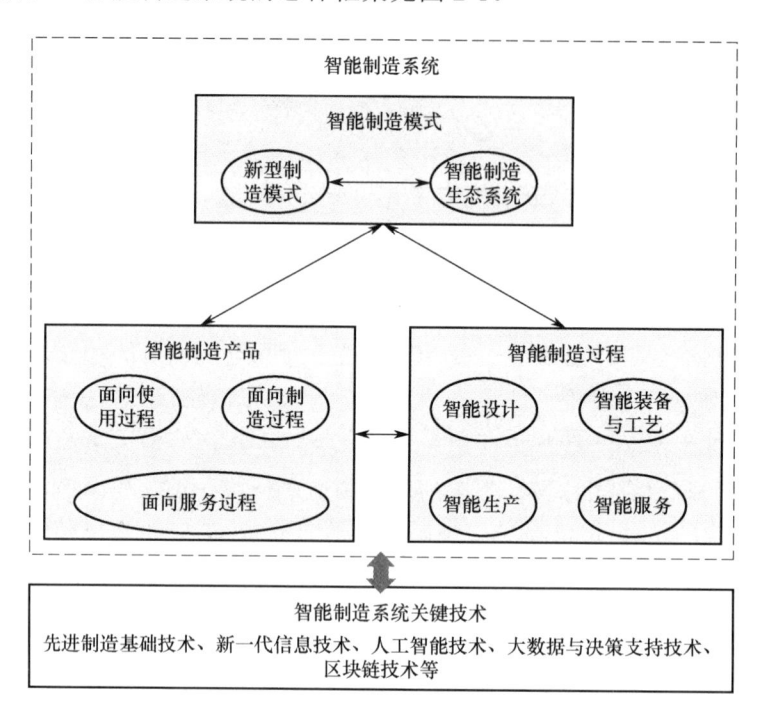

```
┌─────────────────────────────────────────────────┐
│               智能制造系统                        │
│   ┌─────────────────────────────────────────┐   │
│   │           智能制造模式                    │   │
│   │   （新型制造模式）↔（智能制造生态系统）     │   │
│   └─────────────────────────────────────────┘   │
│                    ↑  ↑                         │
│   ┌──────────────┐    ┌──────────────┐          │
│   │ 智能制造产品  │↔  │ 智能制造过程  │          │
│   │ （面向使用过程）│   │（智能设计）（智能装备与工艺）│
│   │ （面向制造过程）│   │（智能生产）（智能服务）    │
│   │ （面向服务过程）│   │              │          │
│   └──────────────┘    └──────────────┘          │
└─────────────────────────────────────────────────┘
                    ↕
┌─────────────────────────────────────────────────┐
│           智能制造系统关键技术                    │
│ 先进制造基础技术、新一代信息技术、人工智能技术、    │
│ 大数据与决策支持技术、区块链技术等                 │
└─────────────────────────────────────────────────┘
```

图 2-1 智能制造系统的总体框架

注：参考《智能制造》。

（5）智能制造的目标如下。一是满足客户的个性化定制需求。例如，通过智能设计手段缩短产品的研制周期，通过智能制造装备提高生产的柔性，从而适应单件小批生产模式等。二是实现复杂零件的高品质制造。例如，对航空发动机机匣这类复杂零件采用智能制造技术，根据在线检测加工过程中力-热-变形场的分布特点，实时掌握加工中工况的时变规律，并针对工况变化即时决策，使制造装备自律运行，显著地提升零件的制造质量。三是在保证高效率的同时，实现可持续制造。例如，运用传感器等手段实时掌握能源利用情况，通过能耗和效率的综合智能优化，获得最佳的生产方案并进行能源的综合调度，提高能源的利用效率。

（6）智能制造模式主要包括离散型智能制造模式、流程型智能制造模式、网络协同制造模式、大规模个性化定制模式和远程运维服务模式五种类型，见表2-3。

表2-3 智能制造模式

智能制造模式	简　介
离散型智能制造	车间总体设计、工艺流程及布局数字化建模；基于三维模型的产品设计与仿真，建立产品数据管理系统（PDM），关键制造工艺的数值模拟以及加工、装配的可视化仿真；先进传感、控制、检测、装配、物流及智能化工艺装备与生产管理软件高度集成，现场数据采集与分析系统、车间制造执行系统（MES）与产品全生命周期管理（PLM）系统、企业资源计划（ERP）系统高效协同与集成
流程型智能制造	工厂总体设计、工艺流程及布局数字化建模；生产流程可视化、生产工艺可预测优化；智能传感及仪器仪表、网络化控制与分析、在线检测、远程监控与故障诊断系统在生产管控中实现高度集成；实时数据采集与工艺数据库平台、车间制造执行系统与企业资源计划系统实现协同与集成
网络协同制造	建立网络化制造资源协同平台，企业间研发系统、信息系统、运营管理系统可横向集成，信息数据资源在企业内外可交互共享。企业间、企业部门间创新资源、生产能力、市场需求实现集聚与对接，设计、供应、制造和服务环节实现并行组织和协同优化
大规模个性化定制	产品可模块化设计和个性化组合；建有用户个性化需求信息平台和各层级的个性化定制服务平台，能提供用户需求特征的数据挖掘和分析服务；研发设计、计划排产、柔性制造、物流配送和售后服务实现集成和协同优化
远程运维服务	建有标准化信息采集与控制系统、自动诊断系统、基于专家系统的故障预测模型和故障索引知识库；可实现装备（产品）远程无人操控、工作环境预警、运行状态监测、故障诊断与自修复；建立产品生命周期分析平台、核心配件生命周期分析平台、用户使用习惯信息模型；可对智能装备（产品）提供健康状况监测、虚拟设备维护方案制定与执行、最优使用方案推送、创新应用开放等服务

注：内容来自工业和信息化部发布的《智能制造工程实施指南（2016—2020年）》。

第三，价值链、供应链形式的先进市场网络组织是先进制造业的重要支撑。随着新一代信息技术与制造业的深度融合，数字经济取得快速发展，生产制造企业、供应商、分销商、服务商等的界限日益模糊，制造业服务业化趋势明显，以数据驱动、平台支撑、服务增值为主要特征的服务型制造新模式持续涌现。

在此种情况下，产业链上的价值分配方式将会随产业链组织形态变革与分工主体价值增值差异而发生显著改变，"微笑曲线"式价值链分配形态也得到不断重塑。当前，定制化服务、远程运维服务、供应链管理、共享制造、全生命周期管理、总集成总承包等服务型制造模式陆续在生产中得到实践，企业不断延伸"制造+服务"产业链、拓展"产品+服务"价值链，持续缩小产业链上不同环节间的价值分配差距，使"微笑曲线"整体趋向平缓。同时，平台型企业的崛起也改变了产业链上资源配置方式与组织结构形态，产业链上下游中小企业将趋向于围绕提供"产品+服务"的核心企业，形成更智能化、柔性化与协同化的价值共同体。在这种情况下，同一环节内企业间的强竞争关系将转变为新型竞合关系，而整体产业链上不同企业间的竞争也将演变为不同环节的竞争，这在一定程度上也促进了产业价值链的升级。

数字经济下产业价值链变化见图 2-2。

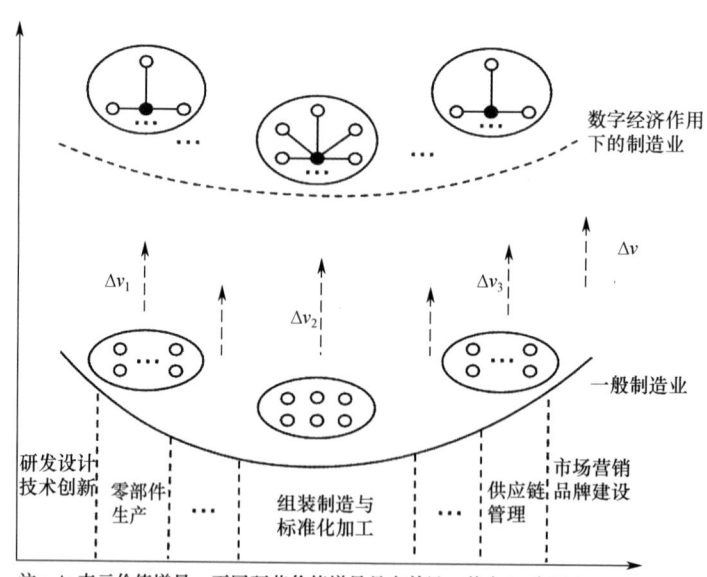

注：Δv 表示价值增量，不同环节价值增量具有差异，其中 Δv_2 大于 Δv_1、Δv_3。
● 代表环节内具有强集成功能的平台型企业；○ 代表环节内竞合企业。

图 2-2　数字经济下产业价值链变化

注：参考《数字经济驱动制造业转型升级的作用机理》，李春发等。

例如，远程运维服务是主动预防型运维、全生命周期运维和系统集成运维在集中化、共享化、智慧化趋势下的集中体现。新疆金风科技股份公司作为全国首批智能制造综合试点示范企业，从2014年开始开展的"风电设备远程运维服务试点示范项目"基于金风大数据中心、全球监控中心、远程专家系统、资产管理系统等核心应用，为整个风电场全寿命周期内的流程及状态提供智能化运维解决方案。使被动故障维修向主动预防型运维转变，间断式运维向全生命周期运维转变，硬件设备运维向系统集成运维转变。

又如，徐工集团立足工程机械行业物联网应用基础，基于自主研发的跨行业、跨领域、跨区域工业互联网平台——徐工汉云，与生态合作伙伴共同为企业不同应用场景提供工业APP和解决方案，实现企业数字化转型升级。目前，平台入网设备累计超过100万台，成功赋能装备制造、工程机械、有色金属、新能源等80多个行业，构建20个产业链平台，服务企业超7万家。其间，徐工汉云基于工程机械产业链、供应链管理的探索与应用，形成备件协同供应链、智慧采购供应链、智慧仓储等解决方案，帮助江苏泰隆减速机股份有限公司打通了设备通信、机床数据实时采集、设备故障识别和预测性诊断链路，有效提升了设备维保的精准度与及时性，降低了备件数量及维修成本，使得设备利用率提高了3.6%，计划达成率提高了8.3%。

同时，打造智慧、高效的供应链是企业提升竞争优势的关键。在智能制造背景下，传统的供应链管理从只提供简单位移和被动服务转变为提供更多的增值服务和主动服务。随着技术渗透性、信息整合能力、上下游协作水平和可延展性都强的智慧供应链逐步形成，供应链上下游企业将实现协同采购、协同制造、协同物流，用户可以多维度感知和快速响应，大中小企业可以实现"产品+服务+定制"一体化交付。

（三）先进产业形态

该观点将先进制造业表述为，为适应社会发展需求和产业升级需要，在市场调查、研究开发、原材料供应、生产制造、销售物流、售后服务和用户反馈等产业价值链中，大规模采用和综合运用信息技术、生物技术、新材料技术、新能源技术和现代管理技术等先进技术，实现高精化、网络化、智能化、集成化和集约化生产的一种产业形态。同时，这也是一种具有双重结构、梯度演进和差异性状态，并能够适应时代变迁的产业形态。

产业形态是社会经济形态的基础，是社会经济体系中最重要的内容。占主导地位的产业形态的不同，决定了社会经济形态的不同。近年来，以人工智能、大数据、云计算、工业互联网、区块链等信息技术驱动的新一轮科技革命和产业变革蓬勃兴起，人类社会正在逐步进入数字经济时代。社会经济生活中已经全面渗透了数字化技术，产业劳动生产率的提高、新市场和产业新增长点的培育、经济的包容性增长和可持续增长已经离不开数字经济的推动了。深化数字经济与实体经济的融合，运用数字技术改造、提升传统制造业，大力发展先进制造业，已经成为一种数字经济下的产业形态。

线性供应链向网状供应链迭代示意图见图2-3。

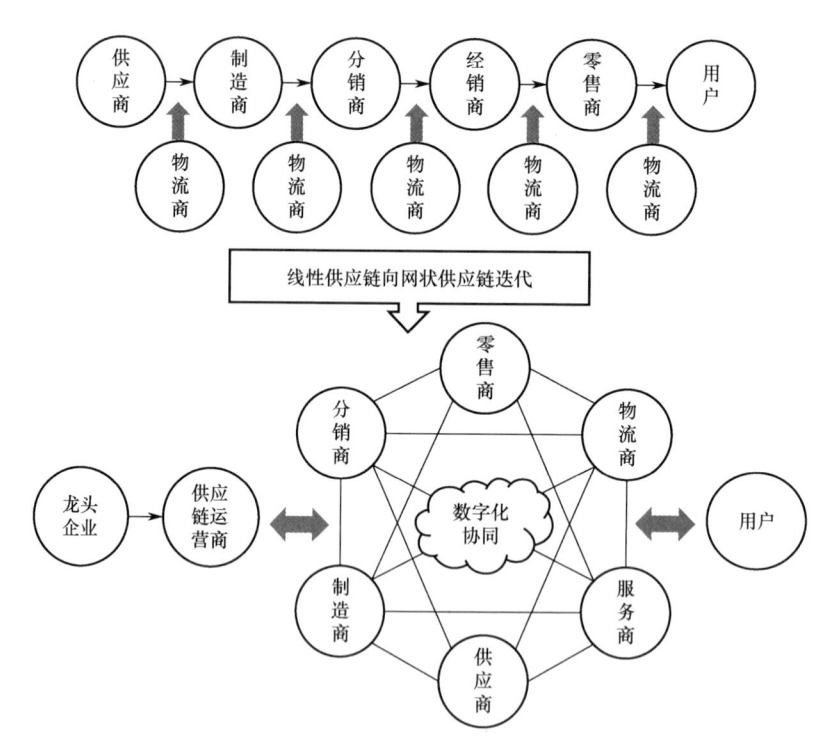

图2-3 线性供应链向网状供应链迭代示意图

注：参考罗戈研究。

数字经济（Digital Economy）的内涵最初出现于泰普斯科特（Tapscott，1996年）所著的《数字经济：网络智能时代的承诺和危机》中，数字经济被定义为一种以数字方式呈现信息流的经济模式。美国商务部在1998年、1999年和2000年连续出版了《浮现中的数字经济》报告，该报告聚焦于互联网对经济增长的影响，更多地关注信息技术产业和电子商务，同时对数字经济时代下的消费者保护、劳动力市场和电子政府等方面的案例进行初步探讨。2016年，二十国集团领导人第十一次峰会（G20杭州峰会）发布的《二十国集团数字经济发展与合作倡议》指出，"数字经济是指以使用数字化的知识和信息作为关键生产要素、以现代信息网络作为重要载体、以信息通信技术的有效使用作为效率提升和经济结构优化的重要推动力的一系列经济活动"，这次峰会对数字经济的界定得到了各方的广泛认同。《二十国集团数字经济发展与合作倡议》指出，在数字经济时代，互联网、云计算、大数据、物联网、金融科技与其他新的数字技术应用于信息的采集、存储、分析和共享过程中，改变了社会互动方式，数字化、网络化、智能化的信息通信技术使现代经济活动更加灵活、敏捷、智慧。

在数字经济趋势下，技术演进与产业周期跌宕更加频繁，颠覆性技术和创新迭代速度更快，新产业、新技术、新业态、新模式持续涌现，推动数字经济的内涵与特征不断丰富与完善。结合各领域对数字经济的理解，数字经济应具有三方面的核心特征。

第一，**数字经济是一种加速重构经济社会发展的新型经济形态**。数字经济是人类社会经历农业经济、工业经济后，形成的一种以数据为主要生产要素的全新、高级社会经济形态。在数字经济时代，数据成为发展的基础和关键要素，数据信息及其传送成为决定生产率高低的关键，也成为先进生产力的代表（裴长洪等，2018年），数据作为与劳动力、资本、土地等生产要素并列的一种新型生产要素，将为经济增长提供新动能。对数字经济的认识，需要站在人类社会经济形态发展的历史长河中，运用逻辑与历史相统一的方法，全面审视数字经济对人类社会的革命性、系统性和全局性的影响（魏中龙，2021年）。

第二，**数字经济包括数字产业化和产业数字化两大部分**。数字产业化指的是数字技术自身发展所形成的新一代信息技术产业，包括但不限于5G、集成电路、软件、电子信息制造、人工智能、大数据、云计算、区块链等技术及产品、服务，主要为数字经济发展提供技术、产品、服务和解决方案等。产业数字化是数字经济发展的主阵地，即数字经济融合部分，主要通过数字技术对传统产业赋能形成新产业、新业态、新模式，包括但不限于工业互联网、两化融合、智能制造、车联网、平台经济等。

第三，数字经济是一种以数字技术为主导的技术经济范式。数字经济的本质是以大数据、云计算、物联网等数字技术为引领的经济数字化转型（陈晓红，2018 年）。数字技术凭借基础性、广泛性、外溢性、互补性等特征，使其带来的"创造性毁灭"成为社会经济形态向高级、动态演变的重要推动力，进而大幅提升经济效率。其中，技术经济范式具有三大内在机理：以数字技术为核心驱动力量、以现代信息网络为重要载体、以数字化的知识和信息为关键生产要素（见图 2-4）。三大内在机理相互交织作用，通过数字技术与实体经济融合，有力推动了经济发展和治理模式的网络化、数字化、智能化。

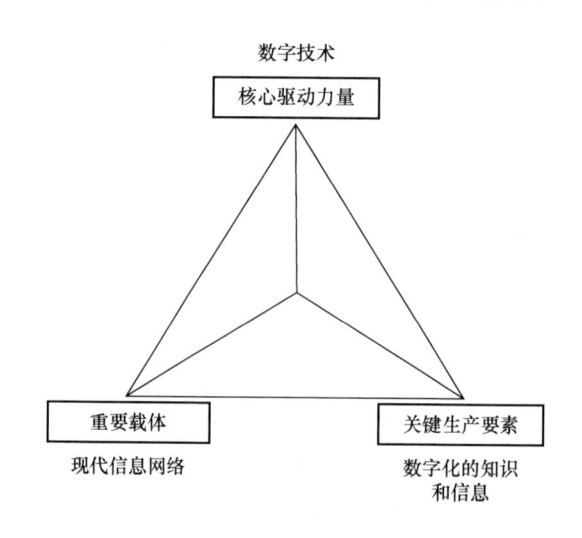

图 2-4　技术经济范式

注：参考《中国数字经济发展蓝皮书（2020 年）》。

数字经济驱使产业形态和组织模式发生重大变革，进而带来生产组织管理、合作分工逻辑与产业链、供应链网络的重构。在此背景下，平台型组织、生态系统、产业链共同体等日益成为产业组织的主导模式。

一方面，平台型组织加速崛起。在数字经济背景下，各类数字平台对物理世界与数字世界的重构改变了人与自然、人与人、个体与组织之间的信息交换方式，促进了社会生产由规模化向规模化与精益化高度融合转变，使社会生产由物理世界的时空约束向数字世界的无边界、超越时空等方向加速发展。此时，基于平等协作、价值共创、利益共享理念，具有开放、无边界、横向化、扁平化、去中心化、去中介化等特点的平台型组织成为数字时代的重要选择（陈盛兴、郭丰荣，2022年）。这种平台型组织更有利于整合和重构组织内外互补性资源，增强企业参与社会分工的能力与扩大选择广度，提升生产专业化水平与提高生产制造和组织管理效率。尤其是平台型组织带来的产业分工降低了其对地理空间邻近的依赖，原来以追求知识溢出、规模经济、范围经济和规避交易成本为动机的地理空间集聚，趋向于转化为以数据和信息实时交换为核心的网络虚拟空间集聚（王如玉等，2018年）。此时，产业分工的地理空间约束已经被打破，交易成本大幅缩减，组织边界得到进一步拓展。由此看，平台型组织的崛起，将带来产业集群专业化分工和产业链协作的变化，加速供给对需求的反应，也将促使产业集群突破地理空间发展限制，加速向虚拟产业集群发展。

另一方面，生态主导型企业越发壮大。在数字经济背景下，资源要素的配置方式将发生重大改变。产业集群中产业链传统的线性模式已经难以满足高效率运转需求，围绕核心企业进行分散布局的生态网络模式成为转型的方向。此时，产业组织将演化为数量众多的竞合关系中小企业，围绕一个或少数几个生态主导型企业，形成高度灵活、柔性化的发散状网络形态。总体看，生态主导型企业是指处于产业链或产业集群关键节点的核心龙头企业，具有品牌影响力、产业控制力和技术引领力等特征，能够主导搭建生态系统或平台，控制、影响或协调其他行为主体关系，形成以我为主、为我所用、互利互惠的生态圈。

例如，小米采取"参股+孵化"模式，构建了超过300个企业的产业生态，其中超过100家专注于智能科技产品，覆盖个人穿戴、大小家电、生活耗材、交通出行等领域，形成了小米生态。又如，海尔紧抓数字技术的发展机遇，逐步从产品型企业转向生态型企业，搭建了海尔智家（智慧家庭平台）、卡奥斯（工业互联网平台）、海创汇（创业孵化平台）、盈康一生（健康产业平台）和海纳云（智慧园区和社区产业平台）等平台，构建了"小前台、大中台、强后台"的平台型组织结构，形成了"平台+小微企业"的生态新模式。目前，有超过

4000家小微企业在海尔生态系统中栖息、生存和发展。

同时，数字经济也加速了产业组织变革驱动机制的转变。在实践中，行为主体进出、企业间竞合、垂直一体化、模块化发展等组织结构的变化是产业组织变革的主要内容。推动产业组织变革是一个非常复杂的非线性过程，受到数字技术创新变革、制度变迁等宏观驱动机制因素，企业内部与企业间的互动等微观驱动机制因素，以及组织萌芽、发展、成熟、衰退的产业生命周期驱动因素的共同作用。在宏观驱动机制下，大数据、云计算、人工智能等数字技术不断演进，数据资源要素市场不断发展壮大，产业审慎监管逐渐成为常态。在微观驱动机制下，企业组织结构的垂直层级向扁平化转变，具备传递信息畅通、决策效率高、市场变化适应性强、协作团队易构建等优势。企业研发创新加速走向开放，自主创新转变为外部创新和合作创新。在产业生命周期驱动因素作用下，借助数字技术传播，产业组织规模迅速壮大。先进入者凭借先发优势能够稳固自身强者地位，灵活、分散的模块化趋势更加明显，变革速度也将加快。数字经济驱动产业组织变革见图2-5。

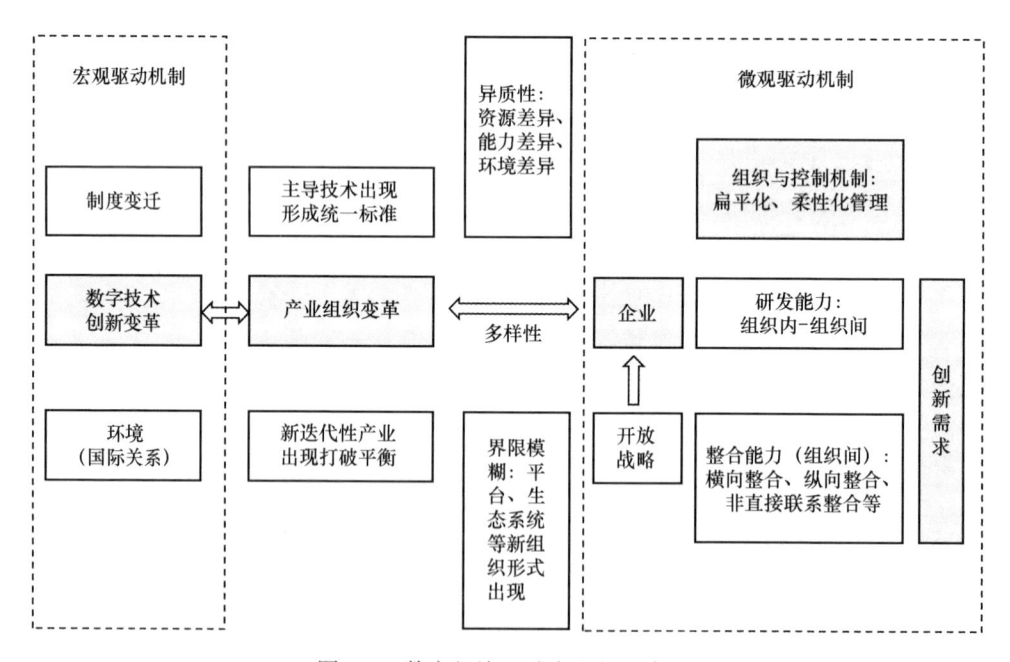

图2-5 数字经济驱动产业组织变革

注：参考《数字经济驱动制造业转型升级的作用机理》，李春发等。

总结上述分析，先进制造业并不是在现有产业划分标准下新设一个行业类别或按照新分类标准划分一个新行业群体，而是借助先进制造技术进步革新生产制造模式和产业组织形态，重塑制造业发展模式和发展方式。如果说全球制造业的发展曾经历了初级产品生产、加工装配、自主知识产权创新三个阶段，那么先进制造业的发展则标志着制造业发展进入了制造创新融合阶段。

因此，有的学者将先进制造业概括为"两类行业范畴、三个先进层面，十个特征形态"。两类行业范畴是指先进制造业不仅包括由信息技术、生物技术、新能源技术等创新发展出来的新产业，还包括传统制造业转型升级后的制造业；三个先进层面是指先进制造业在产业和企业组织形式、制造技术、生产模式三个层面先进；十个特征形态是指先进制造业呈现出集群化、服务化、垂直化、数字化、智能化、虚拟化、高端化、模块化、绿色化与平台化（唐晓华等，2020年）。

由此可以看出，制造业虽然在一定实践范围内特指某些具体的制造业行业门类，但是一个国家或地区的先进制造业发展应该是一个整体性概念，无论是工业生产系统概念还是先进产业形态概念，构建一个完善且具有竞争力的先进制造业体系显得尤为重要。

一、先进制造业的特征

发展先进制造业，必须对先进制造业的特征有一个准确的认识和把握。总体看，先进制造业集现代科学技术之大成，是先进生产力的代表，在技术和工艺、制造模式和产业组织方式、产业附加值和带动性等方面独具特色。先进制造业的特征如下。

（一）技术先进性

先进制造业发展广泛采用了信息技术、生物技术、新材料技术、新能源技术等前沿、先进技术，使得研发设计、生产制造、技术工艺、质量品牌保持先进性。例如，计算机辅助设计（CAD）、增材制造（如3D打印）、制造执行系统（MES）、客户关系管理（CRM）系统、供应商关系管理（SRM）系统等。

（二）产业高端性

先进制造业基于先进制造技术的创新与应用，在产业层次上体现出附加价值高、技术含量高的高端特征。这些产业不仅包括由信息技术、生物技术、新材料技术、新能源技术等先进技术的创新和发展衍生的产业，如物联网产业、人工智能产业、生物医药产业、纳米新材料产业等；还包括运用信息技术、生物技术、新材料技术、新能源技术等先进技术改造后的传统制造业，如高端纺织、绿色食品、智能家电、绿色建材、精细化工等。

（三）要素集成性

先进制造业不仅是技术密集型产业，离不开专业技术人才和高技能人才；还是资本密集型产业，具有高投入、高风险、高收益等特征，需要金融资本的有力支撑。先进制造业作为一种新产业形态，对数据要素的市场化配置要求更高，需要数据要素的资产化、交易流通等。

（四）高度融合性

随着先进制造技术的不断创新，先进制造业除表现出高端、高新特征之外，产业间的边界越来越模糊，跨行业、跨领域的交叉融合成为先进制造业的常态。例如，医疗器械与电子信息产业的交叉融合，加速了高端医学影像、智能可穿戴设备等产业的发展。又如，电子信息产业与汽车产业的融合，加速了汽车电子产业的蓬勃发展，推动了智能网联车的崛起，汽车正在从交通工具向智能产品转型。

（五）管理现代化

先进制造业创新的现代管理理念不断运用到产业和企业价值创造的过程中，先进的管理技术和管理方法不断促进价值链、供应链管理的优化。面对消费者，先进制造业企业也能很好地满足消费者多样化、个性化的需求。

（六）模式创新性

先进制造业采用精益生产、柔性制造、增材制造、网络化协同制造等制造模式，制造+服务不断提升产业价值链。聚焦绿色低碳发展，先进制造业走出一条资源节约、绿色环保的可持续发展道路。

（七）集群化发展

集群化是先进制造业的发展趋势。通过集群化发展，先进制造业能加速形成规模经济和范围经济，并放大技术先进、组织先进的特征，形成合作创新网络，促进知识外溢和技术扩散，降低创新风险与成本，加速技术创新能力的螺旋式累积，引领先进制造业的产业变革与技术创新。

（八）拥抱全球化

先进制造业是一个开放的生态系统，而非封闭的系统。关起门来谈先进，只会缺乏对照对象和新鲜血液，极易掉入路径依赖陷阱。先进制造业发展需要坚持国际视野，深度嵌入全球产业链、创新链和价值链。

第二节　先进制造业集群内涵与优势

对先进制造业集群的研究是在经典产业集群理论体系下进行的。基于此，先进制造业集群其实是产业集群在新时代背景下的演绎。对先进制造业集群内涵的界定应在地理邻近、产业联系和行为主体互动合作核心三要素的基础上，探讨其独有的特征。

一、先进制造业集群的内涵

基于先进制造业的内涵，结合产业集群的定义，笔者认为先进制造业集群是先进制造业领域的企业、机构在一定地理空间集聚，通过相互合作与交流共生形成的产业组织形态。先进制造业集群在具备产业集群的一般特征（地理邻近下的高度集聚、基于专业化分工的产业联系、行为主体的互动合作）的基础上，具有技术水平的先进，生产制造模式的先进，集群内企业和产品质量、品牌的先进，以及产业组织形态、集群治理机制的先进等鲜明特征，不仅能实现规模效应和集聚效应，更能够助推经济创新，打造产业竞争新优势。可从三个方面来认识先进制造业集群的先进性。

第一，技术创新水平的先进。技术创新水平的先进要求先进制造业集群建有完善的技术体系和合作创新网络，引领技术、产业、标准的发展方向。技术体系要求先进制造业集群拥有的先进技术，主要是指以先进制造工艺技术，以及制造自动化、数字化、智能化技术为代表的先进生产制造技术，重点涉及电子信息技术、生物技术、生命科学技术、材料技术、能源与节能技术、环境保护技术，具备高智力、高渗透、高投资、高收益等特征。基于先进的技术，电子信息、人工智能、新材料、高端装备、生物医药、新能源、节能环保等高技术制造业产生。同时，先进不只是指新的技术、新的产业，传统产业运用新的技术改造提升也具有先进性。培育与发展先进制造业集群不应该唯"新"而定，应该因地制宜，聚焦传统优势产业和新兴产业，加快推动先进制造业集群转型升级和技术水平提升。先进制造业集群的技术创新水平要求见图2-6。

第二章 先进制造业集群

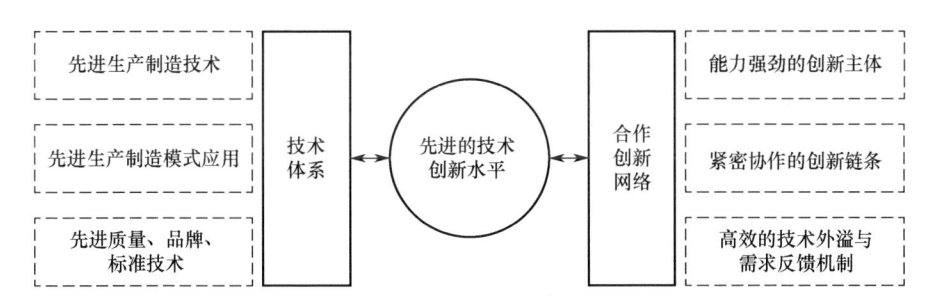

图 2-6 先进制造业集群的技术创新水平要求

第二，**产业组织形态的先进**。产业组织形态的先进要求先进制造业集群形成内部"结网和互动"的生态网络。先进制造业集群聚焦产业链的强链、补链、畅链、固链等环节，打造与本地资源优势相匹配、与本地承载能力相适应的产业链条，实现水平分工的横向联合和上下游紧密协作的垂直整合，最终发展成为产业链集群。先进制造业集群具有完善的产业链融通发展机制，产业链与创新链、资金链、人才链高度耦合。先进制造业集群能够顺应和把握数字经济带来的产业组织变革趋势，重构生产制造、组织管理、合作分工与供应链网络形态，平台组织、生态系统、产业链共同体、生态型企业在集群内不断涌现，平台经济、共享经济在集群内得到普及，虚拟集群与实体集群线上、线下融合发展的新形态在集群内得到应用。先进制造业集群的产业组织形态见图 2-7。

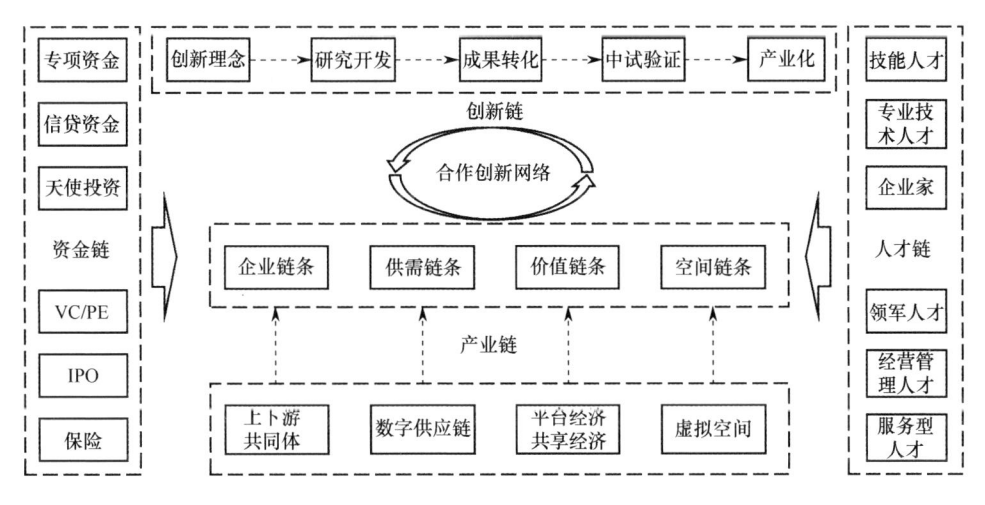

图 2-7 先进制造业集群的产业组织形态

第三，集群治理机制的先进。集群治理机制的先进要求先进制造业集群以集群组织网络整体为治理对象，以有效整合先进制造业集群内核心资源为治理路径，聚焦政府及部门的公共治理、集群企业的层级治理、集群企业的自发治理三个层面，创新以自发治理为主、公共治理为辅的集群治理机制。

其中，集群企业自发治理是指先进制造业集群通过发挥诸如行业协会、商会等集群发展促进组织的核心节点作用，基于协商原则自发协商达成和履行相对稳定的共同协议，开展集体行动的自发治理，是先进制造业集群治理的核心。政府及部门公共治理指的是先进制造业集群所在地各级政府及派出机构，凭借法定权威来规范集群成员行为的制度安排。该治理机制在先进制造业集群培育发展初期发挥主导作用，重点是做好战略方向的把控和对集群成员行为的治理。而在先进制造业集群成长成熟后，政府及部门更多的是充当"守夜人"角色，发挥引导与监管作用，不断优化先进制造业集群的管理效能，降低制度性交易成本，切实为企业和行业组织参与先进制造业集群治理提供必要的保障。

先进制造业集群的治理机制见图2-8。

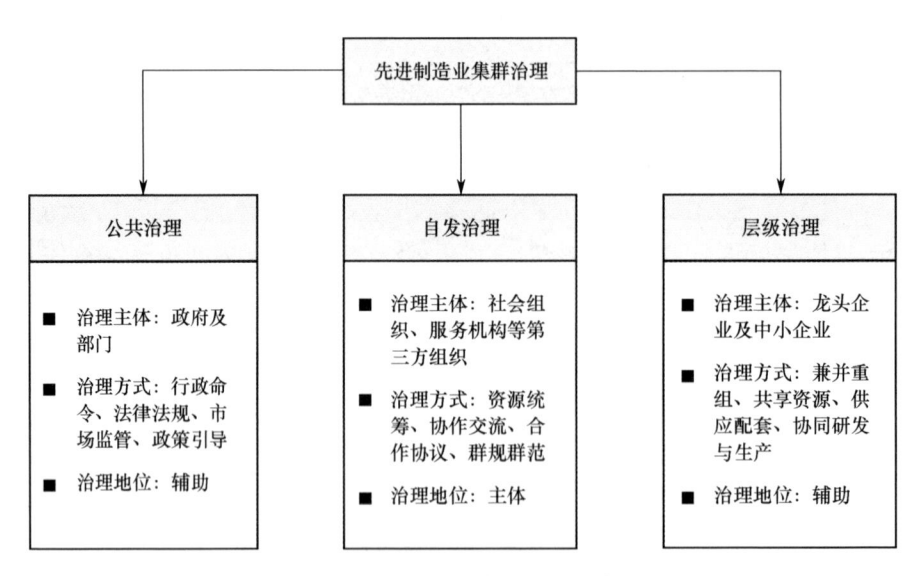

图 2-8 先进制造业集群的治理机制

公共治理	自发治理	层级治理
■ 治理主体：政府及部门 ■ 治理方式：行政命令、法律法规、市场监管、政策引导 ■ 治理地位：辅助	■ 治理主体：社会组织、服务机构等第三方组织 ■ 治理方式：资源统筹、协作交流、合作协议、群规群范 ■ 治理地位：主体	■ 治理主体：龙头企业及中小企业 ■ 治理方式：兼并重组、共享资源、供应配套、协同研发与生产 ■ 治理地位：辅助

二、先进制造业集群的竞争优势

先进制造业集群重在打造产业竞争新优势，这种竞争优势集中体现为先进制造业集群竞争力。只有理解先进制造业集群竞争优势，才能准确把握先进制造业集群的特征。

波特"钻石模型"指出，集群竞争优势的形成受生产要素（劳动力、自然禀赋、知识、资本、基础设施）、需求条件、相关支持产业和结构、竞争者，以及政府与机会的综合影响。基于此，帕德莫和吉布逊（Padmore 和 Gibson，1998年）进一步指出影响产业集群竞争力的主要因素包括资源，设施，供应商和相关辅助产业，企业结构、战略和竞争，本地市场，外地市场六个方面，并构建了产业集群竞争力评价的 GEM（Groundings Enterprises Markets）模型。

按照这个研究思路，相关学者对产业集群竞争力的影响因素继续进行了深入研究。刘友金（2007年）提出了改进的 GEMN（Groundings Enterprises Markets Networks）模型。蒋录全等（2006年）认为从产业集群竞争力的影响因素角度来评价集群并不能反映集群成员间的网络协作关系，因为产业集群归根到底是一种网络组织形态，基本构成要素是众多的节点（企业、机构和中介组织）和节点之间的相互关系。因此，在考察产业集群竞争力影响因素的基础上，需要从产业集群网络和组织结构的角度来对产业集群进行评价。特雷西（Tracey，2003年）认为，产业集群竞争力重点关注功能差异化程度及网络密度、网络集中化、网络基础设施质量等方面。

需要指出的是，上述两种观点分别是从影响因素和网络结构角度来认识和评价产业集群竞争力的，总体上可以将产业集群竞争力归纳为产业集群在规模经济、网络集中化、合作创新、要素支撑等方面体现出的综合优势。但随着产业集群的发展，由产业集群演进形成的先进制造业集群在组织先进、技术先进、开放包容发展等方面有其独有的特征，这些特征集中体现在集群的竞争优势上。

综合上述观点，先进制造业集群竞争力可以定义为，先进制造业集群各要素（企业、机构、要素资源、基础设施）基于高度集聚和专业化分工，围绕共同目标所形成的规模经济、网络协作、合作创新、开放包容的能力，以及在全球产业链、创新链中推动先进制造业集群统一行动和提升集体效率的竞争优势。这种竞争力综合体现在产业综合实力、合作创新能力、网络协作能力、开放合作能力和治理能力五个方面（见图2-9）。

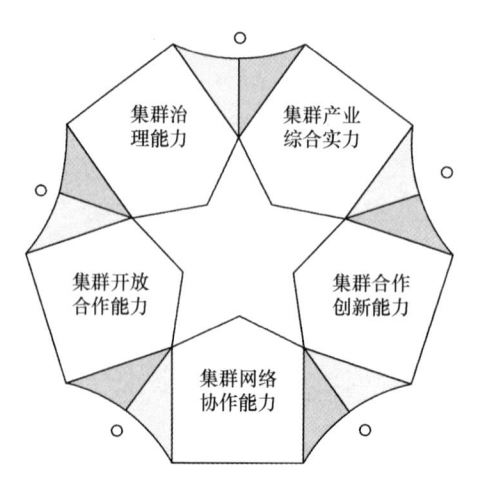

图2-9 先进制造业集群竞争力

一是较强的产业综合实力。先进制造业集群围绕先进制造业领域，形成了较大的产业规模并占有较大的市场份额，拥有一大批一流的行业龙头企业和专精特新中小企业，在行业标准、品牌建设和企业管理等方面都处于前列。

二是较高的合作创新能力。先进制造业集群建立了由核心企业、科研院所组成的创新生态系统，围绕先进的生产制造、质量标准、管理运维等技术，形成了完善的技术创新体系和宽容、宽松的创新文化，有效地促进了集群知识外溢和技术扩散，引领着技术变革的方向。

三是紧密高效的网络协作能力。先进制造业集群构建了内部"结网和互动"的组织网络，围绕产业链、创新链和价值链形成了紧密高效的分工协作机制，有效带动大、中、小企业共同行动，实现产业链上下游和产供销协同发展。

四是较高的开放合作能力。先进制造业集群企业能够深入全球产业链、价值链分工，实现高质量引进来和高水平走出去，具有国际美誉和影响力，并超越行政边界限制，有效促进跨区域融合发展。

五是高效运行的治理能力。 先进制造业集群建立了以自发治理为主、公共治理为辅的集群治理机制，能够协调集群行为主体间的多元化关系，尤其是集群拥有为其成员合作交流牵线搭桥的第三方组织，其带领成员发起集群动议，采取集群集体行动，提升集体效率。

三、世界级先进制造业集群

党的十九大报告明确提出，要"促进我国产业迈向全球价值链中高端，培育若干世界级先进制造业集群"。基于以上对先进制造业集群的理解，笔者在《世界级先进制造业集群的内涵及竞争力》一文中，对世界级先进制造业集群的内涵和特征有过详细探讨。

世界级先进制造业集群作为先进制造业集群发展的高级形态，指在一定区域内，与特定先进技术、制造业领域相关的若干企业、行业组织和科研院所等机构，围绕共同目标，共生形成的组织高度网络化、能够引领全球技术创新和产业变革、具有强大包容性和根植性的产业网络。世界级先进制造业集群是现代产业体系的重要组成，代表一国战略、优势产业领域的综合竞争力的最高水平，凭借持续的技术创新和组织创新，引领先进制造业高质量发展。结合先进制造业集群的特征，世界级先进制造业集群在规模、创新、网络、开放和治理五个方面具有独特特征。

第一，集群规模国际领先，产业发展在全球市场中占有绝对位置。 世界级先进制造业集群首要也是最为基础性的特征就是在全球产业发展中占有重要的位置，代表着一定区域在国际上的综合经济竞争力和市场集聚发展水平。一方面，要在全球占有较大的市场份额或处于主导地位、具有显著的行业影响力和市场控制力。另一方面，拥有一大批世界级一流的龙头企业和知名品牌，不仅在产业规模和资产总量等方面是全球同类行业领域的排头兵和佼佼者，而且在技术水平、行业标准、品牌建设和企业管理等方面都处于世界前列。例如，德国斯图加特汽车产业集群，形成了戴姆勒、保时捷和博世三大汽车品牌，以及大量中小型"隐形冠军"企业，这些企业专注于高科技配套产品，与大企业紧密集成，在高端技术和知识密集型领域占据领先地位，成为汽车产业发展的坚实后盾。

第二，**集群创新生态系统健全，核心技术引领技术变革方向。**世界级先进制造业集群建有完善的技术体系，不仅掌握着某个领域具有国际先进水平的关键核心技术，而且瞄准前沿技术、颠覆性技术等，引领技术变革、产业、标准的发展方向，推动技术不断从低级到高级演进、发展。同时，世界级先进制造业集群拥有由核心企业、大专院校、科研机构组成的创新生态系统，该生态系统能够促进创新要素流动与共享，形成良好的创新氛围和创新文化，加速集群成员间的知识学习和技术外溢，推动企业由单一的技术创新向产学研合作创新转型。

第三，**集群网络组织结构紧密，第三方组织有力推动成员间高效率协作。**世界级先进制造业集群本质上是企业和各类机构在地理上集中，通过相互合作与交流共生形成的产业组织，核心是强调集群内部"结网和互动"的集群网络。这种网络是集群内企业、大学、科研机构、合作机构、政府机构等行为主体在业务合作、交换资源、传递信息活动过程中互动交流关系的总和。为保持信息和资源在网络中自由、高效运转，不仅需要产业、技术、人才、资本等要素高度集聚，各成员在产业链、创新链和价值链中形成高度专业化分工，更需要第三方组织作为促进集群多边联系、互利合作的一个核心节点，为成员间的合作交流牵线搭桥，带领集群成员发起集群动议、采取集群集体行动，从而提升集体效率。

第四，**集群遵循开放融合发展，时刻保持产业组织的旺盛生命力。**世界级先进制造业集群不是一个封闭的产业组织，而是一个根植于地方特色，具有强大组织包容性的开放系统。首先，世界级先进制造业集群的发展更多地呈现出超越集群地理边界和行政边界重合的思维，注重集群发展与城市功能拓展相匹配、发展空间与城市功能空间高度耦合、集群演进与区域城市化互动共生，真正实现跨区域融合发展。其次，世界级先进制造业集群具有多元、开放、包容的集群文化，不断丰富集群跨领域发展的潜力。最后，世界级先进制造业集群更加强调国际竞争力，而国际竞争力的打造不仅需要集群企业或机构的国际化布局、技术合作交流，还需要集群与集群之间的开放合作，不断强化集群的本地化和国际化联系，切实防止集群产生路径依赖和技术路径锁定。

第五，**集群治理机制高效顺畅，拥有自发治理为主、公共治理为辅的集群**

治理能力。世界级先进制造业集群代表着产业组织发展的高级形态,为保持网络化组织的稳定与顺利运转,在治理机制上也在不断地探索创新,通过正确协调集群行为主体间的关系,建立和维护集群竞争优势,实现集群集体行动的高效率。正如前面所探讨的,集群治理是指基于一定的产业关联和社会网络关系的集群各行为主体,在相互信任和互动的基础上,为保证集群整体利益最大化而存在的各种正式或非正式的内生性协调机制的总体。为加快推动先进制造业集群组织变革、培育世界级先进制造业集群,需要我们创新以自发治理为主、公共治理为辅的集群治理机制,推动政府、企业、第三方组织发挥各自作用,共促集群健康可持续发展。

第三节　全球先进制造业集群发展动态

随着新一轮科技革命和产业变革的蓬勃发展，加快发展先进制造业对推进制造业转变发展模式、提升发展质量效益和核心竞争力、加快迈向价值链中高端具有重要意义。在加速发展制造业的同时，世界各国纷纷加强对先进制造业的前瞻性布局，谋求先进制造业的先发优势，牢牢把握关键核心技术的自主性，提升产业链、供应链韧性和安全水平。同时，美国、德国、日本、法国、欧盟等发达国家或经济体纷纷聚焦集群战略，编制相关文件和计划，推动优势领域产业集群向更高水平迈进，加快培育与发展先进制造业集群，引领和主导全球技术创新与产业变革，形成国际产业竞争新优势，以抢占未来产业竞争制高点。

一、美国

先进制造业是支撑美国引领全球科技与经济发展的重要力量。美国历来高度重视航空航天、集成电路、生物医药、新材料、高端装备等先进制造业的发展。进入21世纪，为有效解决产业"空心化"和劳动力就业问题，美国提出"制造业回流"口号，相继出台了发展先进制造业的顶层设计：2009年12月发布《重振美国制造业框架》，2015年10月发布《美国创新战略》，2018年10月发布《美国先进制造业领导战略》，2022年10月发布《先进制造业国家战略》。总体看，这些战略的实施都是在一定程度上通过促进先进制造业发展，来夯实美国制造强国地位、重构美国先进制造业竞争优势的。

2022年，美国出台《先进制造业国家战略》（以下简称《战略》），提出开发和推广先进制造技术、培育先进制造业劳动力、构建弹性供应链3大愿景目标及11个具体举措，核心框架见表2-4。与奥巴马政府、特朗普政府制定的相关战略不同，此次《战略》突出强调"构建弹性供应链"，并部署"加强供应链互联、降低制造业供应链脆弱性、振兴先进制造生态"具体配套措施。

表 2-4 《先进制造业国家战略》核心框架

目标	举措	建议
目标 1 开发和推广先进制造技术	促进清洁和可持续的制造以支持脱碳	制造过程的脱碳
		清洁能源制造技术
		可持续制造和再循环
	加速微电子和半导体的制造	半导体和电子的纳米制造
		半导体材料、设计和制造
		半导体封装和异构设计
	实施先进制造以支持生物经济	生物制造
		农业、森林和食品加工
		生物质加工和转化
		医药和保健产品
	开发创新材料和加工技术	高性能材料的设计和加工
		增材制造
		关键材料
		空间制造
	领导智能制造的未来	数字制造
		制造业中的人工智能
		以人为本的技术采用
		制造业的网络安全
目标 2 培养先进制造业劳动力	扩大和多样化先进制造人才库	提高对先进制造职业的认识
		聘用代表不足的社区
		解决弱势群体的社会和结构障碍
	发展、推动先进制造业教育和培训	将先进制造纳入 STEM 基础教育
		先进制造业的现代化职业技术教育
		扩大传播新的技术
	加强雇主与教育组织之间的联系	扩大培训范围和增加学徒数量
		建立证书认证体系
目标 3 构建弹性供应链	加强供应链合作	在供应链管理中促进供应链内部的协调
		推进供应链数字化转型创新
	努力降低制造业供应链的脆弱性	沿供应链追踪信息和产品
		提高供应链的可见度
		改进供应链风险管理
		刺激供应链敏捷性
	加强和振兴先进制造生态系统	促进新的企业形成和增长
		支持中小型制造商
		协助技术过渡
		建立和加强区域制造网络
		改善公私伙伴关系

《战略》明确提出，发展美国主导的先进制造业，旨在发展经济，创造高质量的就业机会，提高环境可持续性，应对气候变化，加强供应链，确保国家安全。《战略》认为，当前诸如自动化、数据科学、人工智能、机器学习、生物技术和材料科学的发展，以及绿色脱碳、医疗保健和国家安全方面的挑战，正在为先进制造创造新的机会。为了保持在全球竞争中的地位，美国必须快速开发和实施创新的先进制造技术，夯实在先进制造技术领域的领先地位。《战略》强调，先进制造业能够为美国创造数百万个就业岗位，自动化、人工智能和机器人技术的开发和应用是补充工人技能的，而不是取代工人技能的。美国必须培养制造业劳动力，完善敏捷教育和培训系统，培养工人的技能。

《战略》认为，美国制造业供应链是一个连接原材料供应商、零部件生产商、物流公司、服务集成商的复杂生态系统，是产品和工艺创新创造价值的重要组成部分。需要强化供应链韧性，应对地缘政治冲突、网络攻击、能源中断、金融危机、自然灾害和流行病等广泛的外部冲击。中小型制造商数量占美国的98%，为美国提供了50%左右的制造业产品和服务，应着力支持中小企业提高制造业供应链和生态系统的复原力。

同时，聚焦先进制造技术，美国于2012年启动实施国家制造业创新网络计划，广泛布局制造业创新网络，重点在增材制造、数字制造与设计、网络安全、轻质材料制造等领域建设一批具有行业特色的制造业创新中心。美国国家制造业创新网络计划（简称NNMI计划）旨在聚焦某一具有发展前景的先进制造技术领域，通过建立强大的制造业创新机构，协调公共和私人投资，提高美国制造业竞争力和生产效率。每个创新机构重在填补政府和高校与私营部门的缺口，尤其是加强中小企业和大学之间的合作，实施有效研发、技术转移、劳动力培训和教育，从而解决与工业制造相关的问题，推进美国制造业创新。美国制造业创新机构生态系统见图2-10。

2022年10月，美国国家标准与技术研究院（NIST）发布的《2022年美国制造业亮点报告》（*Manufacturing USA Highlights Report 2022*）中显示，美国已经建成16个制造业创新机构（见表2-5），合作成员组织达到2300个，其中63%为制造企业，22%为社区大学和主要研究型大学，15%为国家和地方经济发展实体。报告认为，各制造业创新机构均构建了强大的公私合作创新网络，在应对新冠疫情、制造业先进技术开发、劳动力培训发展、创新生态建设等方面作出了突出贡献。16 个机构共开展重大技术和人才开发项目 708 项，利用 1.27 亿美元的联邦资助、基金等，吸引投资 3.54 亿美元。

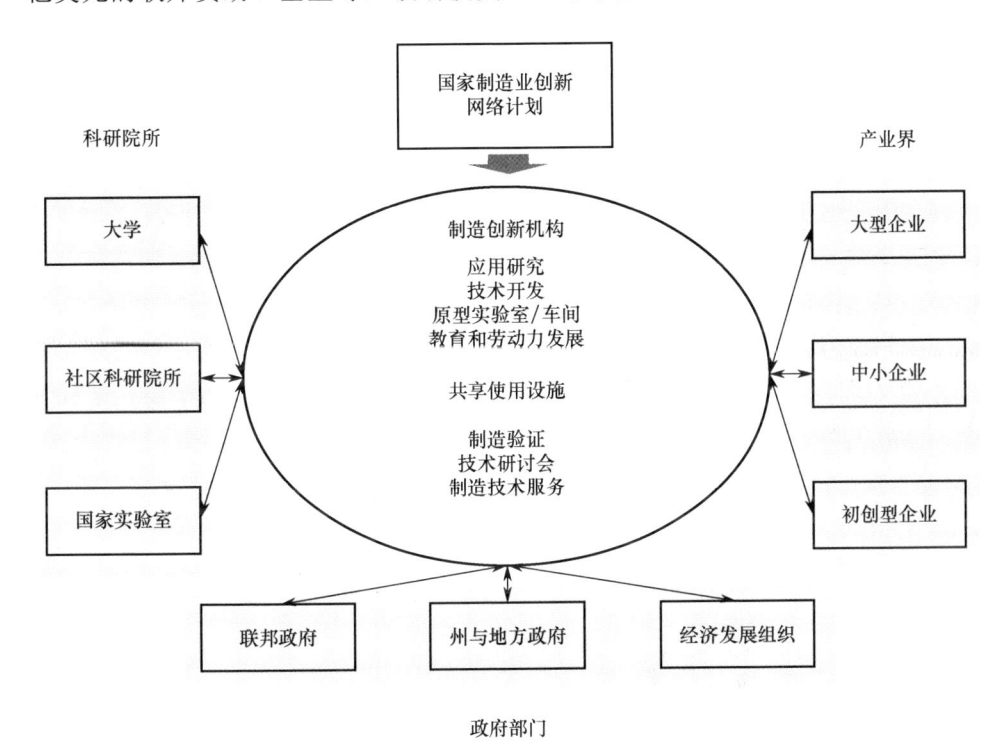

图 2-10　美国制造业创新机构生态系统

表 2-5　美国 16 个制造业创新机构

所 属 部 门	创新机构名称
商务部	生物制药制造创新研究所
国防部	增材制造创新研究所
	数字制造创新研究所
	轻质材料制造创新研究所
	集成光子学制造研究所
	柔性混合电子制造研究所
	先进功能织物联盟研究所
	先进再生制造研究所
	先进机器人技术制造研究所
	生物工业制造创新研究所

（续表）

所属部门	创新机构名称
能源部	下一代电力电子技术制造创新研究所
	先进复合材料制造创新研究所
	清洁能源智能制造创新研究所
	过程强化部署快速推进创新中心
	内嵌能压缩和排放降低创新研究所
	网络安全制造创新研究所

围绕先进制造业集群发展，美国 2010 年发布《美国竞争力再授权法案》，公开多个联邦部门共同推动的区域创新集群计划（见表 2-6），2014 年通过《复兴美国制造与创新法案》，2018 年继续推进深化集群发展的区域创新战略计划。为加大对集群发展的支持，奥巴马政府出资 2.63 亿美元，支持 66 个创新集群培育发展，其中高端制造业集群 10 个，每个先进制造业集群获得的平均资助额度为 200 万美元，主要用于集群组织管理运营、技术咨询服务、孵化创业支持、国际交往合作、人员技能培训等。

表 2-6 美国区域创新集群计划（高端制造业领域）

序 号	集群行业领域	所 在 地 区
1	光学、光电学与影像学	纽约州
2	热环境控制系统	纽约州
3	机电产品	宾夕法尼亚州
4	高端制造创新	宾夕法尼亚州
5	高端制造与原型设计	田纳西州
6	高端触点制造	密歇根州
7	石油天然气供应链	俄克拉何马州
8	航空航天与国防	亚利桑那州
9	医疗/生物管道高端制造	加利福尼亚州
10	高级材料与金属	俄勒冈州

美国 2022 年 10 月发布的《先进制造业国家战略》，提出深入实施"重塑区域竞争力集群行动"。在具体实施中，"重塑区域竞争力集群行动"通过竞赛的形式从 400 多个参赛者中选出 60 个候选者，并从中确定 21 个区域竞争力集群（见表 2-7）。21 个区域竞争力集群涉及的产业领域广泛，主要涵盖清洁能源、微电网、半导体、机器人、生物医药、航空航天、无人机、电动车等先进制造

业领域,以及金融业、农业、海产养殖业等农业和服务业领域。对于确定的21个区域竞争力集群,拜登政府给予10亿美元支持。其中,3亿美元用于加速集群新兴技术创新,2.7亿美元用于帮助工人获得新的就业机会和职业培训,1.4亿美元用于业务拓展和创业活动开展,1.1亿美元用于建设关键的基础设施和吸引私人投资,1亿美元用于帮助中小型企业采用新流程和开拓新市场,剩余资金用于维持区域治理和加强集群发展的其他事项。

表2-7 美国"重塑区域竞争力集群行动"确定的21个集群

集群名称	联邦资助/亿美元	牵头单位
纽约西部先进制造集群	0.250	帝国州开发公司
宾州西南部机器人自动化集群	0.627	新经济协作组织
佐治亚人工智能制造集群	0.650	佐治亚技术研究公司
佛罗里达中部半导体集群	0.508	奥西奥拉委员会
弗吉尼亚先进制药集群	0.529	弗吉尼亚生物技术研究伙伴管理局
北卡罗来纳生命科学制造集群	0.250	北卡罗来纳州生物技术中心
新罕布什尔生物制造集群	0.440	曼彻斯特市政厅
密苏里技术三角集群	0.250	大圣路易斯公司
俄克拉何马生物技术创新集群	0.350	俄克拉何马市经济发展基金会
得克萨斯西部航空航天与国防制造集群	0.400	得克萨斯大学埃尔帕索分校
堪萨斯驱动采用与智慧制造集群	0.514	威奇托州立大学
俄克拉何马塔尔萨区域先进移动集群	0.390	印第安人国家政府委员会
密歇根全球移动中心集群	0.522	底特律伙伴关系基金会
纽约新能源集群	0.637	纽约州立大学伯明翰分校
西弗吉尼亚阿巴拉契亚气候技术集群	0.628	矿区开发公司
路易斯安那氢能集群	0.500	大新奥尔良发展基金会
加利福尼亚未来食物集群	0.651	中央谷社区基金会
俄勒冈大众木材集群	0.414	波特兰港
内布拉斯加尖端机器人集群	0.250	内布拉斯加投资公司
阿拉斯加海水养殖集群	0.490	东南会议
四州山区平原金融集群	0.450	四州山区平原基金公司

在推动先进制造业集群发展中,美国高度重视集群发展促进组织的建设。这些组织多数是非营利组织,也有的是小企业、研究型大学。例如,硅谷医疗-生物制造集群发展促进组织,由加利福尼亚州东湾区经济发展联盟牵头成立,加利福尼亚州大学伯克利分校、Loney学院、卓越制造公司与北加利福尼亚州小企业促进中心共同担任理事,该组织有效促进了创新创业、金融服务、技术

服务、人力培训。

为配合区域创新集群计划，美国从2014年起正式实施了一项由哈佛商学院牵头、商务部和经济发展署共同参与的集群测绘工程（U.S. Cluster Mapping Project）。该工程是一项国家经济倡议，旨在运用测绘工具和模型，对美国产业集群的5000万条数据进行可视化处理分析，从而勾勒出美国产业集群地图，作为集群政策的有力工具，发现产业集群的存在，研究产业集群经济绩效，制定产业集群发展政策，为企业和各类组织提供开放的数据和信息，分享经济发展政策和科技创新前沿动态，促进产业集群开放合作。

美国集群测绘工程有三点核心要义。一是创建功能强大的产业集群测绘数据库，运用可视化工具开展集群学术研究。二是搭建美国产业集群地图网站，从产业集群的存在和性能、区域经济竞争力、市场环境质量和区域特性四个维度，以可视化地图的形式绘制出美国各个产业集群的发展状态。三是为研究实施产业集群政策提供决策参考，提供全球化发展的对接平台，满足不同产业集群的发展需求、激活产业集群的发展潜力。

集群测绘的关键在于基于一组标准化的集群定义，将单个行业分组到产业集群类别中从而确定测绘对象，创建对应的数据集（需要考虑跨地理区域产业集群的存在）。美国集群测绘工程将北美产业分类系统（NAIC）分为"贸易"（Trade）和"地方"（Local）两大类行业。其中，贸易类行业为51个，主要是指在一定地理区域内集聚并向其他地区提供产品和服务的行业，如汽车、生物医药等制造业；地方类行业为16个，主要是指在大多数地区分布并专门为本地区提供产品和服务的行业，如教育、医疗等服务业。按照确定的地理范围是一个行政区域（如州、经济区或县）的标准，该工程将产业集群分为贸易类集群和地方类集群，从而确定了产业集群的基准定义。

有了测绘和评价对象，美国集群测绘工程从产业集群经济效益、商业环境和网络密度三个维度，建立了包含59个指标的评价指标体系（见表2-8）。其中，第1~23项指标主要考察产业集群经济效益，第24~42项指标主要考察产业集群商业环境，第43~59项指标主要考察产业集群网络密度。评价指标体系采集的数据大多来自公共部门，数据量超过5000万条，来源于美国人口普查局、专利商标局、经济分析局和国家科学基金会等部门。

表2-8 美国集群测绘工程评价指标体系

序号	数据变量
1	按集群划分的就业、机构和工资单
2	繁荣（人均GDP，2005年实际美元）
3	繁荣增长（人均GDP，实际增长率）
4	年工资（私人平均工资）
5	年工资增长率（私人平均工资，增长率）
6	劳动力动员（劳动力参与率）
7	劳动力动员变化（劳动力参与率变化）
8	就业增长率（私人就业，增长率）
9	创造就业（私人就业，绝对就业收益）
10	失业率
11	失业率变化
12	贫困率
13	贫困率变化
14	劳动力生产率（实际国内生产总值，2005年美元，每个劳动力参与者）
15	劳动力生产率增长（实际GDP增长，2005年美元，每个劳动力参与者）
16	创新（每10万名员工拥有的实用专利）
17	创新增长（每10万名员工的公用事业专利变化）
18	出口（出口占国内生产总值的百分比）
19	出口增长（总出口增长率）
20	机构增长率（贸易机构增长率）
21	按州、经济区和大都市地区划分的实际个人收入（人均价格调整后的个人收入）
22	在美国的外国直接投资（通过外国直接投资创造的就业机会）
23	美国国际货物和服务贸易
24	人均研发支出（人均研发支出总额）
25	人均研发支出增长（人均研发支出复合年增长率）
26	人均研发联邦资金
27	联邦人均研发经费增长（联邦政府人均研发经费复合年增长率）
28	风险投资（每10000美元国内生产总值的风险投资）
29	风险资本增长（每10000美元GDP的风险资本增长）
30	授予的科学学位（授予的科学和工程博士学位总数）
31	先进科学工作者（科学、工程和卫生博士占人口的百分比）
32	先进科学工作者的增长（就业科学、工程和卫生的博士复合年增长率占总人口的百分比）
33	获得高中或以上文凭的总人数（获得高中或以上文凭的总人数占总人口的25%以上）
34	大学或大专以上学历的总人数（大学或大专以上学历的总人数占总人口的25%以上）

（续表）

序号	数据变量
35	完成学士或以上学位的总人数（完成学士或以上学位的总人数占总人口的25%以上）
36	工会化（工会代表的工人百分比）
37	税收占GDP的百分比（州税和地方税占GDP的百分比）
38	企业所得税占国内生产总值的百分比（国家和地方所得税占国内生产总值的百分比）
39	集群强度
40	强大集群中的就业增长
41	制造强度（制造业就业占所有就业的百分比）
42	制造强度的变化（制造业工作占所有工作的百分比变化）
43	按年龄划分的人口，0至4岁（学前）
44	按年龄划分的人口，5至17岁（学龄）
45	按年龄划分的人口，18至24岁（大学年龄）
46	按年龄划分的人口，25至44岁（年轻成人）
47	按年龄划分的人口，45至64岁（中年人）
48	按年龄划分的人口，65岁及以上（老年人）
49	总人口增长
50	青年成人人口增长
51	人口密度
52	净国际移民（净国际移民占总人口的百分比）
53	国内净移民（国内净移民占总人口的百分比）
54	周边地区平均繁荣度（一个地区邻里人均实际国内生产总值）
55	平均公司规模（平均交易机构规模）
56	大型企业总部（财富1000强企业）
57	军事人员和开支（总军事工资和合同）
58	政府就业和工资单（地方服务、联邦服务、高等教育、卫生和医院的就业数量和工资总额）
59	美国各州的农业生产力（农业产出超过GDP）

二、德国

德国是传统工业强国和制造强国。为巩固德国在全球制造业的龙头地位，抢占先进制造业发展先机，德国政府在2013年汉诺威工业博览会上推出"工业4.0"战略，旨在支持工业领域新一代革命性技术的研发与创新，打造基于信息物理系统的制造智能化新模式。

狭义上，工业4.0是将自动化、信息化、数字化和智能化的理念贯穿产品设计、生产、销售、售后全过程，实现一个高效率、高柔性和个性化的产品与服务生产模式。广义上，工业4.0是先进制造技术和模式的一场变革，是继工业1.0（蒸汽机动力，大规模生产）、工业2.0（电子运用，电气化生产）、工业3.0（信息技术应用，标准化自动化生产）之后的第四次工业革命。因此，工业4.0可以说是以物联网（Internet of Things，IoT）和务联网（Internet of Service，IoS）为基础，以迅速发展的新一代互联网技术为载体，加速向制造业等工业领域全面渗透的技术革命。

工业4.0战略离不开工业尤其是先进制造业。为此，2019年，德国联邦经济和能源部部长发布了《国家工业战略2030》。这是德国政府多年来首次发布的关于工业领域的整体发展战略，旨在确保德国工业长期保持领先地位，通过快速创新抢占未来竞争制高点。该战略提出，工业技术主导能力是保障德国工业可持续发展的关键，德国经济必须能够经受住所有主要领域的全球竞争，尤其是在关键技术和颠覆式创新方面。为此，该战略将钢铁铜铝、化工、机械、汽车、光学、医疗器械、绿色技术、国防、航空航天和增材制造十大领域列为关键领域，德国政府将提供更廉价的能源和更有竞争力的税收制度，注重在本土保持一个闭环的价值链。

相较于以上两个战略，德国将产业集群战略作为顶层设计并加以持续推进的时间更早。2007年，德国联邦政府开展了尖端集群竞赛（Leading Edge Cluster Competition），重点是打造一批国际领先的产业集群。2012年，德国联邦政府实施走向集群计划（Go-Cluster），把尖端集群的成功经验向更多的集群推广。

在尖端集群竞赛中，集群发起者需要先提交申报大纲，由来自科学和经济界的专家组成的评审委员会从申报产业集群中遴选出候选者，候选者再提供一份更详细的申请方案，通过竞争评选并最终遴选出15个尖端集群进行支持（《创新集群建设的理论与实践》研究组，2012年），见表2-9。德国联邦政府对每个产业集群给予5年4000万欧元的资助，重点用于产业集群内企业、高校等的技术攻关，部分用于产业集群发展促进组织的运营管理。

此类组织多由政府引导发起，是介于市场和政府之间的"第三方"非营利性的组织。实践中，这些组织的运营模式多数采用公司型，部分采用联合会型，组织结构上主要包括集群发言人、顾问委员会和集群经理。例如，It's OWL 作为德国东威斯特法伦-利普（OWL）集群发展促进组织，主要采取公司化运作、市场化运营模式，为集群发展提供组织创新项目、促进技术转移、深化合作对接、促进专业知识共享、分配项目资金等公共服务。

表2-9 德国15个尖端集群名单

序号	集群行业领域	所 在 地 区
1	航空航天制造	汉堡
2	物流	鲁尔工业区
3	智能机器	帕德博恩（北莱茵-威斯特法伦州）
4	生物经济	哈雷（萨克森-安哈尔特州）
5	太阳能光电	萨克森州，图林根州，萨克森-安哈尔特州
6	微电子学、纳电子学	萨克森州
7	个体免疫治疗	美因茨（莱茵兰-普法尔茨州）
8	企业软件	德国西南部（达姆施塔特、卡尔斯鲁厄、萨尔布吕肯）
9	抗癌药物	莱茵-内卡尔
10	有机电子	海德堡
11	医药工程	纽伦堡
12	电动交通	巴登-符腾堡州
13	微系统技术	西南边境（德国、法国、瑞士三国相邻边境处）
14	碳纤维材料	奥格斯堡（巴伐利亚州）
15	个性化医学	达姆施塔特、卡尔斯鲁厄、萨尔布吕肯

三、日本

近年来，日本通过发布年度制造白皮书等明确先进制造业发展战略，重点聚焦机器人、工业互联网、人工智能等领域，着力培育先进制造业集群。日本制造白皮书，也称《制造基础白皮书》，主要是描述日本政府针对支柱产业的制造业所采取措施的相关报告。其基于1999年日本众议院公布的《制造业基础技术振兴基本法》演变而来，由经济产业省、厚生劳动省、文部科学省三个部门合作制作，通常每年5~6月发布。截至2022年，已经连续发行了20余次。

第二章 先进制造业集群

近年来,日本制造白皮书相继提出聚焦物联网、机器人和工业价值链等领域构建完整的日本智能制造体系,加快工业数字化进程,加强数字化人才培养和 AI 应用与普及,实施制造业国际标准化战略,以及加大对技能型人才的培养力度。

同时,为推动产业集群发展,日本政府聚焦集群计划的延续性与演变性,先后发布了产业集群计划(2001 年)、知识集群计划(2002 年)和城市区计划(2002 年),并于 2010 年将"知识集群计划"和"城市区计划"升级,于 2011 年启动实施创新集群升级行动,提出要重点打造 17 个全球性产业集群(见表 2-10)。

表 2-10 日本 17 个全球性产业集群

序号	集群行业领域	所在地区
1	基于预防技术的医疗保健服务	仙台地区
2	新药研发	关西(西都和神户)
3	癌症治疗技术	富士山脚
4	系统大规模集成电路技术	福冈、北九州、饭冢
5	医疗设备设计与制造	福岛地区
6	海洋产业的绿色创新	函馆地区
7	光电产品	滨松(静冈)
8	健康科学	富山/石川
9	用于癌症治疗的肽疫苗	久留米地区
10	基于纳米技术的功能环保材料	京都、京阪奈
11	健康科技产业	北海道地区(以札幌为核心)
12	高附加值钴合金	岩手-釜石地区中部
13	诊断和治疗技术	琵琶湖南部
14	纳米技术和材料	长野县地区
15	等离子体纳米技术科学与工程	东海区域
16	糖尿病临床与研究中心	德岛
17	绿色材料、节能材料	山口

其中,产业集群计划主要支持网络化、集群发展促进组织、培训、营销合作,知识集群计划主要支持基于联合研究中心的研发合作、网络化、孵化服务,城市区计划重点支持"产学政"合作。在集群发展中,政府部门组织集群内企业、高校、研究机构通力协作,集中讨论产业发展方向、技术研发和产业化路线,支持行业协会等第三方组织编制集群发展计划,组织开展"政产学研"合

作创新。例如，在日本九州半导体产业集群发展中，九州经济产业局主要负责集群发展计划和政策的编制、项目组织实施及资金支持等，九州半导体创新协会作为促进集群发展的第三方组织，充分整合集群内企业、大学、研究所、地方政府资源，为集群提供"政产学研"合作创新组织、重点人才培养、技术与市场信息收集发布等服务。

第四节　我国先进制造业集群发展实践

我国先进制造业集群的发展，离不开新中国成立70多年来，尤其是改革开放40多年来制造业的飞速发展。通过不懈努力，我国已经成为具有世界影响力的制造业大国，这为先进制造业发展、形成先进制造业集群奠定了坚实的基础。

一、先进制造业集群的发展基础

从规模总量上看。改革开放以来，我国制造业发展迅猛，占全球比重不断提高。据世界银行统计，1990年我国制造业增加值占全球的比重是2.7%，进入前十名；2000年上升到6.5%，居世界第四；2004年超过德国，居世界第三；2007年超过日本，居世界第二；2010年超过美国，跃居世界第一。2022年，我国制造业增加值33.52万亿元，占我国GDP的27.7%，约占全球制造业的1/3，已经连续13年保持世界制造业第一大国地位。

从产业体系看，我国形成了门类齐全的工业体系，拥有41个工业大类、207个工业中类、666个工业小类，包括了联合国划分的所有工业门类。500种主要工业产品中，我国有4成以上产品的产量位居世界第一。完备的工业体系增强了我国制造业的配套能力，这为我们构建以国内大循环为主体、国内国际双循环的新发展格局提供了坚实的物质基础。

从产业结构看，我国制造业从20世纪70年代以纺织业为主的轻型工业到90年代的重化工业崛起，较低技术水平和附加值的产业结构基本符合我国工业化初期的发展水平。伴随我国步入工业化中后期，以重化工业为主导的传统产业结构加速转型升级，体现新技术、新方向、新动能的现代产业逐步占据优势和主导地位，以高技术制造业和装备制造业为主导的先进制造业集群加速崛起。

制造业体系行业构成见表2-11。

表 2-11 制造业体系行业构成

大　类	具　体　行　业
重化工业	机械设备、电气设备、化工、钢铁、有色金属、建筑材料
轻工业（轻型消费品产业）	食品饮料、纺织服装、家用电器、轻工制造
出口导向型产业	农副食品加工、纺织服装、家具制造、造纸及纸制品、文教体育用品、化学原料及化学制品、电气机械及器材、通信设备、计算机及其他电子设备、仪器仪表及文化办公用机械制造
高技术产品制造业（先进制造业）	医药制造，航空、航天器及设备制造，电子及通信设备制造，计算机及办公设备制造，医疗仪器设备及仪器仪表制造，信息化学品制造
生产性服务业	信息服务、现代金融、仓储物流、科技研发、环境管理等

数据显示，20 世纪 90 年代初，随着大规模的技术引进形成的与跨国公司的上下游分工，依靠国内劳动力和土地等要素资源的大规模投入，我国高技术产品制造业快速增长。1998—2007 年，我国高技术产品制造业产值增长了 7 倍，年增长率接近 25%，远远超过 GDP 的增幅。快速发展的高技术产品制造业成为我国工业增长和出口快速增长的主导带动力量，是我国产业结构和出口商品结构优化调整的重要推动力。这个时期高技术产品制造业占整体工业比重一直保持稳定，基本维持在 12% 左右。

2007 年以来，我国高技术产品制造业在受到国际金融危机的短暂影响后，无论是增速还是占整个工业的比重都呈现短暂下滑，此后因自身转型升级和稳定的国内环境，重新取得了高增长。数据显示，高技术制造业、装备制造业占规模以上工业增加值的比重分别从 2012 年的 9.4%、28% 提高到 2022 年的 15.5%、31.8%。一批优势产业逐步走向全球，形成中国制造的名片。高铁、船舶、电力装备、工程机械、通信设备等领域已形成特色优势，个人计算机、手机、家用电器、太阳能电池板等一批重要产品产量占全球一半以上，新能源汽车产销量占全国一半以上。

从质量效益看，中国制造正加速向中国创造转型升级。国家统计局数据显示，2022 年，我国研究与试验发展（R&D）经费投入达到 3.09 万亿元，是 2012 年的 3 倍，稳居世界第二大研发投入国，R&D 经费投入强度从 2012 年的 1.91% 提升至 2022 年的 2.55%，超过欧盟国家平均水平。2021 年，中国规模以上工业实现技术创新企业数达到 20.9 万家，占全部工业企业比重为 47.4%，整体创新活跃度已接近欧盟平均水平；企业 R&D 经费占全社会 R&D 经费比重达到 76.9%，创新主体地位进一步巩固；高新技术企业从 2012 年的 3.9 万家增长至 2022 年的 40 万家，贡献了全国企业 68%的研发投入，762 家企业进入全球企业研发投入 2500 强。截至 2022 年年底，65 家制造业企业入围 2022 年世界 500 强企业榜单，已经培育了 7 万多家专精特新中小企业，其中专精特新"小巨人"企业 8997 家[①]。

从融合发展看，新一代信息技术与制造业深度融合，信息基础设施实现跨越式发展。我国已经建成了全球规模最大、技术领先的光纤宽带和移动通信网络。移动通信在 2G 跟随、3G 突破、4G 赶超的基础上，实现了 5G 引领。工业和信息化部数据显示，截至 2022 年年底，全国已建成 2100 多个高水平的数字化车间和智能工厂，装备制造、消费电子等离散型工业的产品迭代速度和交付能力大幅提升，钢铁冶炼、石油化工等流程型工业的本质安全和绿色发展水平显著增强。5G 已在工业、医疗等多个行业领域发挥赋能效应，应用案例数超过 5 万个，"5G+工业互联网"深入推进；工业互联网标识解析体系全面建成，五大国家顶级节点和两个灾备节点全部上线，二级节点实现了 31 个省（区、市）全覆盖，服务企业近 24 万家，培育具有影响力的工业互联网平台达到了 240 余个，有力促进了产品全流程、生产各环节、供应链上下游的数据互通、资源协同，加速企业数字化转型（相关数据来自国新办举行的 2022 年工业和信息化发展情况新闻发布会）。

得益于积极承接全球制造业大转移和发挥生产成本的比较优势，我国在较短时间内实现了制造业"量"的积累，但"质"的提升步伐却相对缓慢，长期积累的大量结构性矛盾依旧突出。我国制造业增加值规模已经连续 13 年位居世界首位，但从工业化发展阶段来说，整体仍处于工业化发展中期，工业化发展还有很长的路要走。受"脱实向虚"的影响，我国制造业比重呈现出下降"过早""过快"的特征。数据显示，我国制造业比重从 2011 年的 32.1%下降至 2022 年的 27.7%，拐点出现早于美国、日本、德国等国家后工业化阶段出现的一般规律。尤其是从 2011 年的 32.1%降至 2016 年的最低点 28.1%，五年下降 4 个百

---

① 相关数据来自国务院新闻办于 2023 年 3 月 1 日就"加快推进新型工业化 做强做优做大实体经济"举行的新闻发布会。

分点，呈现出比重"过快"下降。

以投资和出口拉动的粗放式高增长模式和对外国技术的长期依赖，导致我国制造业核心竞争力不强，制造业供给体系和效率依旧面临一些问题。一是中低端产品过剩、高端产品供给不足，很多消费类产品质量和品牌还不能满足人们对品质、高端产品的需求。二是核心技术受制于人成为最大短板，技术攻关还有很长的路要走。三是长期"重主机轻配套""重引进轻消化""重攻关轻应用"的发展模式造成了我国制造业发展中基础能力薄弱这一突出问题，集中表现为部分关键基础材料、基础零部件、基础元器件和基础软件不能自给，大量依赖进口。四是制造企业普遍存在质量效益不高的情况，仍有较大的提升空间，品牌建设滞后于规模扩张，企业品牌形象亟待提升，制造产品"有品无牌"现象仍不同程度存在，"中国制造"到"中国创造"还有很长的路要走。2010—2022年我国制造业增加值占GDP的比重见图2-11。

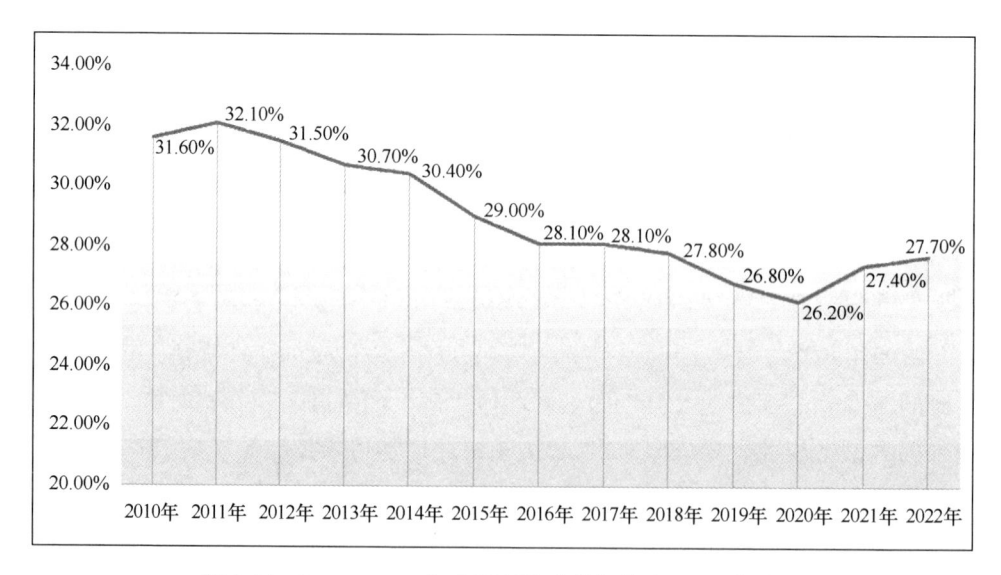

图2-11 2010—2022年我国制造业增加值占GDP的比重

基于此，我国提出经济已由高速增长阶段转向高质量发展阶段，制造业的高质量发展关系到经济高质量发展的全局，必须摆在更加突出的位置。为实现中国制造由大到强的历史性转变，2015年5月，我国明确提出制造强国建设分三步走。第一步，力争用十年时间，迈入制造强国行列，到2025年，制造业整体素质大幅提升，创新能力显著增强，全员劳动生产率明显提高，形成一批具有较强国际竞争力的跨国公司和产业集群，在全球产业分工和价值链中的地位明显提升。第二步，到2035年，我国制造业整体达到世界制造强国阵营中等水平。创新能力大幅提升，重点领域发展取得重大突破，整体竞争力明显增强，优势行业形成全球创新引领能力，全面实现工业化。第三步，到新中国成立一百年时，制造业大国地位更加巩固，综合实力进入世界制造强国前列。制造业主要领域具有创新引领能力和明显竞争优势，建成全球领先的技术体系和产业体系。

据中国工程院自2015年开始连续每年主导发布的《中国制造强国发展指数报告》，当前的制造业国家被划分为四大阵列（见表2-12）。2015年，美国处于第一阵列，德国、日本处于第二阵列；中国、韩国、法国、英国处于第三阵列。其中，我国制造强国综合指数位列全球第四，处于第三阵列前列，制造业的质量效益、结构优化及持续发展三项指数仍有巨大提升空间。2022年，我国制造强国指数提升，制造业规模优势唯一稳增，质量效益基本稳定，创新动能活力提升，强基固本初见成效，绿色低碳践行有力；我国虽仍处于全球制造业第三阵列，但与第一、第二阵列国家制造强国发展指数差距不断缩小，追赶步伐持续加快。

表2-12 2015—2020年各国制造强国指数

国家		指数					
		2015年	2016年	2017年	2018年	2019年	2020年
第一阵列	美国	165.12	172.28	170.99	166.06	168.71	173.19
第二阵列	德国	118.73	121.31	124.96	127.15	125.65	125.94
	日本	107.13	112.52	118.84	116.29	117.16	118.19
第三阵列	中国	105.78	104.34	108.94	109.94	110.84	116.02
	韩国	68.60	69.87	78.11	74.45	73.95	74.39
	法国	68.01	67.72	67.82	71.78	70.07	69.35
	英国	66.86	63.64	63.46	67.99	63.03	61.45
第四阵列	印度	42.69	42.77	43.80	41.21	43.50	44.56
	巴西	29.25	34.26	32.96	30.41	28.69	27.38

注：参考中国工程院《中国制造强国发展指数报告》。

二、先进制造业集群的发展实践

前文提到，我国产业集群遵循政府引导建立的各类园区和市场主导出现的专业化产业区（专业镇、专业县等），实现了蓬勃发展，有力助推了我国工业化发展进程。尤其是 2009 年以来，工业和信息化部开展了创建国家新型工业化产业示范基地（简称示范基地）的工作，重点以县域经济和开发区为主体，累计打造 10 批 445 家示范基地，涉及装备制造、原材料工业、消费品工业、电子信息产业、软件和信息服务业等主要工业制造及生产性服务业领域，在推动产业智能化、高端化、绿色化、集群化发展方面取得了显著示范引领带动作用。数据显示，445 家示范基地汇聚了全国近 1/5 的企业、贡献了全国近 1/3 的工业增加值，成为我国新型工业化发展的重要载体。为推动示范基地集群化、专业化、高端化发展，笔者于 2016 年开始对推动示范基地向产业集群卓越提升开展相关研究。

2017 年 10 月，党的十九大胜利召开。党的十九大报告明确提出，"促进我国产业迈向全球价值链中高端，培育若干世界级先进制造业集群"。作为一项政策术语，这项政策术语的提出却有着产业集群理论的坚实支撑，以及先进制造业发展的探索实践。据此，在前期产业示范基地向产业集群卓越提升研究的基础上，笔者有幸参与了我国先进制造业集群培育发展的政策研究和政策实践。相关实践主要围绕以下几个方面展开。

第一，明确先进制造业集群的发展定位。 遵循波特的集群理论，从全球竞争优势角度考察先进制造业集群，扎根于先进制造业领域的先进制造业集群，应该是最好的国际产业竞争的战略基点。当前全球疫情持续蔓延和产业链渐失平衡，顺应产业区域化和集群化发展趋势，发挥我国制造业规模最大、链条和配套最全的优势，围绕关系国计民生和国家安全的基础性、战略性、全局性领域，瞄准产业链、价值链中高端，加快培育一批有国际竞争力的先进制造业集群，将是塑造国家竞争力、引领国家新型工业化进程的一面旗帜。基于此，笔者将先进制造业集群的定位归结为制造强国建设的重要载体、现代产业体系的重要支柱、区域经济发展的重要力量这三个层面，见图 2-12。

第二章　先进制造业集群

```
           区域经济发展
            的重要力量
              △
             ╱ ╲
            ╱   ╲
           ╱     ╲
          ╱       ╲
   制造强国建设      现代产业体系
    的重要载体       的重要支柱
```

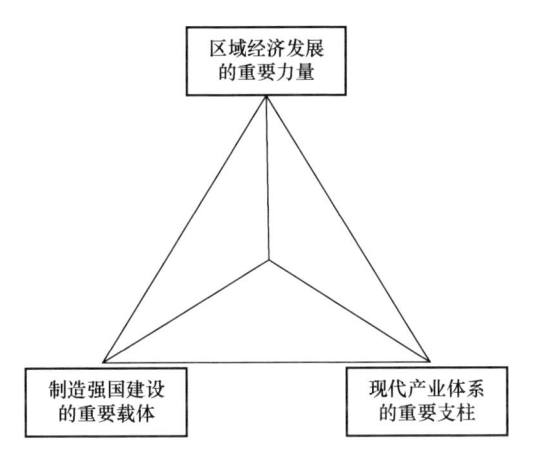

图 2-12　先进制造业集群的三个定位

一是制造强国建设的重要载体。建设制造强国，是我们立足制造业发展现状，瞄准社会主义现代化强国建设，对未来的发展展望。正如前文所分析的，中国已经成为名副其实的制造大国，但制造业大而不强的问题依旧突出。建设制造强国，离不开发展载体的支撑。先进制造业集群作为发展先进制造业、打造产业链、供应链的重要抓手，能够凝聚各方面共识、结合各资源力量，为优质企业培育发展、关键核心技术攻关和产业化、制造业数字化升级和绿色化发展提供承载空间。同时，先进制造业集群覆盖制造强国建设的重点领域和方向，吸引这些产业向优势地区集聚、集中，并"绑定"产业与地区的关系，打造成为开放包容的地方生产系统，从产业和空间两个维度发展成为制造强国的四梁八柱。可以说，能否建设成为制造强国，就是看有没有形成一批具有国际竞争力的先进制造业集群。

二是现代产业体系的重要支柱。产业体系，是指在社会再生产过程中，一个国家或地区的产业构成，表现为现有资源在产业间的配置状态、产业间在现有格局下所占比重及产业间相互联系、相互作用的方式。构建实体经济和技术、金融、人才等要素紧密协同的现代产业体系，是建设现代化经济体系的重要内容和关键所在。聚焦现代产业体系，先进制造业是实体经济的主体，科技创新则是根本动力源，现代金融则是血脉和经络，人才则是最宝贵的资源。如何构建产业、科技、金融与人才的高水平循环，决定了现代产业体系构建的成败。先进制造业集群作为产业、技术、人才、金融、数据等高度集聚的组织，能够凭借"政产学研用"的合作创新机制，激发各类人才活力，配合高效的金融服务，有效推动技术创新成果到中试、产业化的快速实现，促进研发、生产、制造、销售等产供销在区域内小循环畅通。先进制造业集群是一个不断衍生和成长的企业集合体。可以说，在先进制造业集群这个小循环里，产业、科技、金融与人才协同配合形成的产业"小生态"，是现代产业体系这一"大生态"的重要组成部分。

三是区域经济发展的重要力量。工业尤其是制造业，是区域经济发展的重要推动力。产业一经根植于某个地区将自然而然带来集聚经济、产生增长中心，进而推动整个区域经济的增长。先进制造业集群在推动区域经济发展方面具有先天优势。先进制造业集群本质就是某一产业链关键环节或上下游多个环节在一定区域内的高度集聚所形成的区域生产系统，通过专业化分工和协作，激发地方特色优势，实现规模经济和范围经济，可以极大地提升区域生产效率。先进制造业集群是一个能够促使区域内多主体参与和合作创新的区域创新系统，可以利用多场景技术交叉融合优势，为技术的群体性突破和大规模的商业化应用提供肥沃土壤。先进制造业集群是根植地方的一个区域生态群落，这个群落有其地域、文化等特性，群落内某个企业或产业链条脱离这个环境的阻力和成本非常大，即使脱离了这个环境，企业也很容易变成"无本之木"，难以可持续发展。同时，随着生产力布局方向从"碎片化"向"集中化"转变，区域梯度、联动、协调发展是未来发展主题。先进制造业集群作为区域经济发展的重要力量，能够通过梯次培育发展，形成全国各优势地区、特色产业的增长极网络，促进国内大循环的高效畅通。

第二，先进制造业集群的"赛马"机制。 围绕先进制造业集群的定位，如何遴选确定先进制造业集群重点培育对象显得尤为重要。借鉴国外集群培育发展经验，我国改变了以往采用的"相马"方式，转而采取"赛马"方式，通过充分发挥竞争机制和地方积极性，搭建集群间相互比拼的"赛场"，经过初赛和决赛两轮的"赛马论英雄"，真正选择出具有较强实力和竞争力的先进制造业集群加以重点支持。

集群初赛，就是从一大批分布在不同行业的集群中，遴选出基础条件好、产业实力强、创新能力突出的集群，通过一段时间的政策和资金支持，不断优化集群培育发展思路和路径，凝聚集群发展共识，促进集群竞争力提升。集群决赛，就是要优中选优，通过决赛答辩和实地考察相结合，从初赛优胜者中选

第二章 先进制造业集群

出能承担国家使命、代表我国参与全球竞争的国家级先进制造业集群，集中资源支持它们向世界级集群的目标迈进。截至 2022 年年底，工业和信息化部已经完成 3 批次集群竞赛，共遴选出 60 个初赛优胜集群和 45 个决赛优胜集群，45 个决赛优胜集群于 2022 年 11 月被工业和信息化部公布为"国家先进制造业集群"（见表 2-13）。

表 2-13　45 个国家先进制造业集群名单

序　号	集　群　名　称
1	深圳市新一代信息通信集群
2	无锡市物联网集群
3	上海市集成电路集群
4	广州市、佛山市、惠州市超高清视频和智能家电集群
5	南京市软件和信息服务集群
6	东莞市智能移动终端集群
7	合肥市智能语音集群
8	杭州市数字安防集群
9	青岛市智能家电集群
10	成都市软件和信息服务集群
11	武汉市光电子信息集群
12	长沙市新一代自主安全计算系统集群
13	成渝地区电子信息先进制造集群
14	南京市新型电力（智能电网）装备集群
15	株洲市轨道交通装备集群
16	长沙市工程机械集群
17	徐州市工程机械集群
18	西安市航空集群
19	广州市、深圳市、佛山市、东莞市智能装备集群
20	青岛市轨道交通装备集群
21	成都市、德阳市高端能源装备集群
22	株洲市中小航空发动机集群
23	南通市、泰州市、扬州市海工装备和高技术船舶集群
24	潍坊市动力装备集群
25	保定市电力及新能源高端装备集群
26	沈阳市机器人及智能制造集群
27	上海市新能源汽车集群
28	武汉市、襄阳市、十堰市、随州市汽车集群

（续表）

序　号	集　群　名　称
29	长春市汽车集群
30	深圳市先进电池材料集群
31	苏州市纳米新材料集群
32	宁波市磁性材料集群
33	常州市新型碳材料集群
34	宁德市动力电池集群
35	宁波市绿色石化集群
36	赣州市稀土新材料及应用集群
37	上海市张江生物医药集群
38	深圳市、广州市高端医疗器械集群
39	苏州市生物医药及高端医疗器械集群
40	泰州市、连云港市、无锡市生物医药集群
41	京津冀生命健康集群
42	温州市乐清电气集群
43	呼和浩特市乳制品集群
44	佛山市、东莞市泛家居集群
45	苏州市、无锡市、南通市高端纺织集群

注：名单来自工业和信息化部官方网站。

第三，构建先进制造业集群评价标准。回答好如何从我国现有产业集群中遴选出基础条件好、产业实力强、创新能力突出的先进制造业集群作为培育对象十分关键。为此，工业和信息化部围绕产业基础、网络化协作、技术创新、要素集聚、开放合作、组织保障这6个方面建立了先进制造业集群综合评价指标体系，作为先进制造业集群竞赛评价指标体系，具体包括6个一级指标、20个二级指标（见表2-14）。这些定量指标和定性指标相互配合，是集群综合竞争力的反映。

表2-14　先进制造业集群竞赛评价指标体系

一级指标	权重	二级指标	分值
产业基础	15	1.上年度集群产业产值占全国该产业总产值比重	4
		2.主导产品市场竞争力	5
		3.企业结构和发展质量	3
		4.先进制造模式的应用水平	3

第二章 先进制造业集群

（续表）

一级指标	权重	二级指标	分值
网络化协作	25	5.集群发展促进组织的组建与运行	9
		6.产业链协作水平	6
		7.高校、科研院所和企业合作情况	5
		8.集群成员共同开展的活动情况	5
技术创新	25	9.产业技术水平	8
		10.国家级技术创新载体数量	4
		11.上年度集群企业平均研发投入强度	8
		12.上年度新增集群发明专利授权量	5
要素集聚	15	13.集群上市和挂牌企业数量	5
		14.金融服务效率和水平	3
		15.上年度集群产业从业人员占该产业全国从业人员比重	3
		16.基础设施互联互通和信息资源共享情况	4
开放合作	10	17.集群利用外资水平	3
		18.企业国际化水平和集群品牌国际影响力	7
组织保障	10	19.培育发展集群的规划、政策体系及工作推进机制	5
		20.实施方案的可行性	5

注：指标体系来自工业和信息化部的先进制造业集群项目招标文件。

相关研究认为，一个综合竞争力强的先进制造业集群应在产业基础、网络化协作、技术创新、要素集聚、开放合作、组织保障方面具有综合竞争力。据此，工业和信息化部在先进制造业集群参赛条件和评价中，特别强调先进制造业集群要满足如下条件。①要具备较好的产业基础。主导产业优势突出，符合国家产业政策和制造强国建设的方向和重点，市场占有率高，拥有一批行业骨干企业和紧密协作的中小微企业。②要具备较强网络化协作能力。建有集群发展促进组织，该组织作为集群代表，具有健全的组织结构和完善的规章制度，具备促进集群成员合作交流的能力，推动集群内"产学研金介用"密切协作。③要具有较高的技术创新水平。集聚一批高水平的创新载体，创新投入力度大，成果转移转化成效显著，主导产业技术发展居国内领先水平，产业技术体系较为完善。④要具备较强的要素支撑能力。支持集群企业发展的金融服务效率和专业化水平较高，集群内人才发展环境优越，建有便捷的信息基础设施网络。⑤要具备较强的开放合作水平。拥有良好的营商环境，投资贸易便利化水平较高，集群对外交流合作活跃。⑥要具备良好的组织保障。所在地人民政府要制定培育发展集群的规划和相关政策措施，建立促进集群统筹发展的组织领导和跨部门协同工作机制，形成切实可行的培育先进制造业集群的实施方案。

网络化协作和技术创新这两个一级指标权重最高，分别占25%，在一定程度上代表了对先进制造业集群的考察重点。聚焦网络化协作，重点考察集群发展促进组织的组建与运行、产业链协作水平、高校和科研院所与企业合作情况、集群成员共同开展的活动情况，这与先进制造业集群强调的行为主体互动合作高度吻合。聚焦技术创新，重点考察产业技术水平、国家级技术创新载体数量、集群企业平均研发投入强度、新增集群发明专利授权量等，这与先进制造业集群重点强调的技术创新的先进性和引领性高度契合。

第四，探寻适合中国国情的集群发展路径。产业集群的范围到底有多大？边界应该如何划分？这是波特提出产业集群理论之后，学术界和政界一直思考、讨论的问题。具体到地理范围，为有效做好集群行政区划和地理空间相结合，我国政策实践重点强调先进制造业集群以大中型城市（包括直辖市、副省级城市、地市级行政区）为空间范围。这一方面使得先进制造业集群所具备的各类要素变得齐全，也使得集群范围不至于过大而导致政府部门缺乏抓手。政策实践中，又注重集群与城市群的融合发展，鼓励地理相邻、产业结构相似的地市跨区域联合培育。据统计，45个国家级集群涉及19个省（自治区、直辖市）、3个计划单列市，其中东部地区30个、中部地区8个、西部地区5个、东北地区2个，京津冀、长三角、珠三角、成渝4个重点区域集群数量达30个，占2/3。其中，有11个属于跨地市级行政区。

同时，针对先进制造业集群的产业边界，在先进制造业竞赛中，明确要求集群产业方向时要统筹考虑产业识别度和市场成熟度。如果分类过细，则集群产业的市场规模将较小，经济影响力不足。如果分类宽泛，则产业不聚集。据此，遴选确定的45个国家先进制造业集群既注重了主导产业（特色产业）的识别度，又注重了先进制造业融合发展的趋势。据统计，45个国家级集群中，新一代信息技术领域13个、高端装备领域13个、新材料领域7个、生物医药及高端医疗器械领域5个、消费品领域4个、新能源及智能网联汽车领域3个，覆盖制造强国建设重点领域，代表了全球先进制造业的发展方向。

第五节 本章小结

先进制造业是表面上与传统制造业相对的制造业，本质上则是一种先进的生产方式，是引领制造业发展方向的产业形态。推动先进制造业的发展，可以说是一场生产方式的深刻变革。以当代产业创新进程和国际生产体系变革的特征为背景，需要从新技术带来的制造模式创新视角、生产组织方式创新视角、制造与服务功能关联视角来出发，来认识先进制造业的基本内涵。目前，对于先进制造业具有代表性的解释，主要有新型制造业、工业生产系统和产业形态三种。

先进制造业并不是在现有产业划分标准下新设一个行业类别或者按照新分类标准划分一个新行业群体，而是借助先进制造技术进步，去革新生产制造模式和产业组织形态，去重塑制造业发展模式和发展方式。先进制造业集现代科学技术之大成于一体，是先进生产力的代表，具有技术先进性、产业高端性、要素集成性、高度融合化、管理现代化、模式创新性、集群化发展、拥抱全球化等特征。

先进制造业集群是指基于先进技术、工艺和产业领域，由若干地理相邻的企业、机构集聚，通过相互合作与交流共生形成的产业组织网络。先进制造业集群在具备产业集群一般特征（地埋邻近下的高度集聚、基丁专业化分工的产业联系、行为主体的互动合作）的基础上，更具有所在领域的技术水平先进及产业组织形态、治理机制先进等特征。先进制造业集群竞争力，是指各要素（企业、机构、要素资源、基础设施）基于高度集聚和专业化分工，围绕共同目标所形成的规模经济、网络协作、合作创新、开放包容的能力，以及在全球产业链、创新链中推动集群统一行动和提升集体效率的竞争优势。这种竞争力综合体现在集群产业实力、合作创新能力、网络化协作、开放发展和治理能力五个方面。

世界级先进制造业集群作为先进制造业集群发展的高级形态，指在一定区域内，与特定先进技术相关的若干企业、行业组织和科研院所等机构，围绕共同目标，共生形成的组织高度网络化、能够引领全球技术创新和产业变革、具有强大包容性和根植性的产业网络。它是现代产业体系的重要组成，代表一国战略、优势产业领域的综合竞争力最高水平，凭借持续的技术创新和组织创新，引领先进制造业高质量发展。总体表现为：集群规模处于国际领先、产业发展在全球市场中占有绝对位置，集群创新生态体系健全、核心技术引领技术变革方向，集群网络组织结构紧密、第三方组织有力推动成员间高效率协作，集群遵循开放融合发展、时刻保持产业组织的旺盛生命力，集群治理机制高效顺畅、拥有自发治理为主、公共治理为辅的集群治理能力。

党的十九大明确提出培育若干世界级先进制造业集群，这是推动我国制造业在空间组织和地理布局上实现高质量发展的战略选择。我国聚焦先进制造业集群具备的制造强国建设的重要载体、现代化产业体系的重要支柱、区域经济发展的重要力量三大使命，采取赛马机制，遴选确定了一批国家先进制造业集群，形成了中国先进制造业集群发展实践。而这种实践，则是本书后面几章分析的重点。

第三章 先进制造业集群的组织变革与合作创新

先进制造业集群作为一个由若干群体组成、有共同目标和一定边界的社会实体,促进集群成员达成共同目标和统一行动,其形成是一个集合特定方向和方式方法、持续更新、动态调整的过程。基于先进制造业集群发展实践,在本章中,笔者从理论角度明确组织变革和合作创新的理论基础、内在机理、驱动机制、发展模式等,进而构建出"双轮"驱动架构。

第一节　先进制造业集群组织变革

组织变革（Organizational Change）是指一个组织根据内外部环境变化，及时对组织中的要素进行调整、改进和革新的过程。前文已经明确，先进制造业集群是指先进制造业领域的企业、机构在一定地理空间集聚，通过相互合作与交流共生形成的产业组织形态。结合发展实践，笔者将先进制造业集群组织变革分为两个层面：一是不断深化集群产业分工方式，推动产业集聚发展向集群发展转型，形成互动与共生的集群网络；二是创新集群治理机制，不断优化集群组织的网络化结构，增强集群竞争优势。

一、先进制造业集群组织结构

先进制造业集群组织结构是指集群内的各个企业、科研院所、中介组织等追求集体行动而形成的分工与协作的基本框架，是集群各行为主体的关系组合。从本质上看，这是一种具有"多重关系联结"的网络结构，反映了在一定区域范围内，作为社会网络关系中的各个节点所形成的空间排列、聚集形态。先进制造业集群要保证在长期、动态的发展过程中，实现各相关主体关系的持续与稳定，提高集群网络的生产与合作效率，促进生产要素的合理配置，进而推动区域经济发展，必须要构建适宜的内部结构，使其与集群的发展相适应（任太增，2015年）。

先进制造业集群作为处于市场与企业之间的一种组织形态，是一种网络化的中间组织。先进制造业集群的发展过程，本身就是一个不断调整组织结构的过程。有效的集群组织结构在保证集群网络具有较强的环境适应能力的同时，还要提高集群网络的生产效率和柔性化程度，并适应外部环境的不确定性，确保集群整体生产和分工的有效性，而这种适应性与控制权有很大的关系。在多个企业互相联系的集群组织中，单个企业内部的管理成本下降，外部交易的成本相应增加，一体化程度得到提高。一体化程度越高，外部交易成本越容易内部化，集群的内部边界范围就会不断缩小，相应的组织化程度就会越高（纪玉俊，2009年）。

按照一体化程度的高低，集群组织结构主要包含三种形式。一是市场型网络结构，组织内部较为分散，存在数量众多的中小企业，各个企业所面对的市场相对独立，相互之间的联系较少，一体化和组织化程度都较低。二是轮轴型结构，由少数几个大型寡头企业通过控制最终产品或关键产品的生产和销售来协调整个集群内部的交易活动，使得内部企业间的联系不断加强，分工越来越深化，集群内部之间的联系越来越强。三是核心型控制结构，单一的大企业处于整个产业生产链的最关键环节，从而控制整个集群网络。

上述分析表明，集群组织结构与集群内部企业的分工程度和交易频率有关。如果集群内部的交易频率较高，则参与交易的主体就会增多，集群内部分工带来的收益也会增加，企业更倾向于选择较为自主、分散的组织结构，以产生良好的网络协同效应。集群内部分工程度对集群组织结构的作用，可以通过影响集群生产链的长短来实现。集群内部分工越深化，产业的生产链越长，进而产品的种类越多，集群的结构层次越复杂。此时，集群内部的各企业间呈现出串联耦合的特征，每一个生产环节或企业都对产业链的连续有着重大影响。由于集群内部控制权的分散化，相对于分权、多层次的市场结构，先进制造业集群更倾向于采取科层制一体化的组织结构。

目前，比较典型的科层制一体化组织结构主要有"三层网络"结构、"控制中心"结构及"蜂巢型"结构。

"三层网络"结构。相关学者在阐述集群创新系统时，提出产业集群组织是一个包含核心网络、辅助网络和外围网络三个层次的网络结构（魏江等，2003年）。核心网络包括供应方企业、竞争企业、需求方企业、互补企业和相关企业五个要素，并由这些要素构成了集群及其创新网络的核心主体。辅助网络包括硬件基础设施、集群中介机构和公共服务机构三个要素，它服务于集群创新系统的持续创新产出。外围网络包括当地政府及机构、正式规则、非正式规则、外部市场关系四个要素，这些要素构成了集群所处的外部环境。

先进制造业集群"三层网络"结构见图3-1。

"控制中心"结构。"控制中心"主要强调的是高技术虚拟产业集群，核心是打造一个集高技术产业研究、开发、试验、展示、生产、市场开拓和相关服务于一体的基础平台，形成一个开放、动态、可持续发展的组织结构，重在先形成结构后诞生集群。

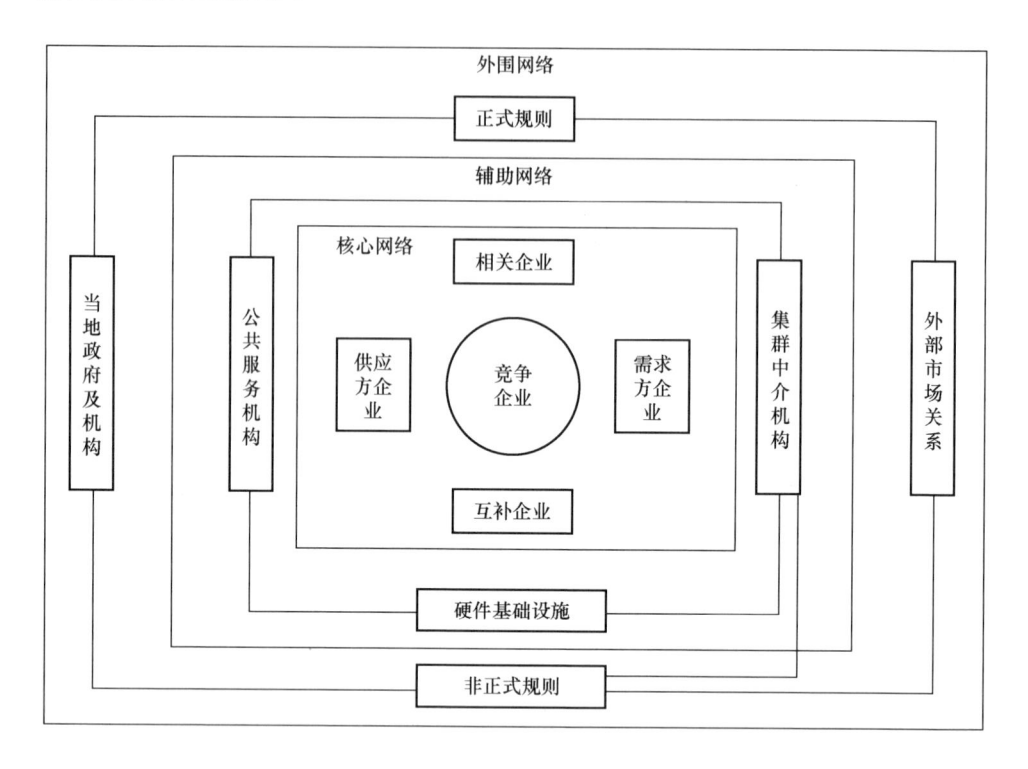

图 3-1　先进制造业集群"三层网络"结构

注：参考魏江的系统总体结构模型。

先进制造业集群"控制中心"结构见图 3-2。

"蜂巢型"结构。相关学者通过分析蜂巢组织结构形态及"蜂巢型"结构与产业集群生成形态的相似性，提出产业集群生成形态的"蜂巢型"结构概念及模型，认为产业集群"蜂巢型"结构是一种稳固、有效能、有生命活力的组织结构形态（龚绍东，2005 年），即多个六边形组合的形态结构。

先进制造业集群"蜂巢型"结构见图 3-3。

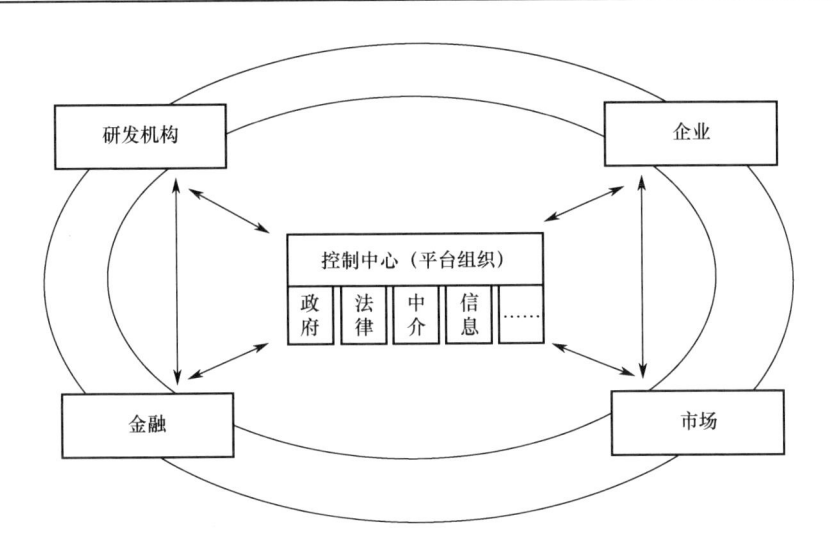

第三章 先进制造业集群的组织变革与合作创新

图 3-2 先进制造业集群"控制中心"结构

注：参考易军的"控制中心"虚拟产业集群组织结构。

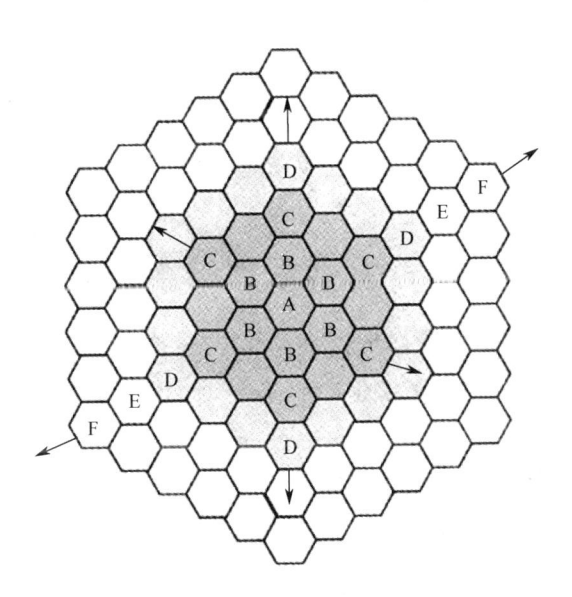

图 3-3 先进制造业集群"蜂巢型"结构

注：参考《产业集群"蜂巢型结构"形态的实证分析》，龚绍东。

二、先进制造业集群组织治理

先进制造业集群作为介于政府与市场之间的一种产业组织,其目标的达成、系统的运作和功能的实现都离不开对组织的有效治理,治理效率直接决定先进制造业集群的发展。笔者在《创新集群治理机制》一文中,曾明确提出"创新集群治理机制是先进制造业集群组织变革的关键"这一观点。基于此,本节用更多的笔墨来进一步探讨先进制造业集群组织治理。

治理是一种公共管理活动和公共管理过程,是治疗政府失灵和市场失灵的良方。治理的本质是对社会、经济系统内行动者之间各种关系,包括双边关系和多边网络关系的协调,防范潜在交易风险、促进合作的顺利进行(王嘉馨,2021年)。从这个角度来看,集群组织治理的研究重点在于如何系统地组织和协调集群内的各类经济活动和成员间的合作。现有研究认同集群治理是一个系统和整体的概念,包含集群企业、地方政府和行业协会等多个治理主体,它们通过各种正式或非正式机制协调集群成员间合作,确保秩序并实现共赢(Cassanego 等,2019 年)。

所谓先进制造业集群组织治理,也就是先进制造业集群治理,指的是基于一定的产业关联和社会网络关系的集群各行为主体,在相互信任和互动的基础上,为保证集群整体利益最大化而存在的各种正式或非正式的内生性协调机制的总体。治理对象是集群组织网络整体,治理路径是有效整合集群内核心资源,治理机制包括政府及部门公共治理、集群行业自发治理、集群企业层级治理,并配合集群隐形规范的自发协调。

一是聚焦市场"守夜人"角色的政府及部门公共治理。 政府及部门公共治理指的是先进制造业集群所在地各级政府及派出机构,凭借法定威权来规范集群成员行为的制度安排,主要包括行政指令、战略规划、产业政策、监督激励和公共服务等。该机制在集群培育发展初期发挥着主导作用,重点是做好集群战略方向的把控和集群成员行为的治理,而在集群成长成熟后,更多的是充当"守夜人"角色,重点发挥引导与监管作用,不断优化集群的管理效能,降低制度性交易成本,切实为企业和行业组织参与集群治理提供必要的保障。正如魏江等（2016年）所认为的，地方政府主要提供促成集群企业和其他行为主体之间联系的机制，为集群内部知识、信息的传递创造制度环境，提高企业间合作的效率。

培育与发展先进制造业集群，需要不断优化政府及部门的集群治理机制。首先，要以国际化视野为引领，因地制宜制定集群中长期发展战略，科学制定财政、税收、招商等方面的产业政策，对集群培育发展与转型升级进行"一盘棋"整体谋划。其次，加快统一市场建设，推动生产要素市场化改革，建立健全知识产权诚信管理制度，增强企业诚信、促进企业互信。建立跨区域、跨部门协调机制，统筹集群内部各区块市场布局，防止恶性竞争和同质化发展。最后，创新集群公共服务，深化"放管服"改革，优化各级政府部门及园区管委会等派出机构的行政管理权能和权限，积极推行政企分开、政资分开，重点抓好经济管理、监管监督和投资服务。

二是发挥"桥梁"与"枢纽"作用的集群行业自发治理（自治）。 集群行业自治是指集群通过发挥诸如行业协会、商会等第三方组织的核心节点作用，基于协商原则自发达成和履行相对稳定的共同协议，开展集体行动，是集群治理的核心。这些第三方组织可以为集群成员的相互分工与协作提供一种"黏合剂"，促进集群间知识、信息和经验的沟通和交流，减少集群成员和潜在合作者的交易成本；通过可信的监督和惩罚机制，能够使机会主义行为的成本大于收益，促进竞争性企业间的合作；营造彼此相互了解和相互信任的集群文化，促讲集群成员达成共同目标和统一行动，实现资源互补和共享。

培育与发展先进制造业集群，需要创新集群行业自治。一方面，要推动行业协会、商会等向集群合作机构转型。规范发展协会、商会、联合会等组织，制定相关章程，完善组织结构，强化自身"非营利组织"的定位，积极承接政府剥离或下放的行规行约和标准制定、资格审查、监督激励等职能。另一方面，要推动集群合作机构自组织发展。搭建交流平台，举办主题论坛、招商推介等专题活动，为企业建立非正式合作关系提供便利；积极协调产业集群与政府等外界环境的关系，做好集群成员与政府之间的纽带和桥梁，协助政府实施集群管理，为集群提供可信的监督和惩罚机制，弥补政府提供公共产品的不足；在集群发展战略和规划的指导下，参与编制集群发展行动计划；代表集群对外合作交流，推动企业间切实分享市场机遇和分担市场风险，提升集群的开放性，增强集群的国际化联系。

三是注重龙头企业"垂直整合"和"横向联合"的集群企业层级治理。集群企业层级治理指的是集群内一个或多个龙头企业凭借其经济或资本权威来影响集群成员行为的治理，主要体现在龙头企业针对中小企业、供应商和需求商的资源整合和行为影响程度上（魏江，2009 年）。龙头企业是集群网络的重要节点，充分发挥龙头企业的资源整合和市场带动作用，建立相对稳固的供应链结构来完善生产标准和供应规则，对推动集群各行为主体采取集体行动、提升集体效率有重要的意义。

培育与发展先进制造业集群，需要创新"垂直整合"和"横向联合"的集群企业层级治理机制。一方面，提升龙头企业"垂直整合"能力，推动龙头企业采取市场合作、企业并购等多种形式，强化产业链上下游资源整合和供应配套能力，建立安全可控、根植地方的关键材料和零部件配套供应体系和售后服务体系，并不断提升其广度和深度，推动大中小企业融通发展。另一方面，推动龙头企业"横向联合"，强化生产制造与科技研发、人才资源、金融服务、商贸物流等行业的资源整合，加快主导产业与互联网、大数据及人工智能的深度融合，推动企业与科研院所、投融资机构多元化、差异性知识信息的交流与共享。

除上述三个治理机制之外，打造"公平竞争与相互信任"产业生态网络的集群隐形规范对集群治理也起着十分重要的作用。所谓集群隐形规范，是指集群各行为主体参照地方的法律法规和社会道德规范，根据道德诚信、品牌声誉等隐形规则来开展经济活动，处理相互间的关系、开展不同程度的合作。这种治理机制主要影响集群企业，企业根据为实现集体和个人目标而合作的态度和行为期望达成交易、开展合作和进行集体行动（李拓宇等，2020 年）。

培育与发展先进制造业集群，需要不断完善集群隐形规范。一是营造互惠互利、诚实守信、公平竞争的市场环境，提升企业基于道德规范的信任水平，打造守法守信、包容开放的集群文化。二是加强企业社会责任自律，鼓励集群将社会利益纳入企业战略规划，重塑负责任制造的理念，促进企业与社会环境可持续发展。三是强化现代化企业管理制度，将企业技术创新、人才培养、节能环保、产品质量、安全生产、供应链管理等纳入企业社会责任的重要议题，鼓励龙头企业树立带头意识，主动带领中小企业积极开展多样化的责任实践活动，树立责任制造的典范。

三、先进制造业集群发展促进组织

国内外知名集群的发展经验表明，一个集群的形成发展和成长壮大，需要第三方组织来推动竞争性企业和科研机构等相互合作，合力打造网络化协作的集群命运共同体。2019年，工业和信息化部启动实施先进制造业集群发展专项行动，开展先进制造业集群竞赛，要求在政府引导、自愿组合方式下每个参赛集群组建一个由集群内骨干企业、科研院所、行业协会等相关主体牵头的非政府、非营利性的第三方组织，并称之为集群发展促进组织。先进制造业集群官方招标文件中明确提出："赋予集群发展促进组织作为集群成员间'黏合剂'这一核心功能，通过发挥沟通交流、协调管理、监督激励和对外合作等功能，促进集群成员达成共同目标和统一行动。"

实践的探索需要理论的指导。当前，先进制造业集群发展促进组织的组建运营与功能发挥，尚未引起学术界的高度重视。笔者认为，集群发展促进组织的组建是一项重要的创新实践，它进一步拓展了我国产业集群发展理论中的合作机构（王缉慈老师认为合作机构是产业集群行为主体的核心）这一组织的外延，将知识机构和合作机构合二为一，最终成为集群间"牵线搭桥""沟通协调"的行为主体。推动集群发展促进组织的发展，是加快先进制造业集群组织变革的重要创新实践，是先进制造业集群治理的重要一环。

（一）集群发展促进组织的理论基础

聚焦先进制造业集群发展，结合集群发展促进组织的内涵与特征，我们重点从产业组织理论、社会网络理论和治理理论三个方面探索集群发展促进组织的理论基础。

产业组织理论。产业组织本质上是产业内各行为主体间形成的交易关系、行为关系、资源利用关系、利益关系等的集合。产业组织理论围绕产业组织，重点分析企业结构与行为、市场结构与组织构成，进而研究产业组织内部企业间竞争与垄断、规模经济和效率的关系和矛盾等内在规律。从本质特征看，产业集群是一个高度网络化的产业组织形态。正如波特的集群理论所指出的，集群是处于市场和等级组织之间新型的空间组织形式，相较于单个大型企业，具备效率和灵活性优势；相较于分散、随机的市场交易，集群企业间的重复性交易有利于降低交易成本和更好地协作。产业组织理论认为，同一产业组织内部的企业和机构不仅是市场竞争对手、追求自身利益最大化的行动者，而且由于企业行为的相互影响，它们之间还存在许多共同利益。因此，先进制造业集群这一产业组织遵循"结构-行为-绩效"（SCP）这一产业组织理论研究范式，其内部各行为主体出于维护和实现共同利益的内在需要，会自发地寻求政府支持形成某种"合作机构"，推动各主体间形成良性竞争关系，着力破除市场垄断，并在对外发展时表现为一个共赢的"利益集团"，代表集群整体利益。可以说，合作机构不仅是产业组织理论研究市场结构的焦点，还是集群发展促进组织的原型。

合作机构在集群产业组织中的作用机理见图3-4。

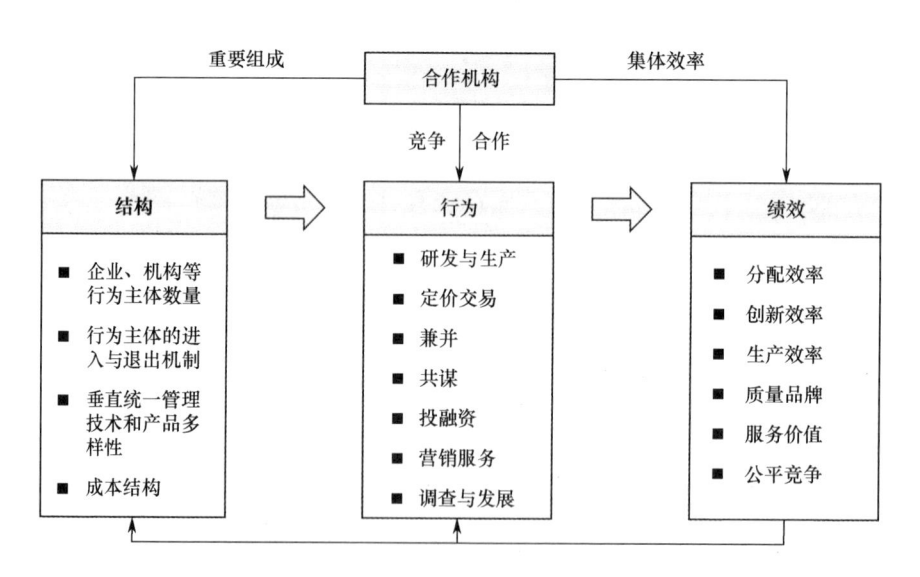

图3-4 合作机构在集群产业组织中的作用机理

社会网络理论。社会网络理论研究的是既定的个体间、单位间、群体间所形成的各类社会关系，用以解释相同的社会情境下各行为主体形成相似行动的原因与本质。从社会网络视角来看，产业集群归根到底是一种社会网络，基本构成要素是众多的节点（企业、机构）和节点之间的相互关系（鲁开根，2006年）。王缉慈等（2006年）指出本地社会网络是产业集群的深层基础，内部行为主体的结网和互动则是产业集群的主要特征。基于此，产业集群网络是指集群内企业、科研院所、中介组织、政府机构等行为主体在业务合作、交换资源、传递信息活动过程中互动交流关系的总和（侯彦全和程楠，2018年）。按照社会网络理论，产业集群网络直接或间接地将集群成员连接起来，受稀缺资源（创新资源、市场资源、人力资源）的影响，形成了以不对称联系和复杂网络为主要特征的网络结构，因此产生了以获取稀缺资源为目的的合作和竞争活动（李梦楠和贾振全，2014年）。第三方组织需要作为"结构洞的中间人"，用以强化集群"弱关系"，促进集群各行为主体互利合作。可以说，这类第三方组织是企业、机构等集群成员发起集群动议①、推进集体行动和提升集体效率的关键。

第三方组织在集群网络中的作用机理见图 3-5。

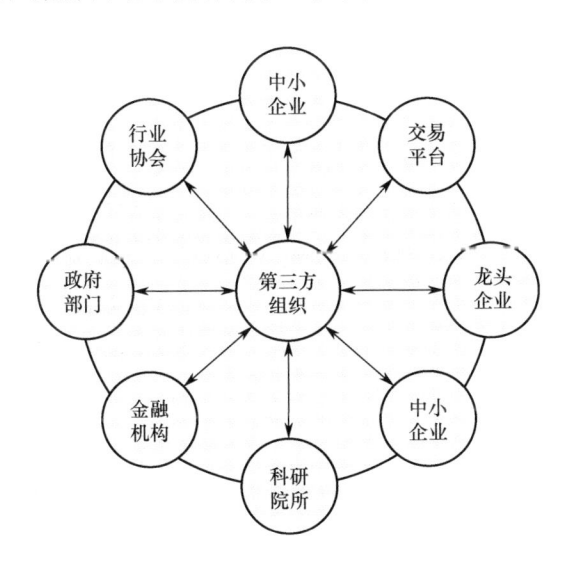

图 3-5　第三方组织在集群网络中的作用机理

---

① 集群动议指的是由企业、政府、科研院所、第三方组织联合发起，指导双边或多边联合行动的一种促进集群成长的方式。

治理理论。治理理论认为，治理是一种公共管理活动和公共管理过程，包括必要的公共权威、管理规则、治理机制和治理方式（俞可平，2002年）。威廉姆森（Williamson，2005年）认为，治理是指在一个系统内提供良好的秩序及合理的制度设计和安排的手段和方法，以协调或规范主体之间的行为或交易。作为治疗政府失灵和市场失灵的良方，治理理论重点关注的是多元主体相互合作、共同管理，注重行为主体间的自愿参与和身份认同，主要追求公共利益目标，提倡有效率的治理（施雪华、张琴，2014年）。正如前文已经探讨的，先进制造业集群作为介于政府与市场之间的生产制造系统，其目标的达成、系统的运作和功能的实现都离不开对组织的有效治理，治理效率直接决定着集群的健康发展（侯彦全，2018年）。实践中，集群治理对象主要为价值链和组织网络（严北战，2013年），治理路径是有效整合集群核心资源（易明，2010年），治理机制包括政府及部门的公共治理、集群企业的层级治理、集群行业的自发治理等（侯彦全，2018年）。推动先进制造业集群健康发展，需要创新以自发治理为主、公共治理为辅的集群治理机制，其中公共治理重点强调政府部门的政策引导，营商环境的打造等，而自发治理（自愿参与）是指集群中"第三方组织"发挥核心节点作用，推动集群成员基于协商原则自发达成和履行相对稳定的共同协议（侯彦全，2018年）。Langen等（2004年）把集群企业集体行动问题的解决作为影响集群治理绩效的四个变量之一，而行业协会等对集群治理功能的发挥具有重要作用。为此，集群治理的核心就是发挥政府部门、龙头企业、行业协会、产业联盟、中介服务机构等多元主体作用，实现"帕累托效率"，助推治理体系和治理能力现代化。

（二）集群发展促进组织的主体选择

通过对产业组织理论、社会网络理论和治理理论的综合分析，笔者认为，集群发展促进组织本质上是以服务集群发展为中心，促进集群达成共同目标和统一行动，提升集群集体效率的相关组织。在具体实践中，决定采取何种方式、依托何种主体来组建集群发展促进组织显得尤为关键。结合集群各类行为主体的构成和我国民法典规定的法人类型，下面逐一探讨政府部门（特别法人），龙头企业（营利法人），事业单位、社会团体、社会服务机构等（非营利法人）作为集群发展促进组织的合理性和可行性。

政府部门（特别法人）。在现实中，政府部门对集群的发展起着重要的作用，在集群网络节点中作为发展环境的营造者和公共服务的提供者发挥作用。与集群发展密切相关的工信、发改、科技等政府部门在规划引导、政策支持、市场监管和法治保障等层面能够推动集群成员间相互交流与合作，实现集群集体效率的提升。但政府部门或派出机构在创新集群治理机制、推动集群自组织发展中的作用偏弱。政府部门是集群公共治理的维护者，但不能成为集群自组织发展的参与者。在集群发展中，政府与市场"一体两翼"，作为市场主体的企业都要接受政府的一般公共管理——调控监管规则（史际春，2014年）。由此可以看出，政府及相应部门不适合作为集群发展促进组织。但源于政府部门的一些职能剥离或转型而来的"第三方"，不仅可以有效弥补政府部门的不足，还可以更好地参与集群建设。

例如，集群发展的重要载体是高新技术产业和经济技术等开发区，开发区管委会等虽然是政府派出机构，但主要行使经济管理等职能，而其下辖的平台公司在招商引资、人才培训、投融资服务、创新孵化等方面发挥着越来越重要的作用，反而可以承担集群发展促进组织的职能。因此，在前期政策制定过程中，我们直接排除了政府部门成为集群发展促进组织的选项，保留了对政府部门一些职能剥离或转型而来的"第三方"的考虑。

龙头企业（营利法人）。企业是集群内绝对性的生产主体，相互之间的关系或单向或双向，或垂直或水平，共同构成了集群的生态（任太增，2015年）。不同企业根据所拥有的资源和重要程度，在集群内发挥的作用和所处的地位也存在差异（黄永明和廖加富，2011年）。集群内龙头企业（主要是生产制造企业）由于规模较大、技术相对领先、产业生态较为完善，以及与一批产业链上下游配套企业或服务机构建立了良好的合作关系，往往在集群中拥有一定的话语权，可以有效推动集群成员集体行动。但集群内龙头企业能否作为集群发展促进组织还需要解决两个问题。

一是营利性和公共服务性的矛盾。企业作为营利性法人，是以营利为目的而存在的，而为集群提供合作交流、人才培训、信息咨询等公共服务强调的是公共服务性，龙头企业难以提供。更多的龙头企业往往会通过定价控制、库存控制、信息控制、运营控制和技术控制等实现对集群剩余的索取和控制（易明，2010年），如果让其代表企业整体利益，则会产生内幕交易或寻租行为。

二是集群龙头企业往往不是一个，它们之间存在竞争性关系，如何让一个本身处于产业链上的企业协调其他链上竞争性企业合作就是一个难题。龙头企业能够协调自身供应配套体系内的企业关系，而很难对与之竞争的其他龙头企业供应配套体系内的企业产生影响。从这个角度看，集群内龙头企业不适合成为集群发展促进组织。但为集群提供公共服务的相关平台型中介组织（如新型混合所有制研发机构、系统解决方案服务商），更多的是市场化、企业化运营，具备专业、公正、客观等优势，如果能很好地处理集群公共服务与自身运营的关系，则可以在某种程度上充当集群发展促进组织的角色。

事业单位、社会团体、社会服务机构等（非营利法人）。 社会团体、事业单位、社会服务机构等非营利法人，更多的是以第三方组织的形式存在于政府与市场之间，协调企业与企业、企业与政府、企业与其他机构之间的关系，这在一定程度上更符合集群发展促进组织的定位。现实中，行业协会、联合会、促进会、产业联盟等是由同行业企业及其他经济组织在自愿基础上，基于共同的利益诉求组成的一种非营利性的行业性社团组织，在推动企业合作交流、强化政企对接、代表集体利益等方面具有先天优势。技术和产业服务中心等社会服务机构大都在政府支持或民间自建下成立，面向产业发展具备鲜明的价值驱动和使命导向特征，能够提供精细化、异质化、专业化的公共服务（黄彩英、钟静静，2017年）。政府所属的具有生产经营性质和能力的事业单位具有面向某一行业、技术领域和区域提供公共服务的独特优势，如科研院所、产业促进中心、企业服务中心等，不仅可以有效规避以上分析指出的政府部门和龙头企业成为集群发展促进组织的弊端，而且可以更好地发挥连接政府与企业的纽带作用，进而促进集群发展。因此，在前期政策制定过程中，应将集群发展促进组织定义为非政府、非营利性的第三方组织，事业单位、社会团体、社会服务机构也就成了集群发展促进组织的第一选择。

上述分析表明，集群发展促进组织主体选择的关注点应该是"第三方性"，而非"非营利性"。它既可以是事业单位、社会团体、社会服务机构等非营利组织，又可以是系统解决方案服务商、科研机构等市场化运作的营利性中介组织。这些组织的核心定位是促进集群多边联系、互利合作的独立"第三方组织"，鲜明特征是强调公共服务属性。

（三）国外集群发展促进组织的建设经验

自波特提出全球经济下的产业集群理论并从国家竞争优势的全新视角来分析产业集群现象以来，产业集群已经成为世界经济中颇具特色的经济组织形式，如美国硅谷IT产业集群、德国法兰克福化工产业集群、日本九州半导体创新集群和印度加罗尔软件产业集群等。这些国际知名的先进制造业集群之所以能够持续引领全球发展，一部分原因就是集群内的发展促进组织促进了企业间正式和非正式的互动交流，保持了集群的科技创新活力和市场竞争力。

美国：市场主导推动多方合作设立集群发展促进组织。美国的集群发展促进组织主要由理事会、执行团队组成，多数是非营利组织，也有小企业、研究型大学等。其中，理事会负责集群的战略规划、发展和持续进步，成员大多来自企业、大学、非营利组织、服务商及其他合作促进机构，部分来自风险投资、天使基金等；执行团队负责集群管理（包括日常工作）及开展工作项目，维系与集群各成员的关系和沟通，分配资源等。另外，一些集群还有顾问局或顾问委员会等，并且拥有多个能够为集群产业提供各种必要服务的服务商。例如，美国"国道10"海洋产业科技集群（MIST），该集群的发展促进组织由密西西比技术企业公司负责管理，这个公司是一个为小企业提供科技孵化和成果转移的非营利机构，集群项目经理由南密西西比大学的教授担任。

德国：政府发起设立集群发展促进组织。前文提到，德国于2007年正式实施"领先集群竞争计划"，遴选出覆盖生物、汽车、电子、航空、材料等领域的15个领先集群，并要求每个领先集群设立相应的集群发展促进组织。这些尖端机构多数是公司型组织，少数是联合会型组织，还有一些由德国工商总会召集形成。在构成上，领先集群一般由集群发言人、顾问委员会和集群经理构成。集群发言人为名誉职务，由产业界或科技界知名人士担任，为集群发展带来社交人脉和声望；顾问委员会一般由集群内的大型企业负责人及政府相关部门、大学和科研机构负责人构成，为集群提供重要的发展建议；集群经理负责集群的日常管理，平均有3~11个集群工作者，主要职责是推动集群内成员的信息交流与互动。例如，德国的东威斯特法伦-利普（OWL）集群作为德国首推的15个领先集群之一，其集群发展促进组织主要由It's OWL来负责。该机构是当地政府管辖、采取公司化运作的非营利组织，由董事会、委员会等构成，核心职责主要有组织创新项目引导、技术转移促进、外部合作对接、专业知识共享与资金分配五个方面。

日本：行政指令与行业组织相结合建立集群发展促进组织。日本知识集群计划所推行的集群发展促进组织主要由政府部门支持，集中在事业单位和行业协会。其中，以事业单位为主的集群发展促进组织主要由理事长、总经理、计划主管、首席科学家（或研究主管）和科技协调员等构成。例如，日本函馆海洋生物产业集群的发展促进组织是政府下设的部门，集群理事长和副理事长主要由政府部门领导担任，总经理主要由函馆市区域产业促进组织副理事长、函馆市产业技术中心主任担任。以行业协会为主的集群发展促进组织主要由理事长、秘书长和职能部门构成。例如，九州半导体创新集群设有两家核心职能机构，即九州经济产业局和九州半导体创新协议会。九州半导体创新协议会作为集群发展促进组织，主要工作是搭建产学官网，培养核心人才，收集和发布技术、市场信息，促进海外交流等工作。

第二节 先进制造业集群合作创新

创新是发展的第一动力。集群式创新指的是集群企业、科研院所、中介组织等利用集群优势进行各类创新活动的总称。在先进制造业集群这个生态系统中,企业与高校、科研院所依托创新中心、创新平台、公共服务等载体,建立学习交流、信息共享机制,开展产学研合作,进而形成先进制造业集群合作创新网络。这个网络能够有机整合产学研合作中的各类创新主体资源,促进各主体间相互学习、模仿和借鉴,加速知识溢出和技术扩散,降低创新风险与成本,驱动技术创新能力的螺旋式累积和效率提升。

一、先进制造业集群合作创新网络

创新不是一个新命题,而是一个持续变化演进的话题。最早将创新与产业集群联系在一起的是熊彼特。熊彼特在其德文版著作《经济发展理论》中提出,除战争、革命、气候等外部因素的影响外,技术创新的集聚和增长也是造成经济周期或经济波动的因素。创新需要企业间的相互合作和竞争实现。熊彼特认为,所谓创新就是要"建立一种新的生产函数",即把一种从来没有过的生产要素和生产条件"新组合"引到生产体系中。这种"新组合"包括以下五种情况:一是采用新的产品,二是采用一种新的生产方法,三是开辟一个新的市场,四是掠取或控制原材料或半制成品的新供应来源,五是实现任何一种工业的新组织,如造成一种垄断地位或打破一种垄断地位。

合作即协同。德国物理学家赫尔曼·哈肯研究认为,系统中各子系统相互协调、合作或同步的联合作用及集体行为的结果,会产生"1+1>2"的协同效应。20世纪八九十年代,蒂德(Tidd)将协同理论应用到技术创新领域,使得合作或协同的创新思想在创新领域广泛应用。研究认为,合作创新是企业、政府、大学、研究机构、中介机构等创新主体以知识的增值和共享为核心,以各种形式的合作方式为手段的创新组织模式。

随着产业集群与创新的关系日趋密切,单一线性的创新难以为继,产学研合作创新效果不断凸显。在产业集群中，产业上相关联的企业在地理上聚集有利于知识尤其是缄默知识的传播和扩散，产生新思想、新方法。遵循区域创新系统理论，集群网络中的政、产、学、研、介等各个主体在协同作用下结合在一起进行创新活动，从而形成的一个合作创新网络，各个创新要素或区域间的创新子系统不断地从不协同状态走向协同，从竞争状态走向合作，进而实现资源要素效用的最大化、创新效率的最优化。

总体看，合作创新网络是一项复杂的、网络化的创新组织方式，是各行为主体为实现创新目标在交换资源、传递信息的活动过程中所形成的各种关系的总和，具有动态性、开放性、自组织性、嵌入性等特征（刘友金、叶文忠，2011年）。它是指以核心企业、高校、研究机构、中介机构、金融机构、供应商、客户等为主体，以创新主体间正式和非正式的协同和合作创新关系为网络联结，基于长期稳定的交互和协同关系而形成的具有集聚优势、知识溢出优势和技术转移优势的开放式创新生态（方炜、王莉丽，2018年）。该生态具有覆盖面广、层次多的特点，能够为创新主体提供有效的创新资源、知识信息和能量支持，有助于创新主体充分利用创新知识的外部性，不断增强创新潜能（Paul Trott，2020年）。

合作创新网络主要具有三个特点：首先，合作创新网络具有整体性，是各种要素的有机集合；其次，合作创新网络具有动态性，各个创新主体要素不断进行着系统优化；最后，合作创新网络具有开放性，不仅包括多个要素、多个子系统间的交互和协同，还包括和其他系统和要素之间的耦合互动。

对于先进制造业集群来说，与传统的创新网络体系相比，先进制造业集群合作创新网络具有显著的优势。一是合作创新网络有助于降低创新环境的不确定性。通过合作创新网络，产业集群内不同的创新主体之间建立起牢固的技术合作联系，同时，创新主体的创新活动与市场需求之间也建立起密切的联系，有效地降低了创新的风险与不确定性。二是合作创新网络有助于实现技术人员创新能力的跨越式发展。合作创新网络为各类创新主体对技术信息流、资源流进行有效搜索、嫁接和转移提供了平台。平台上企业和研究人员能够及时了解和掌握不同领域和不同专业的最新技术信息和技术资源，使技术人员在最广的范围、以最快的速度获取新的知识和技术资源，不断开阔自己的技术视野，随时把握跨专业技术融合的机遇，从而使创新能力实现跨越式发展。三是合作创新网络有助于产生"1+1>2"的协同效应。合作创新网络具有创新主体多元化和协同活动多层次性的特点，创新主体之间的关系紧密而稳定，这就使各个创新主体对未来的收益具有可预期性，从而大大提高了创新的主动性和自觉性，产生了加倍的协同效应和合作效应。四是集群合作创新网络有助于降低交易费用。通过建立合作创新网络，集群企业可以达到风险共担、合作研发、降低交易成本、知识共享等目标（何一清和乔晓楠，2015年）。

二、合作创新网络作用机理

（一）合作创新网络的构成

集群合作创新网络主要由企业、大学、科研机构、中介组织、政府及公共部门、金融机构等构成，由此形成了企业与企业间、企业与科研院所间、企业与政府部门间、企业与金融机构间、企业与中介组织间的关联链条，这既是信息和知识传递、扩散的关键渠道，又是知识和技术创造价值或实现价值增值的肥沃土壤。

企业。企业是集群合作创新网络的主体和核心要素，主要扮演参与技术创新、推动创新增值的重要角色。企业的发展决定着整个集群合作创新网络的发育程度，以及创新活力表现。企业能在激烈的竞争中发现创新问题，感知市场需求，激发创新想法。企业会寻求与其他行为主体的交流学习、共享创新资源，通过自主研发或与其他行为主体开展创新合作，降低创新的风险成本、提升创新的成功率。

大学和科研机构。大学和科研机构是集群合作创新网络内信息、知识、技术的创造与支撑机构，是合作创新网络的重要主体和网络节点。大学和科研机构不仅能够创造新思想、新知识、新技术，进而激发集群合作创新网络的创新活力，还可以通过知识教育与培训、技术孵化与成果转化等方式，有效促进知识学习、知识外溢和技术扩散，推动集群合作创新网络日趋完善。

中介组织。中介组织是集群合作创新网络的第三方力量,能有效促进产学研合作创新。实践中,中介组织主要包括行业协会、联合会、促进会、产业联盟、生产力促进中心、创业服务中心、知识产权运营中心、检验检测平台等各种形式的组织。发挥中介组织的专业性、主动性,不仅可以为企业提供专业化服务,促进产业集群内信息、技术、投资、管理信息共享,还可以加速各行为主体间的知识学习和技术扩散,降低企业技术创新的风险。

政府及公共部门。政府及公共部门是集群合作创新网络的主要参与者,在引导产业集群主体间合作、完善技术创新体系、强化科技基础设施建设、优化科技创新体制机制等方面发挥重要作用。

金融机构。金融机构是集群合作创新网络的"血液",主要有风险投资、银行、保险、券商等机构。金融机构能通过资金支持产业集群内企业、大学及科研机构开展创新或合作创新,增强集群合作创新网络的有效联结和创新活力。硅谷的成功,就离不开区域内数量众多的金融机构,形成了高度成熟和发达的多层次资本市场体系。

先进制造业集群合作创新网络结构见图 3-6。

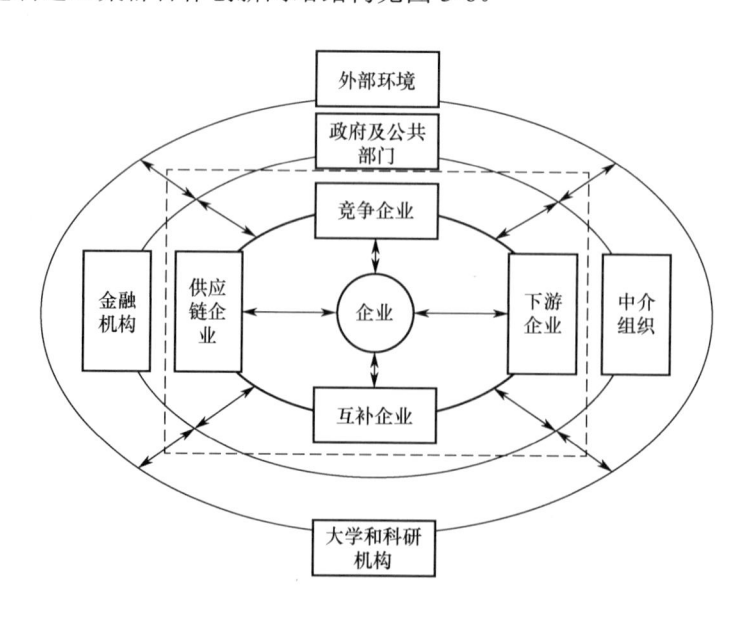

图 3-6 先进制造业集群合作创新网络结构

（二）先进制造业集群合作创新的作用机制

研究认为，先进制造业集群合作创新网络主要从发展动力、政策环境、风险治理等方面推动合作创新发展。其中，发展动力是指合作创新动力机制，政策环境是指政府与市场的互补机制，风险治理是指合作创新网络的利益与风险共担机制。

动力机制。对于一个先进制造业集群来说，每个企业都是创新链上的独立节点，创新的突破依赖于集群内各企业之间构建协同机制、突破各自壁垒、释放创新要素活力。集群合作创新网络通过组织人才、资金、设备仪器、技术信息等进行跨企业、产学研的交流，促进信息互通，触发知识溢出，通过成员分工、技术扩散、风险分担、创新收益等过程实现创新发展。

互补机制。在集群合作创新网络中，政府为先进制造业集群创新发展提供政策支持和公共服务的作用十分突出。应当充分发挥政府支持功能，与市场导向相结合，为集群合作创新网络构建一个激励与引导相结合的市场环境，从而促进集群中各创新主体通过合作创新网络进行重组和突破，并最终实现集群创新发展。

共担机制。利益和风险是合作创新行动的核心。合作创新作为一项高风险、高回报、范围广的集体行为，相关主体应当制定包括利益激励、利益分享和风险分散、风险消化等在内的利益与风险共担机制，来规范合作各方的权利和义务。这不仅有利于增强集群各创新主体之间的互信合作，更有助于保障集群合作创新网络的活力和生命力。

三、合作创新网络驱动模式

在实践中，合作创新网络进一步提升了先进制造业集群中各创新主体之间的合作水平和创新效率。各创新主体在合作创新网络的自组织机制下实现了主体之间的互惠知识分享、资源优化配置、行动同步优化等效能，助推创新能力的不断提升。事实上，对于合作创新网络而言，任何创新过程都是一个由混沌到有序的过程,而在这个过程中,网络的驱动模式是不同的。具体来看,合作创新网络促进集群创新主要有以下几种驱动模型。

(一)科技创新项目

科技创新项目更多的是科技专项,指的是围绕经济社会发展的重大关键共性技术攻关、重大科技成果转化而设立的科技计划项目,一般分为重大科技攻关项目和重大科技成果转化项目。由于专项项目投入强度大、实施周期长、涉及范围广、技术复杂、风险高,因此实施过程中需要政府、高校、科研院所和中介组织多方共同参与。同时,专项涉及的产业多是战略性新兴产业,是先进制造业的主要组成部分,所以科技专项也是以政府作为合作创新网络的主要驱动力的,进而推动先进制造业集群创新发展。

由于专项的主要目标是推动重大、先进的技术攻关,技术攻关周期长、投入大、项目成果不确定等一系列问题尤其显著,对集群企业的创新能力要求较高。除部分基础性、公益性和关键共性技术研究外,大部分项目如产品类和工程类项目普遍以后补助为主,并且基本上都要求承担单位在财政资金的基础上提供配套,一般会将集群的中小企业排除在外,而重点让集群龙头企业参与。

(二)龙头企业

龙头企业是指在先进制造业集群中具有一定生产规模和市场地位、拥有较强技术创新能力、产品和技术在行业中处于领先地位、根植性较为显著,并对其他企业及整个集群的发展具有重要影响的企业。龙头企业是集群合作创新网络的核心节点,它能够凭借较强的知识创造和溢出能力,成为整个集群创新的发动机,甚至带动区域创新能力的提升。龙头企业与其他企业因地理和组织邻近性极易发生知识溢出,从而不断推动新产品的开发与形成,加速知识总量的螺旋上升和技术的跨越式进步,促进集群合作创新网络的形成、优化和完善。

正如熊彼特所认为的,规模较大的企业在合作创新中作用突出,因为只有较大的企业才能负担得起研究与开发费用。相较于中小企业,龙头企业在重大创新、渐进创新方面都有着明显的优势，能够形成基于自身的企业创新生态系统，为保持自身市场规模、较强的市场地位，往往有动力运用新技术、开发新产品，并能够承担和控制创新的风险。龙头企业也可以敏锐地识别新的市场发展机会和技术创新机会，并通过合作网络向相关企业提供自己掌握的新知识和资源，从而成为创业支持者、市场领跑人。同时，多个龙头企业也在既竞争又合作的关系中，为了共同的利益，对共性技术的攻克等采取合作的方式来推动。

（三）契约合作

契约合作是当前先进制造业集群企业与高校、科研院所之间普遍采用的合作方式。相关技术的突破，不仅需要集聚多个企业的创新资源，还需要借助高校和科研院所的力量，通过形成创新联合体，签署合作契约，约定好技术开发过程中各方权益和责任，来进行技术攻关和产业化。创新联合体则通过内部合作创新网络的自组织过程，完成动态创新。契约合作可以分为"交钥匙"型合作和经营型合作。"交钥匙"型合作是指企业提出明确创新需求，通过一次性买断的方式购买创新联合体的技术创新成果。经营型合作是指高等院校或科研院所以技术入股的形式，围绕科技成果产品的产业化，与企业开展合作经营。

由于契约式合作需要突破的主要是行业共性技术，意味着该模式更适合专业性的先进制造业集群。同时，企业间的创新合作往往发生在能级相近的群体内，龙头企业占主要地位的轮轴式集群往往因为创新主体不够多元，在参与合作时比较僵化，所以契约式合作更适合以中小企业为主体的先进制造业集群。同时，契约式合作通常要求高校、科研院所有先进的技术、生产上可行的科研成果，并能够助推科研成果在先进制造业集群内产业化和商业化，这就对高校和科研院所的科研能力和转移转化能力提出了较高的要求。

（四）科技孵化

科技孵化是由高校和科研院所合作完成先期技术开发，并以科技成果作为核心资产成立公司进行商业化的过程，主要包括技术转移型和技术入股型两种类型。其中，技术转移型主要是指高校和科研院所在研发出科技成果后，企业通过支付一次性转让费获得成果的所有权。技术入股型主要是指高校和科研院所完成科技创新后，以成果作为核心资产进行技术入股，与企业共同成立新的公司主体，共同进行公司的经营管理，并共享技术成果收益。总体看，该模式不仅帮助中小企业弥补自身创新能力的不足，而且使高校和科研院所得到了独立转化科技成果的平台和机会，已经成为驱动集群创新的重要模式。

总体看，科技孵化与契约合作在科技成果转化过程中的组织形式十分相近，都是产学研合作的一种，但二者最大的区别是创新的来源。科技孵化的创新主体是高校和科研院所；而契约合作的创新主体则是企业，高校和科研院所是企业在创新能力上的补充和强化。总体看，科技孵化模式比较适合以中小企业为主体的先进制造业集群。集群内高校和科研院所不仅能够有效补充中小企业研发创新的短板，而且其自身也获得了与企业平等合作的机会，为建立长期、稳定的创新联合体奠定了基础。

第三节 从组织变革走向合作创新

正如上文所分析的,组织变革和合作创新是驱动先进制造业集群高质量发展的两个"轮子",两者相互配合、相互促进,共同促进集群发展。

一、以组织变革为抓手,促进集群合作创新

正如前文提到的,先进制造业集群组织变革主要包括两个层面:一是不断深化集群产业分工方式,推动产业发展转型,形成互动与共生的组织网络;二是创新以自发治理为主、公共治理为辅的集群治理机制,不断优化集群组织网络化结构,增强集群竞争新优势。由此可以看出,先进制造业集群的组织变革对集群合作创新具有较强的促进作用。

一方面,集群合作创新网络就是集群组织网络的重要组成。推动集群组织变革,优化和调整集群组织网络结构,也会在一定程度上促进集群合作创新网络的变化。

另一方面,集群组织变革会激发第三方组织的力量,进一步促进产学研合作创新。推动集群组织变革的应有之义就在于创新集群治理机制,发挥第三方组织的核心节点作用,基于协商原则自发协商达成和履行相对稳定的共同协议,推进集群统一行动。这些第三方组织,尤其是科技创新类的第三方组织(如新型研发机构),可以为集群成员的相互分工与协作提供一种"黏合剂",促进集群间知识、信息和经验的沟通和交流,组织开展技术研发攻关、创新创业孵化、成果推广应用、检验检测认证等创新活动,推动创新资源整合与共享,厚植集群合作创新土壤。

二、以合作创新为动力,深化集群组织变革

深化集群合作创新,能够有机整合产学研合作中的各个创新主体,促进相互学习、模仿和借鉴,加速知识溢出和技术扩散,降低创新风险与成本,驱动

技术创新能力的螺旋式累积和效率的提升。

在这个过程中，企业作为创新主体，既参与技术创新又推动和实现创新升值。尤其是龙头企业，对集群创新绩效的影响更为突出。龙头企业因为知识溢出得到合理补偿获得更大创新动力，同时通过契约治理和关系治理增加集群内企业交流合作，促进知识学习和技术扩散，这在一定程度上可以丰富集群组织结构，提升企业的层级治理能力。

同时，企业在合作创新网络中，为降低创新的风险成本、提升创新的成功率，会寻求与其他行为主体交流学习，共享创新资源进而自主研发，或者与大学、科研机构开展创新合作，即产学研合作。企业、高校、科研院所为了市场需求和共同利益，以各自拥有的资源进行科学研究、技术研发、产品生产、市场开拓等一系列的开发、经营活动，是基于创新而进行的合作。同时，中介组织作为促进企业交流协作、产学研合作的纽带，可以发挥信息、技术、投资、管理等各方面的专长，组织并协调集群整体发展。这在一定程度上，又可以深化集群组织结构形式，提升组织密度和韧性（见图3-7）。

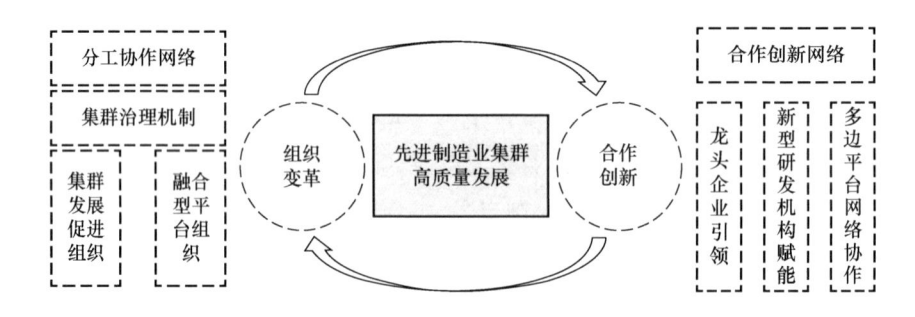

图 3-7　先进制造业集群组织变革和合作创新

第四节　本章小结

先进制造业集群作为处于市场与企业之间的一种组织形态，是一种网络化的中间组织。先进制造业集群的发展过程，本身就是一个不断调整组织结构的过程。有效的集群组织结构要在保证集群组织网络具有较强的环境适应能力的同时，提高集群网络的生产效率和柔性化，并适应外部环境的不确定性，确保集群整体网络生产和分工的有效性。组织变革主要包括两个层面：一是不断深化集群产业分工方式，推动产业从集聚发展向集群发展转型，形成互动与共生的组织网络；二是创新集群治理机制，不断优化集群组织网络化结构，增强集群竞争新优势。

集群发展促进组织本质上是以服务集群发展为中心，促进集群达成共同目标和统一行动，提升集群集体效率的相关组织。作为一项重要创新实践，集群发展促进组织进一步拓展了我国产业集群发展理论中的合作机构这一组织的外延，将知识机构和合作机构合二为一，最终成为集群间"牵线搭桥""沟通协调"的行为主体。推动集群发展促进组织的发展，是加快先进制造业集群组织变革的重要创新实践，对创新以自发治理为主、公共治理为辅的集群治理机制具有重要作用。在具体实践中，集群发展促进组织主体选择的关注点，应该是"第三方性"，而非"非营利性"。它既可以是社会团体、事业单位、社会服务机构等非营利组织，也可以是系统解决方案服务商、科研机构等市场化运作的营利性中介组织。这些组织的核心定位就是促进集群多边联系、互利合作的独立"第三方组织"，鲜明的特征就是强调公共服务属性。

创新是发展的第一动力。集群企业与高校、科研院所依托创新中心、创新平台、公共服务等载体对接产学研合作，学习交流、信息共享、高效运转、知识溢出和技术扩散无时无刻不在发生，进而形成了集群合作创新网络，该网络正是集群的核心优势所在。深化集群合作创新，能够有机整合产学研合作中的各个创新主体，促进相互学习、模仿和借鉴，加速知识溢出和技术扩散，降低创新风险与成本，驱动技术创新能力的螺旋式累积和效率提升。这在一定程度上，又可以深化集群组织结构形式，提升组织密度和韧性。

各创新主体在合作创新网络的自组织机制下实现了主体之间的知识分享、资源优化配置、行动同步优化等效能,助推创新能力的不断提升。对于合作创新网络而言,任何创新过程都是一个由混沌到有序的过程,而这个过程中的各创新主体的驱动模式是不同的。具体来看,合作创新网络促进先进制造业集群创新主要有科技创新项目、龙头企业、契约合作、科技孵化四种驱动模式。

组织变革和合作创新是驱动先进制造业集群高质量发展的两个"轮子",两者相互配合、相互促进,共同促进集群发展。集群合作创新网络就是集群组织网络的重要组成,推动集群组织变革,优化和调整集群组织网络结构,会激发第三方组织的力量,会在一定程度上促进集群合作创新网络的变化,进一步促进产学研合作创新。

第四章　先进制造业集群组织变革实践

推动先进制造业集群组织变革是深化集群合作创新的重要抓手,是推动集群治理现代化的重要内容。基于第三章的论述分析,我们将集群组织变革分解为组织网络的优化调整及平台组织、第三方组织的崛起等。本章将重点分析集群发展促进组织、融合型平台组织的探索实践。

第一节 集群发展促进组织的发展实践

2019年以来，工业和信息化部组织开展了三批次全国先进制造业集群竞赛，共遴选了45个国家先进制造业集群（以下简称国家级集群）。在全国先进制造业集群竞赛中，参赛集群在政府引导、自愿组合的方式下，组建一个由集群内骨干企业、科研院所、行业协会等相关主体牵头的非政府、非营利性的第三方组织，称之为集群发展促进组织。笔者认为，针对集群发展促进组织的政策实践集中体现为两点：一是赋予具体承担单位"集群发展促进组织"的称号，明确相关单位开展集群发展促进工作、提供专业化服务的正当性和合规性；二是给予具体承担单位资金支持，一部分用作开展相关工作的启动资金，另一部分由其分配给集群内公共服务平台和技术改造、产业化项目，使集群发展促进组织开展相关工作变得可操作、可实施。

一、集群发展促进组织的组建与运营

在政策实践中，45个国家级集群发展促进组织选取"非营利法人"这一定位，主要参考了社会团体法人、事业单位法人和社会服务机构法人的组织形式，具体承担单位中有11家事业单位、26家社会团体、8家社会服务机构，见表4-1。

表4-1　45个国家级集群发展促进组织名称及法人类型

序号	集　群	集群发展促进组织	法人类型
1	深圳市新一代信息通信集群	中国科学院深圳先进技术研究院	事业单位
2	东莞市智能移动终端集群	广东华中科技大学工业技术研究院	事业单位
3	沈阳市机器人及智能制造集群	中国科学院沈阳自动化研究所	事业单位
4	苏州市纳米新材料集群	苏州工业园区纳米技术产业促进中心	事业单位
5	无锡市物联网集群	无锡物联网创新促进中心	事业单位
6	成都市、德阳市高端能源装备集群	德阳市中小企业服务中心	事业单位
7	宁波市磁性材料集群	中国科学院宁波材料技术与工程研究所	事业单位
8	常州市新型碳材料集群	江南石墨烯研究院	事业单位
9	苏州市生物医药及高端医疗器械集群	苏州市生物医药产业创新中心	事业单位

第四章 先进制造业集群组织变革实践

（续表）

序号	集　群	集群发展促进组织	法人类型
10	赣州市稀土新材料及应用集群	江西省钨与稀土研究院	事业单位
11	宁德市动力电池集群	宁德市中小企业服务中心	事业单位
12	苏州市、无锡市、南通市高端纺织集群	江苏省服装协会	社会团体
13	泰州市、连云港市、无锡市生物医药集群	江苏省医药行业协会	社会团体
14	徐州市工程机械集群	江苏省机械行业协会	社会团体
15	南京市新型电力（智能电网）装备集群	江苏省可再生能源行业协会	社会团体
16	南京市软件和信息服务集群	南京市软件行业协会	社会团体
17	宁波市绿色石化集群	宁波市石油和化工行业协会	社会团体
18	上海市集成电路集群	上海市集成电路行业协会	社会团体
19	上海市张江生物医药集群	上海市浦东新区生物产业行业协会	社会团体
20	武汉市光电子信息集群	武汉物联网产业协会	社会团体
21	西安市航空集群	西安市国家航空产业基地企业联合会	社会团体
22	长春市汽车集群	长春市汽车零部件制造业商会	社会团体
23	长沙市工程机械集群	长沙市工程机械行业协会	社会团体
24	广州市、佛山市、惠州市超高清视频和智能家电集群	广州超高清视频产业促进会	社会团体
25	成都市软件和信息服务集群	成都市软件行业协会	社会团体
26	呼和浩特市乳制品集群	内蒙古奶业协会	社会团体
27	南通市、泰州市、扬州市海工装备和高技术船舶集群	江苏省船舶工业行业协会	社会团体
28	青岛市轨道交通装备集群	青岛市轨道交通装备产业协会	社会团体
29	广州市、深圳市、佛山市、东莞市智能装备集群	广东省机械工业质量管理协会	社会团体
30	深圳市、广州市高端医疗器械集群	深圳市医疗器械行业协会	社会团体
31	青岛市智能家电集群	青岛市数字家庭产业与应用促进会	社会团体
32	武汉市、襄阳市、十堰市、随州市汽车集群	武汉汽车行业协会	社会团体
33	上海市新能源汽车集群	上海市智能制造产业协会	社会团体
34	京津冀生命健康集群	北京医药行业协会	社会团体
35	佛山市、东莞市泛家居集群	广东省中小企业发展促进会	社会团体
36	成渝地区电子信息先进制造集群	成都电子信息产业生态圈联盟	社会团体
37	保定市电力及新能源高端装备集群	保定市电力装备行业协会	社会团体
38	深圳市先进电池材料集群	深圳市清新电源研究院	社会服务机构

（续表）

序号	集　　群	集群发展促进组织	法人类型
39	株洲市轨道交通装备集群	株洲国联轨道交通产业服务中心	社会服务机构
40	合肥市智能语音集群	合肥高新区声谷人工智能产业促进中心	社会服务机构
41	杭州市数字安防集群	浙江省北大信息技术高等研究院	社会服务机构
42	潍坊市动力装备集群	潍坊华鲁能源检测技术中心	社会服务机构
43	温州市乐清电气集群	乐清市电气产业创新发展服务中心	社会服务机构
44	株洲市中小航空发动机集群	株洲市中小航空发动机产业促进中心	社会服务机构
45	长沙市新一代自主安全计算系统集群	长沙市国链安全可靠计算机产业促进中心	社会服务机构

集群发展促进组织的组建与运营主要通过以下方式进行。

一是推动现有行业协会、联合会、促进会等社会团体转型升级。在政策实践中，行业协会、联合会、促进会积极按照工业和信息化部先进制造业集群培育工作的要求，将自身服务从面向行业转到面向集群，进一步完善组织结构和运营机制，增强公共服务功能，真正架起政府与集群企业沟通的桥梁。例如，2019年，在全国先进制造业集群竞赛的要求下，三一集团、中联重科、铁建重工、山河智能、湖南大学、长沙银行6家单位发起成立了长沙市工程机械行业协会，作为长沙市工程机械集群发展促进组织，该协会创造性地实行"轮值会长"制度，发起《合力打造世界级工程机械产业集群倡议书》，推动6大主机企业签署《主配协同合作意向书》，主持编制了《工程机械产业集群供应商评价规则》团体标准，启动编制"长沙·中国工程机械指数"，有效促进了集群成员间的交流合作、资源共享，改变了以往企业单打独斗、恶性竞争的局面。

二是在政府引导或企业自愿方式下组建新型社会服务机构。在政策实践中，集群内龙头企业、科研院所、事业单位、中介机构等主体联合成立科技类社会服务机构。通过承担集群发展促进组织这一角色，这些社会服务机构大多构建了包含监事会、执行机构和专家咨询委员会在内的组织结构，拥有完善的组织章程和运营机制，创新了服务模式，有效促进了集群网络化协作。例如，株洲国联轨道交通产业服务中心作为株洲市轨道交通装备集群发展促进组织，建立了"国联中心+产业联盟（行业协会）+平台公司"的"三位一体"运营模式，积极参与株洲市轨道交通产业链"链长制"工作，组织中车株洲电力机车研究所、国家先进轨道交通装备创新中心（国创科技）等开展重大科技创新项目，依托国创科技的"国创教育"平台开展线上/线下培训,参与举办中国国际轨道交通和装备制造产业博览会并筹建轨道交通"海外仓",推动集群企业抱团发展。

三是推动事业单位市场化、社会化发展。在政策实践中,为满足集群发展促进组织组建要求,集群所在地政府出于管理便捷化、服务专业化的需求,推动区域内科研院所、产业促进中心等事业单位承担集群发展促进组织这一角色,在沟通政府与市场、开展技术创新等方面发挥独特的优势。例如,中国科学院深圳先进技术研究院作为深圳市新一代信息通信集群发展促进组织,充分发挥自身技术创新引领者和合作者的作用,以"联盟的联盟、平台的平台"为理念,发挥新型研发机构功能,联合 7 大行业协会共同发起成立"新一代信息通信产业联盟",在 5G、集成电路、新型显示等领域培育了 5 家子集群发展促进组织,形成了由金融服务、科技服务、人才与培训、产业园及行业协会联盟等组成的集群服务网络。又如,无锡物联网创新促进中心作为无锡市物联网集群发展促进组织,确立"小机构、大合作、产业化"的发展模式,建设物联网集群综合服务平台,围绕智能感知、高性能计算与存储等领域与 10 余家企业共建 6 个技术创新基地,与 10 家协会和 12 家联盟协作联动,促进了集群企业高效对接和合作。

二、集群发展促进组织的功能发挥

集群发展促进组织的功能定位主要体现在两个层面:对外充当集群企业与政府之间的纽带和桥梁,协助政府开展集群管理,代表集群整体对外合作;对内服务与协调集群企业及相关机构,推动集群集体行动,提升集群集体效率。据此,笔者将集群发展促进组织功能归纳为以下五类:促进集群沟通交流、促进政府市场对接、促进集群合作创新、促进集群开放发展、促进行业自律规范等,见表 4-2。

表 4-2 集群发展促进组织的五类功能

功　能	具体工作(简要概述)
促进集群沟通交流	发挥集群网络节点的重要作用,为集群提供正式信息交流机制,搭建合作对接平台,举办论坛展会等活动,协调各方利益,促进大中小企业合作

（续表）

功 能	具体工作（简要概述）
促进政府市场对接	协助政府做好集群发展动态跟踪、统计监测和问题反馈，提出集群发展策略和政策建议，反馈企业诉求与民意并协调解决
促进集群合作创新	绘制集群产业链、创新链图谱，组织集群产学研各方开展技术协同攻关，推动创新资源整合与共享，加速创新成果转移转化
促进集群开放发展	代表集群对外合作交流，帮助集群企业拓展国内外市场，分享市场机遇和分担市场风险，增强集群国际化联系
促进行业自律规范	制定集群群规约，提供可信的监督管理机制，协调解决公共产品和公共服务领域市场失灵等问题，防止市场垄断，维护集群内公平竞争环境

在实践中，45个集群发展促进组织由于既有单位不同，其所具备的功能也不同，不同类型的集群发展促进组织的五类功能各有侧重。例如，行业协会、联合会等社会团体本身就是各会员企业集体利益的代表，在促进集群沟通交流和加强行业自律规范等方面具有天然优势；专业化的科研院所等是事业单位，本身具有一定的创新资源，能够很好地与企业开展产学研合作，共同促进集群合作创新。据此，我们对三类不同组建模式下的集群发展促进组织的功能完备性进行了星级评价，其中，五星代表最强、零星代表最弱，见表4-3。

表4-3 不同组建模式下的集群发展促进组织的功能完备性评价

组建模式	评 价				
	促进集群沟通交流	促进政府市场对接	促进集群合作创新	促进集群开放发展	促进行业自律规范
事业单位类集群发展促进组织	★★★☆☆	★★★★★	★★★★☆	★★★★☆	★★★☆☆
社会团体类集群发展促进组织	★★★★★	★★★★☆	★★☆☆☆	★★★☆☆	★★★★★
社会服务机构类集群发展促进组织	★★★★★	★★★☆☆	★★★★☆	★★★☆☆	★★☆☆☆

三、集群发展促进组织在实践中面临的瓶颈

不得不指出的是，作为一项政策实践，集群发展促进组织在组建、运营及功能发挥中不可避免地存在一些问题。其中，有承担单位本身存在的问题，也有功能发挥时面临的一些瓶颈，主要表现为以下三个方面。

一是法人治理结构"不健全"。健全的法人治理结构和运行机制，是集群发展促进组织成为职能清晰、权责明确、协调有序、运转高效的法人主体的基本要求。在实践中，部分集群发展促进组织只是在原有法人主体之上加挂一个牌子而已，受历史沿革和体制机制等因素的影响，并没有建立起健全的内部法人治理结构和完善的运营机制。市场化、社会化转型受阻，使得部分行业协会、社会服务机构等还在靠财政资金、会费和其他收入来维持运营，这带来了内部人才队伍不足、服务意识和能力不强等普遍性问题。

二是功能定位转型"不充分"。在政策实践之初，集群发展促进组织的功能定位就是集群成员间的"黏合剂"，促进集群成员高效协作。但在实践中，诸如企业服务中心、产业促进中心等一些集群发展促进组织只切合了"第三方"组织的定位，看问题的角度还停留在原地，尚未真正将功能定位转向集群网络核心节点。这也就带来了相关功能只是原有功能的发挥，对功能拓展明显不足的问题。某些行业协会仍只考虑行业内多数会员的需求，工作停留在组织活动等层面上。部分事业单位仍保留一定的行政色彩，促进集群合作交流和自律发展的能力较弱。

三是创新发展机制"不顺畅"。目前，以非营利法人为主体的集群发展促进组织的财务制度、税收减免、社会保险等相关政策仍不健全，导致集群发展促进组织市场化发展面临一定的难题。部分行业协会、促进会虽然实现了与行政机关的脱钩，但公共服务功能并没有实现转移，导致很多集群发展促进组织心有余而力不足。同时，作为一项新的政策实践，多数企业也认为集群发展促进组织只是一个新的机构而已，在涉及由集群发展促进组织帮扶的项目组织、活动开展、自律规范、合作倡议等工作时，存在一定的抵触现象。

四、集群发展促进组织的典型案例

（一）无锡物联网创新促进中心

无锡物联网创新促进中心（以下简称"促进中心"）是工业和信息化部批复的国家先进制造业集群——无锡市物联网集群的发展促进组织，是无锡市为进一步深化无锡国家传感网创新示范区建设,打造国际先进的物联网集群,经无锡市委机构编制委员会办公室正式批准,于 2018 年专门成立的市政府直属公益性事业单位。

1. 组织结构

为加快促进中心建设,无锡市专门成立了"无锡物联网创新促进中心领导小组",由市委书记、市长担任双组长,相关市领导担任副组长,有关部门主要负责人为成员,领导小组办公室设在无锡市工业和信息化局,统筹协调推进促进中心建设。无锡市人民政府专门出台了《关于支持无锡物联网创新发展的若干政策措施》(锡政发(2019)19 号),设立了总额 10 亿元的促进中心开展集群建设发展资金。促进中心组织结构见图 4-1。

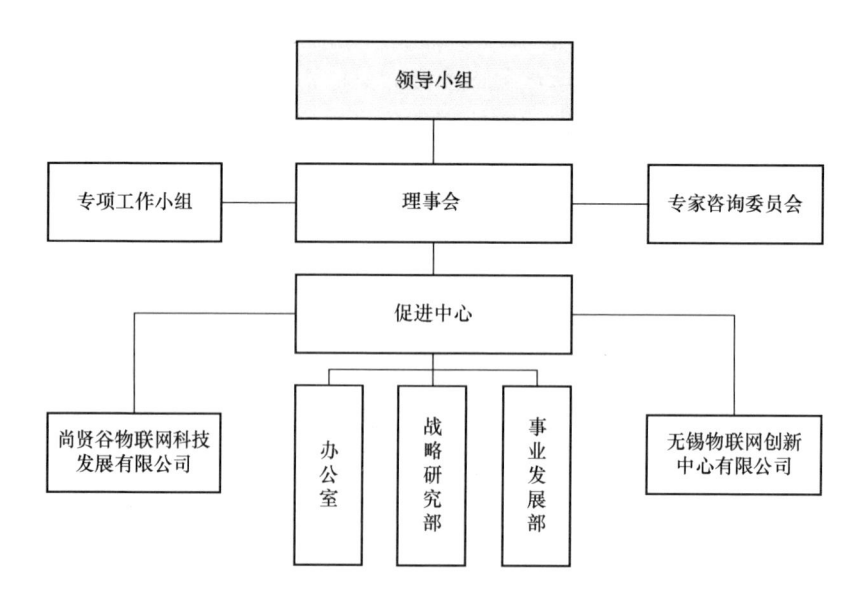

图 4-1 促进中心组织结构

促进中心实行理事会领导下的主任负责制法人治理结构,第一届理事会由无锡市人大常委会主任徐一平担任理事长,由中国科学院微电子所、中国电科集团、无锡市政府及江苏省发改委、科技厅、工信厅分管领导担任副理事长。促进中心内设办公室、战略研究部、事业发展部三个部门,分别负责综合管理、战略规划研究与行业指导、公共服务平台建设与运行管理、集群伙伴交流合作、技术转移与创业孵化等。促进中心按照业务方向和技术领域，成立了产业培育、技术创新、投资融资、应用示范、公共服务、智库支撑、展览展示、合作交流、先进感知、工业互联网、车联网等十余个专项工作小组，并成立了由邬贺铨担任顾问的专家咨询委员会，其中13名专家来自企业、高校和科研院所等。

为实现自我可持续发展，促进中心还成立了尚贤谷物联网科技发展有限公司和无锡物联网创新促进中心有限公司。促进中心以这两家公司为"两翼"开展市场化运作，通过技术成果转化、企业孵化、企业委托研发、检测检验、人才培训、开展应用示范和为行业提供公共服务等方式，以更加贴近市场的方式开展运营，夯实自我可持续发展能力。

为加强与物联网相关行业协会和产业联盟的协作，促进中心发起成立了车联网示范区创新联盟，与无锡市物联网产业协会、无锡市软件行业协会、无锡市信息化协会、无锡市半导体行业协会、无锡市智能工业产业协会、无锡市机器人与智能制造协会、无锡市中小企业服务机构协会等开展联动，通过集聚行业资源、联合开展活动，共同推动无锡市物联网集群发展。

2. 职能定位

促进中心作为公益性事业单位，以"科技研发、产业孵化、行业服务和模式创新"为职能定位，重点面向无锡市物联网集群企业提供"产业培育、技术创新、应用示范、智库支撑、公共服务、投资融资、展览展示、合作交流"等功能服务。主要职能如下。

一是围绕物联网产业技术领域需求，跟踪物联网产业技术创新动态，面向产业应用环节，构建物联网产业技术创新体系，集聚国内外优质平台及创新资源，协同各方力量，牵头组织实施关键技术、共性技术的研发和重要技术标准的制定，促进产业链和创新链深度融合，抢占产业技术创新制高点。

二是依托无锡国家传感网创新示范区的建设，规划布局物联网产业应用细分领域特色研发基地和产业创新平台，广泛吸引海内外高层次人才创新创业。依托无锡科研平台、骨干企业和专业机构，培养创新人才和高技能人才。

三是采取科技成果定向孵化、要素资源重点配置等手段，加快产业技术扩散，扶持培育科技型领军企业。引进与培育高成长性科技企业和大众创业项目，形成产业技术扩散和企业孵化的群体优势。

四是管理物联网建设发展专项资金，重点支持产业前沿关键共性技术、核心技术集成研究和工程化平台建设。建立健全多渠道、多元化的投融资机制，引导社会资本进入，通过天使投资、风险投资、科技贷款、科技保险、上市辅导、设立产业基金等专业化服务，加速推动科技成果产业化。

五是建立技术研发、工程设计、测试验证、展示交易、知识产权保护、企业孵化、人才培养等全链条公共服务体系，着力发展物联网技术咨询、技术集成和系统解决方案、示范工程设计等服务业，举办国际性展会和论坛，为无锡市物联网集群提供综合配套服务。

3. 主要做法与经验

促进中心作为集群发展促进组织，发挥第三方组织的桥梁和纽带作用，助力物联网集群活力显著提升，主要做法与经验如下。

一是创新运营模式。促进中心围绕将集群内部成员整合成创新命运共同体的要求，推进政府和市场有机结合，打造"小机构大合作产业化"模式。在"小机构"层面，构建以促进中心为主体的中立、高效"一体两翼"运行机制，通过建生态和攻研发两条腿走路，赋能集群可持续发展。在"大合作"层面，促进中心发起成立车联网示范区创新联盟，20余家协会和联盟协作联动，与20余家龙头企业、高校和科研院所共建各类基地、平台。在"产业化"层面，建立"孵化载体+人才培训+产业基金+特色园区+公共服务"五位一体的产业化体系，推动400多个项目落地生根。

二是构建产业生态。促进中心着力加强集群人才引培，开设系列公开课、创办专业期刊，成为物联网5个领域"1+X"职业技能等级证书标准制定单位；成立总规模12亿元的"无锡物联网基金"，与10家投资机构和地方政府合作设立超20亿元的子基金；开展产业招商和项目导入，促成金山云等多个重大项目落户无锡；建设2.6万平方米物联网创新工场，招引华为、博世等知名企业创新项目落户创新工场，吸引图灵奖获得者罗伯特·卡恩创新团队等10个团队进驻"海创江南"众创空间。

三是促进集群合作创新。促进中心围绕物联网关键技术，联合数十家单位共建 10 余个联合创新平台和技术创新基地，与同济大学等共建联合实验室。建设中心以物联网创新合作为中心，与欧洲物联网理事会、比利时微电子研究中心及德国、日本等国家科研院所广泛合作，推动物联网关键核心技术攻关。

四是促进集群网络化协作。围绕优势互补、技术协同、数据共享，实现互利共赢，促进中心建立了"集群组织+工业互联网平台"的网络化协作体系；自主开发国内首个物联网集群综合服务平台，提供线上/线下服务 100 余项，汇集全国各地政策 5 万余条，注册用户遍布集群企业；推进集群开放合作交流，参与举办世界物联网博览会、中欧物联网无锡峰会，开展产业链对接会、生态合作交流会，有效促进了产业链对接和供需匹配。

（二）长沙市工程机械行业协会

长沙市工程机械行业协会（以下简称"长沙工程机械协会"）是长沙市工程机械集群发展促进组织，是长沙市为充分整合行业资源，促进行业资源共享、技术共享、信息共享、服务共享，加快工程机械集群发展而搭建的全市工程机械产业协作平台。

1. 组织结构

长沙工程机械协会是由三一集团、中联重科、铁建重工、山河智能、湖南大学、长沙银行 6 家单位发起成立，由长沙工程机械行业相关企业、高等院校、金融机构、中介机构等自愿结成的行业性社会团体，是非营利性的社会组织，于 2019 年成立。成员分布和活动地域为长沙市，会员单位近 200 家，覆盖了工程机械的全产业链，主机产品类别覆盖行业的 70%，上下游配套企业达 100 多家。

长沙工程机械协会实行扁平化管理，组织结构包括会员大会、理事会、监事会、秘书处及相关业务部门，设立轮值会长 4 名，副会长 9 名和秘书长 1 名，见图 4-2。其中，会员大会是协会的最高权力机构，由 150 余家协会成员单位组成。理事会是会员大会的执行机构，主要由三一集团、中联重科、铁建重工、山河智能、星邦重工、长沙智能制造研究总院等企业组成。监事会主要由关联企业、科研机构、金融机构等 5 名监事组成，对理事会进行监督、引导。理事会下设秘书处。相关业务部门主要有综合部、项目及会员部、宣传培训部等。

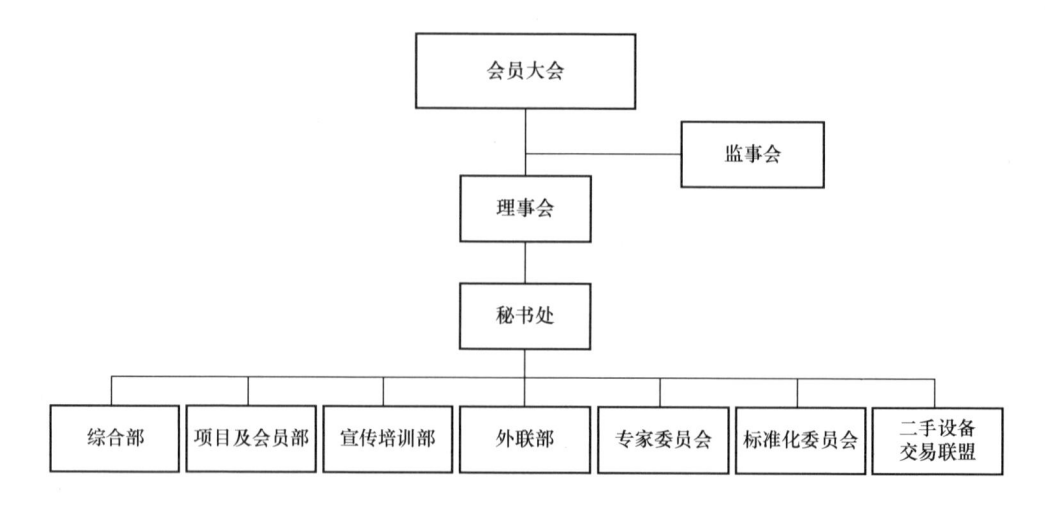

图 4-2 长沙工程机械协会组织结构

2. 职能定位

长沙工程机械协会在法律上被定位为社会团体,作为非营利组织,其经营活动自主决策、自负盈亏、自我发展。同时,作为集群发展促进组织,长沙工程机械协会致力于打造促进集群多边联系、互利合作的平台,重点提供以下方面的服务。

资源整合。长沙工程机械协会将三一集团、中联重科、铁建重工、山河智能四大主机企业作为轮值会长单位,发挥龙头企业作用,可以有效地协调会员企业之间开展合作与交流,也可以整合资源共同攻克产业共性技术难题。

政府协调。长沙工程机械协会作为企业与政府之间的桥梁,可以充分协调政府部门为集群企业提供服务和指导,也可以及时把企业在生产、研发、市场、售后等方面存在的共性问题反馈给政府部门,形成有效的政企沟通和管理机制。

融资服务。长沙工程机械协会组织长沙银行,以及资金雄厚的主机企业、社会专业投资机构共同发起成立工程机械行业发展专项基金,为会员单位的发展壮大提供强大的资金支持,扶持和培育更多的配套企业做大做强。

第四章 先进制造业集群组织变革实践

对外合作。长沙工程机械协会重点开展对外交流合作，充分利用多渠道的对外交流平台，组织企业走向全球，开拓国际市场。

智力开发。长沙工程机械协会充分利用中南大学、国防科技大学、湖南大学，以及湖南三一工业职业技术学院等院校资源，打造国内行业高端人才（包括高级技工、技师在内）培养、储备、培训的摇篮和重要基地。

协同创新。长沙工程机械协会充分利用、整合国家级和省级工程机械研发中心资源，组织企业和科研机构开展产学研合作，推动关键核心技术攻关，助力上下游企业新技术应用、新产品研发。

行业自律。长沙工程机械协会积极发挥市场监督职能，及时有效地监督会员企业的违规行为，协调同行利益关系，维护行业间的公平竞争和正当利益。

3. 主要做法与经验

作为推进工程机械集群建设的组织，长沙工程机械协会主要扮演好了"四个角色"。

扮演好集群建设的"织网者"。长沙工程机械协会创造性地实行"轮值会长"制度，充分调动龙头企业的积极性，建立了决策、监督和运营机制，形成集群治理体系；成立市场化运营的产业咨询服务公司，推进自身可持续发展；结合自身发展和未来集群建设需要，制定协会"十四五"发展规划，参与编制《湖南省工程机械行业"十四五"发展规划》《湖南省工程机械产业链技术创新路线图》；建立后市场交易、信息集成共享等4个服务平台，组织80余场论坛、培训、对话对接活动，特别是央视《对话》活动，促成长沙工程机械四"巨头"首次同台握手，打破了壁垒，培养了合作氛围；推进主配协同，发起《合力打造世界级工程机械产业集群倡议书》，举办主配协同活动，推动六大主机企业签署《主配协同合作意向书》，共享各自配套名单和商务采购标准；编制《零部件配套产业园规划》《国际模具产业园规划》，力图改变"主机强、配套弱"的局面，成功促成本地公司液压传感器和部分液压原件在主机厂的应用。

扮演好合作创新的"推进者"。长沙工程机械协会积极引导并联合龙头主机企业、核心零部件企业，以及北京、深圳的集群生态企业，组建成立了长沙工程机械创新中心,加快推进工程机械共性与前沿技术研发和成果转化;建立了紧固件连接技术协同创新、集中下料和工艺装备三大公共服务平台,以此解决集群同类产品易损件标准不统一、原材料利用率低和工装技术共享不足的问题;联合主机企业优选50家工程机械配套企业,指导其管理升级,为200家企业提供了智能制造咨询诊断服务,大幅提升了配套企业经营管理和精益制造水平,为企业开展主配对接和智能化改造奠定了坚实的基础;举办了2021年长沙国际工程机械工业设计大赛,吸引线下24所、线上107所高校参与,促成产学研多方联动,助力工程机械工业设计能力提升。

扮演好标准引领的"先行者"。长沙工程机械协会结合自身建设经验,主持编制了《先进制造业集群发展促进组织建设指南》团体标准,有力地促进了集群发展促进组织建设,提升了长沙市工程机械集群的影响力;规范集群主配企业合作、零部件供应商认定,主持编制了《工程机械产业集群供应商评价规则》团体标准,促进工程机械配套由"专属"供应链向"共享"供应链转变,得到各主机厂的充分认同;研究制定了《二手设备质量检验、价值评估》等团体标准,解决工程机械二手设备再制造标准不统一、出口不畅通等问题。

扮演好交流合作的"组织者"。长沙工程机械协会组织集群企业参与美国、印度、智利等9个海外工程机械重要展会,与美国设备制造商协会、西班牙工程和矿山机械协会、法国机械工业联合会等16家国际机构进行了交流合作;参与举办了2021年第二届长沙国际工程机械展览会,承办(首届)中国工程机械租赁大会,共有1500家租赁企业负责人到场交流,2万余家租赁企业线上参会;对外开放发力更精准、效果更显著,扩大了集群企业国际合作交流的朋友圈。

(三)浙江省北大信息技术高等研究院

浙江省北大信息技术高等研究院(以下简称"北大研究院")是由北京大学和浙江省人民政府联合发起,重点开展人工智能、智慧城市、智慧医疗、智能制造等领域的产学研技术研发与成果转化的民办非企业单位。北大研究院采取政府引导、自愿组织的方式,探索成立集决策、管理、咨询功能于一体的集群发展促进组织,围绕"技术研发孵化组织、产业集群枢纽组织、集群治理核心组织"的定位,服务于杭州市数字安防集群发展。

第四章　先进制造业集群组织变革实践

1. 组织结构

北大研究院是在《浙江省人民政府北京大学战略合作协议》的指导下，于 2018 年 4 月成立的。为促进集群发展，北大研究院建立了包括指导层、决策层、管理层、专家层在内的组织结构，由高文、黄如、梅宏等 7 位院士领衔，集聚高层次人才 500 余人，见图 4-3。

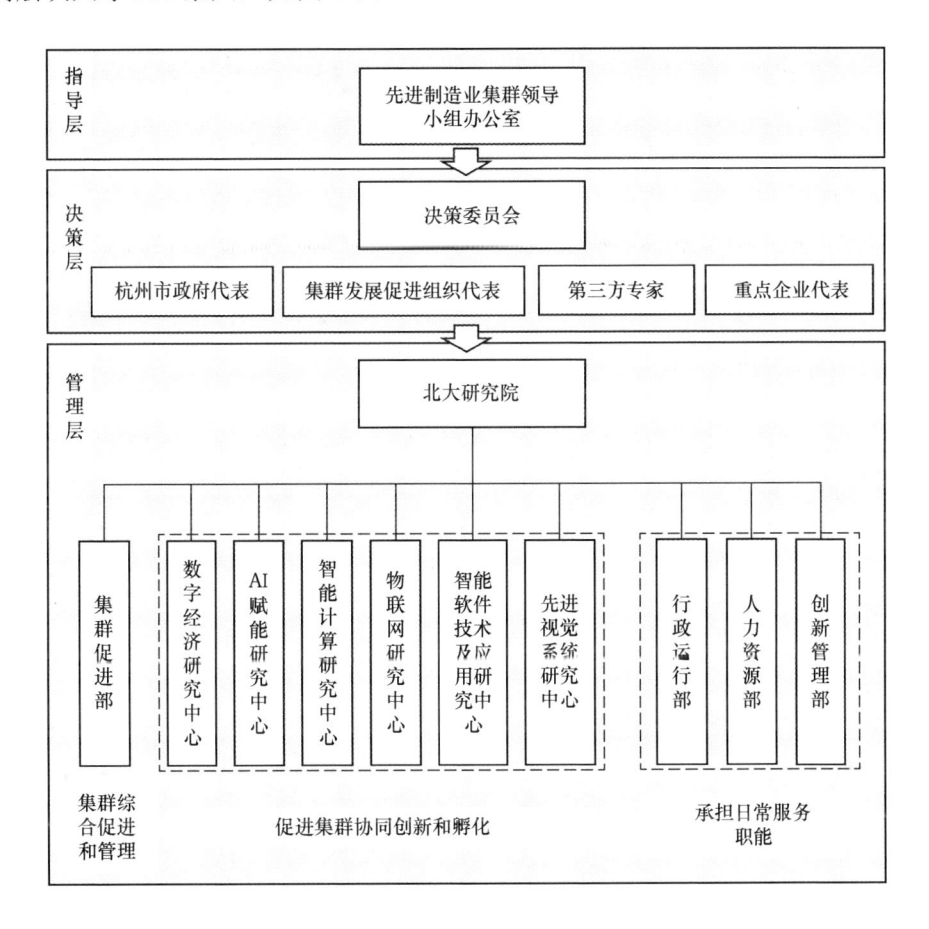

图 4-3　北大研究院组织结构（专家层略）

指导层：设立先进制造业集群领导小组办公室，负责对集群发展促进组织的指导、监督和考核工作，对集群发展促进组织的重大计划和决策进行指导、监督，按年度考核集群发展促进组织的工作绩效。

决策层：在领导小组办公室的牵头下，组建由杭州市政府代表、集群发展促进组织代表、第三方专家和重点企业代表组成的决策委员会，定期召开决策委员会会议，对集群发展促进组织重点工作和事项进行审议。

管理层：在原有结构下设集群促进部，具体负责集群综合促进和管理工作。北大研究院数字经济研究中心、AI 赋能研究中心、智能计算研究中心等承担促进集群协同创新和孵化职能，为集群提供技术研发、技术孵化、标准制定、推广应用、公共服务等平台服务。行政运行部、人力资源部、创新管理部三个运营支撑部门承担集群发展促进组织的资金管理、人员招聘培训、商务洽谈等日常服务职能。

专家层：北大研究院和其牵头成立的智慧视频安防制造业创新中心共同组建专家层，支撑集群开展各项人才引进对接、技术创新孵化、品牌活动等相关工作。

2. 职能定位

北大研究院作为集群发展促进组织，重点以建设引领数字安防产业发展的集群枢纽组织、技术研发孵化组织、集群治理核心组织为目标，重点承担以下职能。

推动关键技术研发。北大研究院设有视网膜系统、超高清视频系统、智能环境感知、多源感知与计算、大数据应用等实验室，通过联合重点企业，着力突破端云协同智能计算框架、视觉特征提取等关键共性技术；与集群重点企业共建联合实验室，为企业提供科研支撑、技术服务、高端人才资源等，共同探索视觉技术的应用落地，通过技术授权/许可、技术服务、成果孵化等加速成果产业化。

搭建公共服务平台。北大研究院与集群主体共建万路视频汇聚分析检索平台、智慧视觉应用信息安全检测平台等公共服务平台，面向集群企业提供系统可靠性评测、算法及系统性能评估测试服务；引进北京大学科技园优化企业孵化器，支持数字安防领域技术创新项目孵化；基于内部各技术中心和专家委员会，为政府及集群企业提供政策咨询、产业分析、战略咨询、技术分析等服务。

促进集群交流合作。北大研究院充分发挥资源汇聚优势，与国际一流高校合作，共同开展人才联合培养及技术成果孵化；举办院士论坛、未来论坛、数字经济未来青创营等有较强影响力的合作交流活动，促进集群内企业的交流与合作；构建开源开放平台，沉淀视频编码、视频分析、视觉感知系统等技术，规划建设国家重大科学装置视频分装置，形成促进产业发展的生态；依托首席科学家和经济学家、博士后工作站、北京大学等各大高校，加强各类高质量人才引进。

推进行业标准化建设。 北大研究院依托智慧视频产业技术联盟，协同数字安防产业链上下游企业、高等院校、科研机构和其他组织机构开展标准制定等活动，牵头推进 AVS3 标准在安防领域的应用。

3. 主要做法与经验

2019 年以来，北大研究院围绕"技术研发孵化组织、产业集群枢纽组织、集群治理核心组织"的定位，重点开展了以下工作。

建设技术研发孵化组织，开展关键技术核心攻关。 北大研究院联合省市经信部门开展产业链断链断供情况摸排，为集群技术发展提供指引；承担浙江省数字安防标准化技术委员会工作，联合企业推进 AVS3 标准在安防领域的制定和应用；联合海康威视、大华等企业建设智慧视频安防制造业创新中心，创建省级制造业创新中心，搭建智慧视觉应用信息安全检测平台，助力关键技术攻关和转移扩散。

建设产业集群枢纽组织，搭建多方沟通协作平台。 北大研究院联合海康威视、大华、阿里云、商汤等发起成立智慧视频产业技术联盟，致力于在智慧视频及相关行业、上下游产业之间建立有效运行的"产学研用金"合作机制，推动智慧视频应用技术进步和产业发展；举办浙江省数字安防产业链提升座谈会、视觉技术培训班、企业家培训班等活动。

建设集群治理核心组织，助力集群发展整体智治。 北大研究院完善集群发展促进组织整体组织结构，在杭州市数字安防集群建设工作专班下组建 6 人工作小组，确定企业项目联络员，组建项目推进团队；会同杭州市经信局编制发布《杭州市数字安防产业集群发展促进组织专项资金管理办法》《杭州市数字安防产业集群发展促进组织项目管理办法》；开展集群监测跟踪，提供决策支持，出版《浙江省数字安防产业发展报告》，联合开展集群统计监测体系研究，推进《杭州"中国视谷"产业发展规划》《杭州视觉智能产业研究》编制等。

（四）合肥高新区声谷人工智能产业促进中心

合肥高新区声谷人工智能产业促进中心（以下简称"声谷促进中心"）是由安徽省信息产业投资控股有限公司、安徽陆零壹信息科技有限公司联合发起成立的非营利社会服务机构。作为合肥市智能语音集群发展促进组织，声谷促进中心以"平等自愿、优势互补、资源共享、合作共赢"为原则，致力于整合相关产业、创新、人才、资本等资源，全面支撑合肥市智能语音集群发展。

1. 组织结构

声谷促进中心成立于2019年7月，机构类型为民办非企业，定位为非营利性社会服务机构。为保持机构的灵活性，声谷促进中心实行扁平化管理，构建了包括核心层、管理层、专家层在内的组织结构，见图4-4。

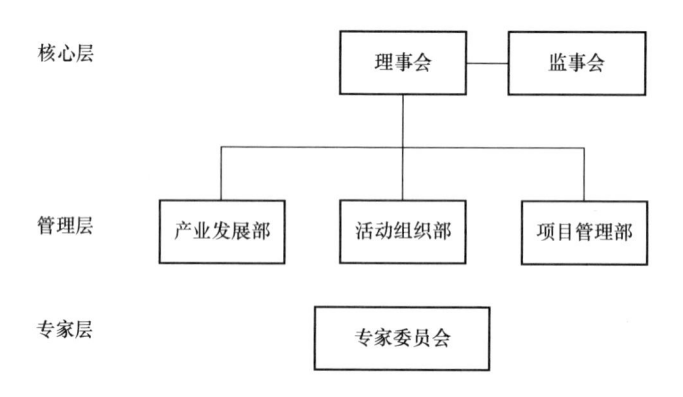

图4-4 声谷促进中心组织结构

核心层。理事会负责安排业务活动重大事项和制定内部管理制度等；监事会负责对财务和行为进行监督。

管理层。声谷促进中心设立了产业发展部、活动组织部、项目管理部等部门。其中，产业发展部负责产业态势分析，研究集群内产业发展战略；活动组织部负责组织和策划集群成员单位各类活动，以高峰论坛、高端研讨会、展览、推介会等大型活动为重要平台,加强集群内部企业和机构的对接和交流;项目管理部负责集群内公共服务平台、重大实体项目的对接工作,加快对智能语音及人工智能相关重大项目的引导、推进与实施。

专家层。声谷促进中心聘请计算机视觉、AI 芯片、机器人、智能语音、智能终端等多个领域的专家学者和优秀企业家成立专家委员会,负责提供对集群发展战略、核心技术共性问题的咨询和决策服务,为集群企业发展和技术创新提供支撑。

2. 职能定位

声谷促进中心作为合肥市智能语音集群的代言人,主要承担如下职能。

建设集群平台体系。引导集群龙头企业加快建设智能语音公共服务平台,推动重大及前瞻性技术开发平台、产品验证测试平台,以及技术交易、成果转化等公共服务平台建设。支持大学、科研机构和大企业建设工程中心、技术中心、联合实验室等,形成创新支撑平台体系。

推进集群重大项目实施。做好与政府主管单位的对接工作,推动集群内重点项目的实施,协助政府单位建立项目全生命周期管理机制,发挥产业与企业、政府与企业间的桥梁作用,深化政府与企业间的联动,集中解决重要问题。

深化集群企业交流合作。整合上下游产业链资源,发挥声谷促进中心在产业资金支持、产业整合、市场宣传和引导等方面的作用,召开高峰论坛、高端研讨会、行业交流会等活动,加强不同企业之间在行业标准制定、技术联合攻关、应用推广示范等方面的交流与合作。

3. 主要做法与经验

声谷促进中心充分发挥集群纽带作用,推动集群网络化合作的相关能力建设和功能建设,主要做法如下。

协同政府建立资金使用规范。制定《合肥市智能语音集群财政专项补助资金管理办法》,明确了专项资金支持对象及方式,规范了资金拨付流程和使用范围,确保财政资金的规范使用。

联动政企建立项目推进管理机制。制定实施《合肥智能语音先进制造业集群（中国声谷）项目管理办法》，搭建重点项目库，协同各级政府主管业务部门通过季度进展调查、定期现场调度等方式，推进集群项目动态管理。

搭建企业信息化管理平台。完善平台产业监测、企业画像、政策推荐、园区服务等模块，建立企业-园区-政府的强关联关系，便于政府了解企业发展过程中的共性问题，便于企业了解政府的各项政策及产业资源。

建立集群企业常态化交流机制。举办集群内高峰论坛、研讨会、行业交流会等活动，加强不同企业之间在行业标准制定、技术联合攻关、应用推广示范等方面的交流与合作。

（五）广州超高清视频产业促进会

广州超高清视频产业促进会（以下简称"促进会"）是在广东省指导下，由广州市、佛山市、惠州市三地联合，在原 4K 产业发展联盟的基础上，依托骨干企事业单位，充分整合广州、佛山、惠州三地超高清视频与智能家电领域"政产学研金介用"优势资源，专门为促进集群发展组建成立的新型、非营利性的第三方组织。

1. 组织结构

促进会实施扁平化管理，组织结构见图 4-5。同时，为促进三地协作，促进会整体又形成了以广州的组织为核心，佛山、惠州的组织协作的"三位一体"模式，确保各项工作在广州总促进组织的指导下统一开展。

理事会。理事会由发起单位及相关行业组织、企事业单位代表组成，主要负责组织制定并审议集群战略和重大决策。理事会成员不少于 5 人，并根据促进中心事业发展需要，逐步调整或扩大理事会规模。理事会设会长单位 1 个，常务副理事长 1 名，副理事长若干名。

秘书处。秘书处作为日常办事机构，实行秘书长负责制，负责落实理事会确定的工作事项及联盟日常事务，设立秘书长 1 名。促进会有综合部、政策与经济研究部、公共服务活动策划部、项目建设部 4 个职能部门。

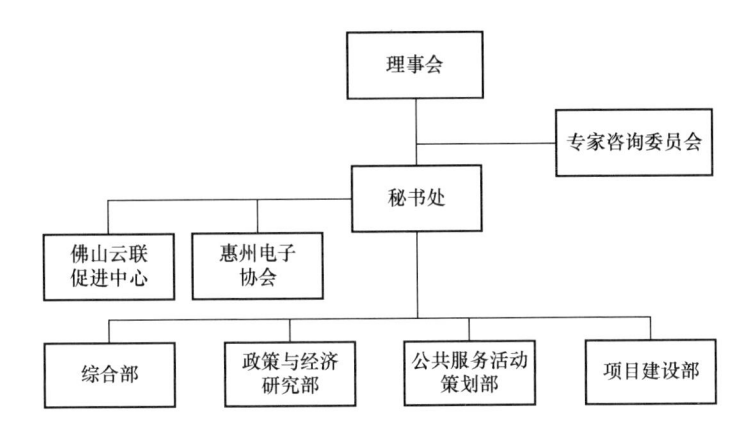

图 4-5 促进会组织结构

专家咨询委员会。 促进会成立专家咨询委员会，由院士、省人大代表、省政协委员、龙头企业代表、高校和科研院所专家、商协会专家等组成，重点为集群培育、发展提供决策咨询服务。

2. 职能定位

促进会以"开放、合作、创新、服务"为宗旨，以"提升产业集群核心竞争力、构建高水平全球化产业链、推动国际化交流合作"为要务，具体职能如下。

搭建行业与政府间互动平台。 开展专题调查研究，协助政府及时了解集群发展动态和行业共性问题，为政府制定新型显示和智能家电领域相关产业政策、集群发展行动计划等提供支撑；组织集群内相关成员推动政府完善产业政策。

联合开展技术创新。 组织集群企业与高校、科研院所联合承担重大技术创新项目，推动技术群体性突破，牵头建立中国智能化电器零配件标准与技术产业联盟、智能家电互联互通的协议团体标准联盟等一批细分领域联盟组织，持续扩大中高端产品供给能力。

搭建成员间沟通交流平台。 引导集群成员间开展交流学习，组织集群成员开展技术、生产、管理、市场、营销、信息、融资等多维度的公共交流活动，提供人才引育、技术创新、产业转化、检验检测、投融资等咨询服务；与国内外知名的新型显示和智能家电产业集群建立合作交流机制，组织集群成员联合宣传、联合参展、对外考察、举办投资贸易洽谈会及高层论坛。

为集群开展完善的公共服务。搭建新型显示和智能家电行业重大科学仪器设备开放共享平台、质量可靠性保障服务平台、信息安全评估平台、智能化评价平台、中小企业质量诊断提升服务平台、家电产品国际服务平台等公共服务平台;协助政府开展利用外资、引进技术及各种形式的中外经济技术合作活动,为集群成员提供人才引进、国际合作、对外投资咨询等服务。

3. 主要做法与经验

2019年以来,促进会围绕"产业集群组织变革的核心"定位,重点开展了以下工作。

促进组织融合。广州、佛山、惠州三地政府签署《广佛惠共同培育国家超高清视频和智能家电产业集群战略合作协议》,从政府层面全力支持促进会形成三位一体的协作模式。在组织结构上,促进会理事长单位每2年一个任期,由三地相关单位轮值担任。

促进技术融合。依托工业和信息化部电子第五研究所等,联合龙头企业制定智能家电与超高清显示的互联互通标准,全方位推动超高清机器视觉等先进技术在家电智能制造中的应用,深度挖掘超高清视频+智能家电物联网在医疗养老、智能交通、工业制造等重点行业的应用场景。促进会邀请丁文华院士领衔组建了集群专家咨询委员会,通过"深调研",协调优势资源组建广东省超高清视频前端系统创新中心,着力攻克超高清产业前端摄录技术短板。

促进服务融合。促进会主动上门服务 LG、维信诺、富士康等业内领先企业。在公共活动方面,促进会免费组织企业参加中国国际高新技术成果交易会、花果山超高清小镇展览会、中国智能家电技术发展论坛等系列活动,促进人才及产业技术交流合作。助力企业"走出去",与我国粤港澳大湾区相关单位签署战略协议,组织企业参加柏林电子展,开展海外市场准入赋能活动。

促进资源融合。在人才资源上,促进会与华南理工大学、广东工业大学等签署人才合作协议,与广州城市职业学院、佛山科技学院、惠州学院建立长期合作,加大对专业技术人才、职业技能人才的引育。在金融资源上,促进会着力开展集群企业融资需求和产业分析,支撑政府用好超高清视频产业基金,为科技成果转化、产业创新升级提供了重要的保障。在跨领域合作上,促进会积极对接深圳市新一代信息通信集群、东莞市智能移动终端集群等其他集群，促进优质资源跨区域、跨领域协作共享。

五、政策建议

可以看出，国家级集群发展促进组织的组建运营与功能发挥是我国先进制造业集群发展的一项重要创新实践，对进一步丰富完善经典产业集群发展理论具有重要的意义。因此，可以得出如下结论。

第一，先进制造业集群的先进性，不仅体现为技术水平的先进、质量品牌标准的先进、生产制造模式的先进，更体现为产业组织形态和治理机制的先进。集群发展促进组织的组建与运营，不仅拓展了经典产业集群发展理论中的合作机构这一组织概念的外延，也推动了产业集群理论研究在产业组织理论、社会网络理论和治理理论等的基础上，更加重视个体，尤其是第三方组织的力量，注重打造多边联系、互利共赢的集群发展命运共同体，推动集群集体行动，提升集群集体效率。

第二，集群发展促进组织的核心定位是促进集群多边联系、互利合作的独立"第三方组织"，鲜明特征就是强调公共服务属性。但在现实政策实践中，受集群相关中介组织发育不充分、专业化服务能力不强及政策研究不深入等的影响，强调"非营利性"，首选社会团体、事业单位、社会服务机构等非营利组织担当集群发展促进组织的角色，并没有允许定位于"第三方"的系统解决方案服务商、科研机构等市场化运作的营利性中介组织成为集群发展促进组织。而这恰是后续政策实践中需要进一步完善的地方，即需要进一步拓展集群发展促进组织概念的外延、调动多主体的力量，合力推动集群发展。

第三，集群发展促进组织相关承担单位积极践行"对内协调、对外组织"这一"黏合剂"的定位，充分发挥促进集群沟通交流、政府市场对接、集群合作创新、集群开放发展和行业自律规范五大核心功能。这不仅使政府部门的集群培育发展工作有了一个强有力的助手，而且在集群网络中构建了一个官方认定的"结构洞"[①]，有效推动了集群网络化协作。但在实践中，不同法人类型

---

① 在网络科学中，这种起牵线搭桥作用的"中间人"被称作"结构洞"。

的集群发展促进组织"五大功能"完备性不同,也存在法人治理结构"不健全"、功能定位转型"不充分"、创新发展机制"不顺畅"等问题。需要进一步给予集群发展促进组织相应的制度安排,优化发展环境,持续提升其专业化服务能力。

基于上述结论,为进一步推动集群发展促进组织发展,助推国家先进制造业集群发展提升,本文从政策层面提出以下三点建议。

一是拓展集群发展促进组织的组建类型。理论与实践表明,促进集群多边联系、互利合作的相关行为主体更加注重"第三方性",而非"非营利性"。鉴于当前非营利组织发展受到相关制约、自我造血难、存在困难等问题,要在现有社会团体、事业单位、社会服务机构等非营利组织担当集群发展促进组织的政策实践基础上,进一步将集群发展促进组织的组建类型拓展到系统解决方案服务商、技术研发与孵化中心等市场化运作的第三方服务机构;要跳出一个集群只有一个集群发展促进组织的"局限性",鼓励现有集群发展促进组织的承担单位承担总牵头责任,邀请其他相关第三方组织加入进来,通过探索"1+N"的模式,合力促进集群发展。

二是完善集群发展促进组织的科学运营机制。一个成熟的集群发展促进组织需要有一整套科学合理的市场化运营机制,来实现功能发挥和自身造血。集群发展促进组织要健全法人治理结构,加快成为职能清晰、权责明确、协调有序、运转高效的法人主体。要引入职业经理人,组建专职团队,壮大自身服务人才队伍。集群发展促进组织承担单位要加快转变发展理念和功能定位,面向集群开展集群成员共同需要的、非排他性的多元化公共服务,搭建创新中心、中试验证基地、共享制造等硬平台,不断完善服务收益分配机制,以创新、转型实现"自我造血",并将收益持续用于提升自身专业化服务能力。

三是推动集群发展促进组织可持续健康发展。集群发展促进组织作为一项创新实践,其可持续健康发展需要一个良好的发展环境和各方面的支持。要强化集群发展促进组织的辅导和分级分类管理,组建先进制造业集群发展促进组织联盟,通过"共建、共生、共享",搭建集群发展促进组织的学习和交流平台,推动集群间的交流与互动。要聚焦集群发展促进组织的痛点,开展相关资格认证和人才评价工作,引导其提升专业化服务能力。政府部门要进一步简政放权,推动相关公共职能向集群发展促进组织转移,加强财政资金补助、政府购买服务、要素保障等政策支持,做好事中事后监管,为集群发展促进组织参与治理提供充足空间。集群发展促进组织在切实坚持第三方独立属性的同时,也应处理好与其他相关第三方组织的关系,通过相互协调、互为促进,保障集群网络的和谐共生。

第二节　融合型平台组织的典型实践

一、产业链企业联合党委模式

（一）产业链企业联合党委的内涵与特征

产业链企业联合党委是非公党组织的一种，重在依托党组织将产业链上下游的企业联动起来，树立竞争中寻求合作的思想认识，推动同类及上下游企业由单个党建工作转变为联建，由单个企业的自主活动转变为多个企业的行业互动。在先进制造业集群内部，围绕主导产业链建立企业联合党委具有现实意义。

一是由"单个组建"转变为"产业联建"。原有企业都是各个单点的党组织，而产业链企业联合党委则是立足于产业链上重点企业、科研机构，灵活设置的党组织形式。这种党组织形式借助各企业间本身存在的产业链天然联系，打破了各企业党建工作"各自为战"的格局，促使各企业变"单打独斗"为"联合作战"。

二是由"自主活动"转变为"行业互动"。在联合党委的指导下，通过组织共建，企业间能够实现党建资源共用、发展战略协同、人才队伍共建、技术难题共解、科研成果共享等，也就是将企业各自的党建活动变成一群企业的共同活动，实现以党建交流促进业务交流，进而带动整个行业互动。

三是由"个体提升"转变为"整体跨越"。在联合党委的带领下，单个企业基层党组织能够建设成服务企业发展的坚强战斗堡垒。发挥基层党组织及骨干党员队伍带头作用，将党组织建在产业链上，将"个体提升"转变为"整体跨越"，整个产业链和整个集群的抗风险能力和韧性得到不断增强。

（二）产业链企业联合党委的典型实践——株洲市轨道交通装备集群

近年来，株洲市坚持以产业链思维来推动轨道交通装备集群发展，成立轨道交通产业链企业联合党委，探索链长制、产业协会、企业联合党委、集群发展促进组织"四方发力、同频共振"的新模式,构建"党建引领、共建共享、产业衔接、融合发展"工作体系,以党建工作服务企业发展、助力招商引资、推动产业融合,切实把党的政治优势和组织优势转化为打造世界级轨道交通装备集群的强劲动力。

1. 产业链企业联合党委的组建模式与运行机制

将联合党委建在"链"上。 近年来,株洲市高位推行"链长制",重点打造先进轨道交通装备、中小航空发动机与通用航空等13条产业链,均由市委常委会成员担任链长,并同步在各产业链组建企业联合党委,分别召开产业链推进会暨企业联合党委成立大会。根据产业链分布情况和发展趋势,产业相对集聚的县(市、区)委拟订成立联合党委的初步方案,报链长办公室、县(市、区)委、园区和龙头骨干企业会商,报链长审定后由市委两新工委批复成立。

因链施策分类组建。 联合党委班子配备不拘一格,因链制宜。经深入调研后,链办、相关县(市、区)委、市直部门党组(党委)会商推荐联合党委书记和党委组成人员名单。各联合党委设置办公室与链办和协会合署办公。同时,为便于联合党委对链上跨县(市、区)的企业指导协调,在产业链布局的县(市、区)组建党群联组。每个联组负责服务、指导、联络协调本区域内的产业链企业党组织。联组组长由联合党委委员、园区负责人链上企业党组织书记等担任。

完善机制赋权定责。 聚焦政治功能和服务功能,株洲市委先后出台《关于充分发挥产业链联合党委作用的通知》《株洲市产业链企业联合党委工作规则(试行)》《株洲市产业链企业联合党委工作考评细则》,对联合党委工作开展进行规范,明确了联合党委加强对产业链企业党组织工作指导、组织学习培训、指导提升"两个覆盖"工作质量、开展结对共建等主要职责。

2. 产业链企业联合党委推动集群发展的做法与成效

一是以企业联合党委为主体,推动企业联合党委、链办、协会"三方发力、同频共振"。 以轨道交通装备产业链企业联合党委为主体,与链办、协会建立三方联席会议制度,沟通交流产业链发展现状,共同谋划推动产业链发展思路和工作举措；联合举办产业链政策发布会、工作推进会和产业链各类重大活动；围绕轨道交通装备产业链补链、强链、延链，在链长的统一指挥下，找准产业链工作结合点；联合党委、链办、协会形成问题清单，定期会商，分类分级进行交办、调度，及时解决轨道交通装备产业链的具体问题。

二是以"四个结对"为主线，推动产业链上下游国企带民企、主机带配套、龙头带中小。 轨道交通装备产业链企业联合党委坚持"产业相关联、发展相匹配、共建有意愿"的原则，以企业结对、党支部结对、研发人员结对、购销人员结对"四个结对"为主线，支持中车三大主机公司与上下游 14 家企业结成对子，帮助博雅实业、兴华轨道、九方装备等民营企业创建标杆性党组织，使得链上企业由以前单纯的经济合同关系变成了现在的组织关系、同志关系，引导企业开展技术联合攻关、加强供给与需求对接等，实现了国企带民企、主机带配套、龙头带中小的目标。

三是联合开展党建活动，依托沟通交流平台增强企业凝聚力。 联合党委以"党建论坛""看学议""集中培训"活动为载体，与中车株洲电力机车有限公司联合举办党课大讲堂比赛，为链上企业和党组织搭建沟通交流的平台，引导链上企业学习优秀企业党组织的先进理念、特色做法，提升管理效能、激发创新灵感、加快发展步伐。

四是将人才聚在链上，带动企业职工素质整体提升。 把联合党委建在链上、人才聚在链上、示范岗设在链上，发挥好党建引领和凝心聚力作用，在全市率先举办轨道交通产业链党建工作培训暨"看学议"活动，链上 70 余家党组织负责人参加，通过"学业务、看成效、思发展、谈思路"的形式，将链上企业党组织更好地凝聚在一起。

（三）思考与启示

产业链企业联合党委的创新实践证明，坚持党的领导是推进产业链高质量发展的根本保证。以企业联合党委为桥梁纽带组建党群联组，推动企业联合党委、链办、协会协同发力，能够确保党的路线、方针、政策在企业贯彻落实，能够有效帮助企业在复杂多变的市场环境当中坚定信心、找准发展方向。反过来，充分发挥链上各企业的优势又能够催生党建、产业和人才的聚变效应，使链上各企业党建水平得到稳步提升，为以党建引领推动科技创新、将党组织的政治优势转化为产业发展的制度优势提供了生动实践。

这启示我们，在产业链现代化建设和先进制造业集群发展工作中，要将党建与工作深度结合，以党建串起产业链，实现资源的更高效配置；党组织与产业链同步延伸，构建多方共建、互利共赢的格局。

一方面，在产业链现代化建设中，要保持"链长"和"链主"企业的密切互动，可以依托"链长制"推广产业链企业联合党委模式，打破企业间的壁垒，为开展合作交流提供平台支撑，为关键技术攻关提供智力支持。

另一方面，在先进制造业集群培育发展中，引导集群发展促进组织牵头在集群内建立企业联合党委，并将联合党委覆盖面由产业链上下游企业扩展到集群"政产学研金介用"单位，打造政策理论共学、大事要事共商、党建活动共办、资源信息共享和集群发展共赢的格局，形成链长制、行业协会、企业联合党委、集群发展促进组织"四方发力、同频共振"的集群治现代化新局面。

二、产业链上下游企业共同体模式

（一）产业链上下游企业共同体的内涵与定位

为充分发挥龙头企业强链、护链的作用，浙江省于2020年部署开展产业链上下游企业共同体创建工作，先后制定了《浙江省产业链上下游企业共同体护链实施办法（试行）》，组织开展三批次产业链上下游企业共同体申报和创建工作，取得了明显成效。研究认为，产业链上下游企业共同体是推动企业培育、发展、强化产业治理的一项创新政策，对深化先进制造业集群组织变革具有重要的借鉴意义。

从浙江省的实践看，产业链上下游企业共同体是由产业链龙头企业或关键环节主导企业牵头，联合产业链上下游、横向同类企业、科研院所、高校，以优化产业链企业分工与协作，提高产业创新能力、产业链主导能力、供应链畅通能力、市场拓展能力为共同愿景，通过协议或契约方式组建的新的产业组织形态。

按照浙江省《关于开展浙江省产业链上下游企业共同体申报工作的通知》等相关政策文件要求，企业共同体牵头企业必须是在浙江省内注册登记的行业龙头企业或产业链主导企业，具有行业领先的技术创新能力和水平，有较强的资源整合、协同能力。原则上，牵头企业近三年平均销售收入不低于 10 亿元，一般应建有省级以上企业技术中心等创新载体；主要成员单位不少于 5 家，组建后应吸引更多企业加入共同体。组成的产业链上下游企业共同体需具备较高的产业集聚度，形成完整的产业链，总体总规模不少于 100 亿元。同时，产业链上下游企业共同体主要成员单位（含牵头单位和依托单位）需要以产业创新发展的内在要求和合作各方的共同利益为基础，制定企业共同体建设方案并签署协议书，明确共同体协作内容及目标、组织机构及运行机制、共同体成员任务分工等。

为支持产业链上下游企业共同体建设，浙江省每年优选一批企业共同体技术攻关或产业化合作项目，优先列入全省产业链协同创新项目计划等专项予以支持，具体按产业链协同创新项目等有关要求组织实施。

由此可以看出，产业链上下游企业共同体更像是一个松散型的组织，如产业联盟、技术联盟等，通过协议或契约将上下游企业和科研机构组织起来，通过项目化形式将各自资源组织协调起来，围绕共同目标，开展产业链合作创新、产业化合作、核心技术产品推广应用等。这更像是一个龙头企业联合上下游企业，推动"丛林法则式"产业竞争转向竞争合作，进而优化集群企业层级治理的探索实践。

（二）产业链上下游企业共同体典型示例

据浙江省人民政府公告，截至 2022 年年底，浙江省共组织三批次产业链上下游企业共同体创建工作，通过实施"链长+链主"的协同机制，有效提升了产业链、供应链竞争力。

示例一：玻璃纤维产业链上下游企业共同体由 6 家单位组成，其中巨石、华美、恒石为副理事长单位，磊石、华锐、华智研究院为成员单位。该企业共同体以玻璃纤维产业为核心，向上游打通矿物原料、贵金属拉丝漏板、玻璃纤维用浸润化工原料、高分子聚合物原料等产业通道，并向下游玻璃纤维缝编织物、高性能复合材料等产业延伸，逐步构建完善的产业链体系。

示例二：高效电机产业链上下游企业共同体由 7 家单位组成。共同体以无刷直流电机为核心，从电机的原辅料零部件 BMC 材料到特种超高效电机，再到整机工厂，稳定上下游产业链的高质供给保障，实现电机产业链关键环节的高效化、绿色化、小型化和智能化。

示例三：AR/VR 新型显示相关核心光学元器件、部件、模组、系统研发及制造产业链上下游共同体，由浙江水晶光电科技股份有限公司牵头，联合国内外在该产业链上实力较强的上下游 6 家高校及企业成立。该企业联合体依托浙江大学、中国计量大学等团队全方位拓展光学工程专业内涵，构建涵盖光学工程基础理论与实践教学的多元化、层次化知识结构体系。

示例四：面向汽车及空天装备关键零部件的智能柔性制造产业化企业共同体由宁波中科祥龙轻量化科技有限公司牵头，联合新区新材料研究院、众远新材料、中航精密机械、易加三维等汽车及空天装备关键零部件企事业单位申报。该企业联合体结合汽车、3D 打印等上下游产业链，汇聚粉末制造商、打印设备制造商、打印服务商、后处理供应商和科研院所，形成产品生产、制造、机械加工、检验等全流程闭环。

第三节　本章小结

先进制造业集群发展促进组织的组建运营与功能发挥，是我国先进制造业集群发展的一项重要创新实践，对进一步丰富完善经典产业集群发展理论具有重要的积极意义。具体实践中，集群发展促进组织相关承担单位积极践行"对内协调、对外组织"这一"黏合剂"定位，充分发挥促进集群沟通交流、政府市场对接、集群合作创新、集群开放发展和行业自律规范五大核心功能，有效促进集群发展。

不同法人类型的集群发展促进组织"五大功能"完备性不同，存在法人治理结构"不健全"、功能定位转型"不充分"、创新发展机制"不顺畅"等问题。需要拓展集群发展促进组织的组建类型，在现有社会团体、事业单位、社会服务机构等非营利组织担当集群发展促进组织的政策实践基础上，进一步将集群发展促进组织的组建类型拓展到系统解决方案服务商、技术研发与孵化中心等市场化运作的第三方服务机构。要不断完善集群发展促进组织的科学运营机制，以创新、转型实现"自我造血"，并将收益持续用于提升自身专业化服务能力。

产业链企业联合党委作为党组织的一种，在先进制造业集群发展中，能够推动同类及上下游企业党建工作由"单个组建"转变为"产业联建"、由"自主活动"转变为"行业互动"、由"个体提升"转变为"整体跨越"。在产业链现代化建设和先进制造业集群发展工作中，要将党建与工作深度结合，以党建串起产业链，实现资源的更高效配置；党组织与产业链要同步延伸，构建多方共建、互利共赢的格局。

产业链上下游企业共同体是由产业链龙头企业或关键环节主导企业牵头，联合产业链上下游、横向同类企业、科研院所、高校，以优化产业链企业分工与协作，提高产业创新能力、产业链主导能力、供应链畅通能力、市场拓展能力为共同愿景，通过协议或契约方式组建的新的产业组织形态。企业共同体作为浙江省推动企业培育、发展、强化产业治理的一项创新政策，对深化先进制造业集群组织变革、创新集群治理机制、推动企业层级治理具有重要借鉴意义。下一步，我们需要从实证角度，运用实证模型去探寻这种模式的运行效率。

第五章　先进制造业集群合作创新实践

深化集群合作创新,可以优化集群组织结构,提升组织密度和韧性,助力集群组织变革。基于第三章的论述分析,结合合作创新网络促进先进制造业集群创新的四种驱动类型(科技创新项目驱动型、龙头企业驱动型、契约合作驱动型、科技孵化驱动型),本章重点论述龙头企业引领型、新型研发机构赋能型、多边平台协作型的集群合作创新实践。

第一节　龙头企业引领型的集群合作创新

在产业集群理论研究中，企业作用及功能上无差异且相互作用呈均等态势是一个重要的研究假设。但现实表明，不同企业在集群形成与发展中的角色和功能是不同的，有些企业在集群形成与发展中显得比较平庸，而大企业或龙头企业则在集群技术创新、知识创造和技术扩散中扮演着十分重要的角色。在集群合作创新网络中，龙头企业是一个核心节点，它能够凭借较强的知识创造和溢出能力，成为整个集群创新的发动机，甚至带动集群所在区域创新能力的提升。龙头企业引领型的集群合作创新是研究先进制造业集群合作创新的重要内容。

一、龙头企业的集群合作创新网络作用机理

（一）龙头企业在集群合作创新网络中的地位

龙头企业是指在集群中具有一定生产规模和市场地位，拥有较强技术创新能力，并对集群中其他企业及整个集群的发展具有重要影响的企业。在具体实践中，龙头企业具备如下特征：一是龙头企业往往处于产业链的核心环节，凭借技术领先或附加值高等优势，具备一定的技术创新能力、行业话语权、生态控制力，进而对其他企业产生重要影响，引起其他企业的争相模仿或学习；二是龙头企业往往具有较大的市场规模、较强的市场地位，具备较强的竞争优势、先进的管理经验和良好的企业形象，使得企业的发展与行业的发展、集群的发展休戚与共；三是龙头企业具有一定的网络根植性，能够身处集群网络的中心，与其他企业通过产业链垂直整合、"产学研用"横向联合，形成广泛和密切的交流联系。

正是凭借龙头企业的上述三个特征，集群大企业在产业集群中的角色和任务是异质的和不可互换的，是推动集群创新的发动机。龙头企业与集群其他企业因地理和组织邻近极易发生知识溢出，从而不断推动新产品的开发与形成，

加速知识总量的螺旋上升和技术的跨越式进步,促进集群合作创新网络的形成、优化和完善。总体而言,龙头企业在集群合作创新网络中的地位可以简要归纳为两点。

龙头企业是创新的主体。熊彼特认为,所谓创新就是要"建立一种新的生产函数",即把一种从来没有的生产要素和生产条件"新组合"引入生产体系。新技术、新产品开发等在本质上是一种投资行为,研究、开发强度与企业自身实力有着密切的联系。熊彼特在《资本主义、社会主义与民主》中指出,规模较大的企业在创新中作用突出,因为只有较大的企业才负担得起研究与开发。龙头企业相较于中小企业在重大创新、渐进创新方面都有明显的优势,为保持其自身市场规模、市场地位,往往有动力运用新技术、开发新产品,并能够承担和控制创新的风险。同时,不同的龙头企业由于生产类似产品或替代品,往往具有既竞争又合作的关系。正如波特所指出的,发生在集群内部的绝对性压力,包括竞争性压力、同等条件下的压力及持续比较的压力,激励着集群内企业进行技术创新以突出自己。龙头企业作为行业引领带动者,如果不能创新就意味着落后,很容易失去市场控制力和行业话语权,也会给整个集群发展带来严重的负面影响。

龙头企业是带动集群合作创新的主要力量。正如前文所探讨的,合作创新网络是一项复杂、网络化的创新组织方式。它是指以核心企业、高校、研究机构、中介机构、金融机构、供应商、客户等为主体,以创新主体间正式和非正式的协同创新关系为网络联结,基于长期稳定的交互和协同关系而形成的具有集聚优势、知识溢出优势和技术转移优势的开放式创新生态(方炜等,2018年)。处于产业链核心环节的集群龙头企业,能够与供应商、合作者形成一个紧密的合作网络,通过影响和约束其供应商、合作者的创新行为,加速显性和隐性的知识扩散。龙头企业会为供应商提供适当的技术指导和研发合作,带动供应商协同研发、协同设计,也可以敏锐识别新兴市场和新兴技术,并通过合作网络向相关企业提供知识和资源。在具有多个龙头企业的集群中,众多分属于不同龙头企业合作网络的中小企业则通过模仿创新、跟随式创新等来实现创新。同时,多个龙头企业也在既竞争又合作的关系中,为了共同的利益,对共性技术攻关等采取合作的方式推动。

(二) 龙头企业对集群创新绩效的影响机制

龙头企业与知识创造。研究认为，龙头企业是重要的知识源，能够通过不断捕捉外部经营环境信息和新的技术知识，进行消化吸收和应用，从而进行知识生产和创造。当然，这种创新更多地集中在应用创新领域，重点围绕开发应用新技术、新工艺、新产品、新模式展开，以提高企业产品的技术附加值和市场竞争力。

龙头企业与知识外溢。龙头企业往往也是外向中心性较高的企业，能够创造新的、复杂的知识并通过有意识或无意识的过程，把经过重新描述的知识和创造的知识传播给集群里面的上下游供应商及竞争者。集群内其他企业因地理位置邻近、互补或共性关系获得溢出效应，并在此基础上继续创新，创造的新知识又溢出到集群中，形成累进的相互溢出，知识总量螺旋上升（师博，2020年）。因此，有些学者将龙头企业定位为创新网络的知识交换机，其对知识的内外联系起到一个桥梁作用。

龙头企业与网络治理。正如前文所提到的，集群合作创新的过程就是集群网络内企业不断地与外部进行知识吸收与溢出的过程，这个过程需要集群网络内各节点间的高效互通，集群成员及其关系构成了集群合作创新网络的基本结构。其中，龙头企业能够凭借自身资源调动能力，增强其在集群合作创新网络中的权威性，占据核心层，成为集群中组织信息和知识流动的枢纽。这个网络的理想状态就在于，龙头企业由于知识外溢得到合理补偿获得更大创新动力，同时通过契约治理和关系治理增加集群内企业交流合作、促进知识溢出（叶海景，2021年）。但在现实中，龙头企业提供的公共知识往往被别的企业"搭便车"，外溢的科技成果并没有得到相应补偿，反而可能被模仿所带来的同质化竞争损害了自身利益，从而使得龙头企业减少知识外溢、降低创新动力，最终导致公共知识供给困境和创新源头逐渐衰竭（张聪群，2005年）。正如有些学者指出的，知识的共享和独占两种权力的对立是集群合作创新网络的常态：站在网络整体角度，网络会要求加大企业间、机构间的知识交流共享；站在企业角度，企业会极力做好知识产权保护，保持自身竞争优势。因此，龙头企业必须在知识创造、知识外溢中寻求一种平衡，建立以信任为核心的创新交流与共享机制，形成正式与非正式的规范与准则。

集群合作创新网络中基于龙头企业的知识吸收与溢出见图 5-1。

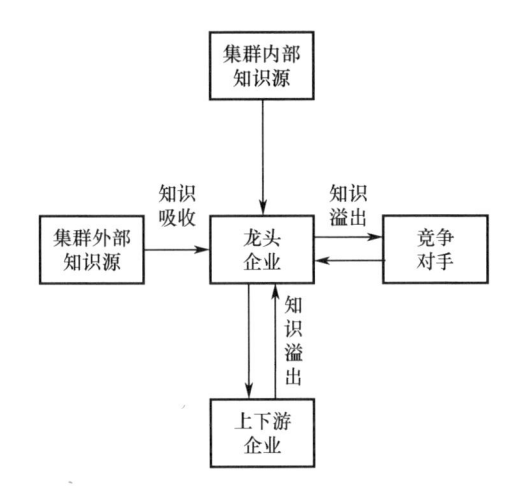

图 5-1　集群合作创新网络中基于龙头企业的知识吸收与溢出

二、龙头企业创新生态系统——集群合作创新网络新形式

（一）企业创新生态系统的内涵

面对日益复杂的技术创新需求和日益激烈的高科技产业竞赛，竞争正在由单体和线性竞争转变为创新生态和网络竞争。不同创新主体在相互合作、相互依赖的关系演变过程中，形成了一种类似于大自然中不同物种、不同群落之间相互作用、共存共亡的创新生态系统（蒋石梅等，2015 年）。

20 世纪 90 年代，摩尔（Moore，1996 年）将生态系统概念引入产业研究，系统化地探究企业创新生态系统。摩尔认为，创新生态系统是一种以组织交互为基础的复合经济体，是一个由生产者、供应商、客户、投资商、公共服务机构、工会组织、商业伙伴、政府、规范制定者、其他利益攸关方及存在利益联系的团体或组织组成的动态结构系统。此后，扬西蒂和莱文指出，创新生态系统由位于不同生态位，但又彼此关联、互相影响的企业构成。安德等学者聚焦企业生态系统，从企业角度研究创新生态系统的构建，并将其认定为一种把不同企业链接起来，开展知识创造、推动知识扩散、加速价值输出的组织结构。我国相关学者借鉴国外研究成果，将生态学的观点引入技术创新，并提出技术创新生态系统的概念，即依据生态学的理论与方法界定区域技术创新生态系统。研究认为，区域技术创新生态系统是指在一定的空间范围内，技术创新复合组织与技术创新复合环境通过创新物质、能量和信息流动相互作用、互相依存形成的系统（黄鲁成，2003 年）。而后相关学者分别从新制度经济学、战略管理、创新管理等角度聚焦企业创新，考量企业创新生态系统的构建方式、组织机构、治理机制等。

随着企业对平台化改革和开放性创新范式的广泛采纳，组织构建创新生态系统来吸引多方参与者已经成为获取外部互补资源的重要途径，建设健康的企业创新生态系统日益成为企业间竞争乃至生态系统间竞争的重要基础。正如格兰斯特兰德和霍尔格松（Granstrand 和 Holgersson，2020 年）所认为的，企业出于对协同和合作创新价值的追求，构建并持续优化创新生态系统。企业创新生态系统作为一种新兴的组织形态应运而生，并持续引领企业、高校等创新主体开展实践探索。苹果、微软、华为、海尔等企业都构建了以自身为核心的企业创新生态系统，并以此为依托吸引多个创新主体参与进来。各个主体基于共同愿景，合作互动来助力价值创造和创新，推动知识共享，在实现自身独立发展的同时促进整个创新生态系统健康发展。

具体到企业创新生态系统的内涵，相关学者分别从网络视角、技术协同、共生战略、创新平台等角度进行了定义。本书借鉴魏江等学者的研究，将企业创新生态系统定义为，企业为满足多元化、个性化市场需求，弥补自身资源不足，在技术、产品和服务创新过程中通过正式或非正式机制，将多个企业、科研机构、中介组织等利益相关的主体创新资源整合到一起，形成协同演化、相互依赖、共存共亡、开放包容的网络系统。这是一种基于市场和科层行政一体的半紧密、准市场生态系统，是基于同一法人、以平台企业为核心统领的内外嵌套组织结构，兼具外部生态协作和内部科层治理的特质（孙聪和魏江，2019 年）。

（二）龙头企业创新生态系统的运行机制

正如前文所分析的，龙头企业是重要的知识源，是合作创新网络的知识交换机，理应作为核心节点，发起正式或非正式合作行动，选择、吸纳及引领其他主体进入龙头企业创新生态系统。龙头企业应为生态系统内不同创新主体提供创新机会,也应保证整个创新生态系统的健康运转。有的学者认为,企业创新生态系统中的龙头企业既可以是一个又可以是多个,但在实践中,更多的是一个龙头企业主导形成一个以自身为核心枢纽的企业创新生态系统。

具体到如何界定企业创新生态系统中的龙头企业,并没有统一的标准。因此,龙头企业一般被视为核心企业、中心企业、平台企业、大企业等。龙头企业(核心企业)位于系统的中心位置,有能力构建和维持以自身为核心的创新网络,共享并整合系统内部的创新知识等资源,选择和决定其他企业的去留,拥有关键而独特的技术或资源,能够激发系统的创造性并获取外部市场(孙冰、周大铭,2011年)。龙头企业与其他关联企业一起,围绕技术、产品和服务创新,聚焦各类创新平台,构成了企业创新生态系统的组成部分。

相关学者研究发现,龙头企业在构建企业创新生态系统时,除了其内部的创新研发部门和小微主体作为内部参与者,还会吸引各类外部参与者的加入。杨升曦和魏江(2021年)在研究海尔集团企业创新生态系统时,将系统内拥有不同资源禀赋的内外部参与者的角色分别定位成排头兵、智囊团、游击队和雇佣兵,角色构成及作用见表5-1。

表5-1 龙头企业创新生态系统角色构成及作用

角色	主体	简介	资源禀赋	组织边界
排头兵	龙头企业	位于龙头企业内部,是资源禀赋程度高的一类参与者,具有战略指向性、主导性等特征	高	内部
智囊团	科研院所合作企业	位于龙头企业外部,是资源禀赋程度较高的一类参与者,具有松散耦合、专业化程度高等特征	较高	外部
游击队	小微创客	位于龙头企业内部,是资源禀赋程度低的一类参与者,具有积极活跃、反应迅速等特征	低	内部
雇佣兵	消费客户	位于龙头企业外部,是资源禀赋程度较低的一类参与者,具有敏锐感知、高执行力等特征	较低	外部

注:参考杨升曦、魏江的《企业创新生态系统参与者创新研究》。

相关研究和实践也表明,龙头企业创新生态系统内成员如果长期固化,将会导致系统内部产生锁定效应,致使整个系统内部资源流通堵塞,严重时,将面临资源耗竭之境,难以提供新颖、丰富的创新资源,龙头企业也将逐步失去创新竞争优势（Cenamor 和 Frishammar，2021 年）。为此，在集群合作创新网络中，龙头企业必须完善创新生态系统运行机制，不断吸引新的创新型企业、创新团队和创新人才加入该系统，通过获取新的创新资源带动整个生态系统更新与进化。因此，如何让龙头企业发挥生态位优势吸引更多系统外创意主体加入现有创新系统中就显得十分关键。如果龙头企业没有很好地做到这一步，那么其所主导的系统将很容易走向凋零或崩塌。例如，曾经的手机"巨人"诺基亚、百年老店柯达等。

这一问题的解决，需要利用集群跨行业、跨领域的交叉整合优势，积极拥抱跨行业、跨领域融合创新，让龙头企业保持其所主导的创新生态系统持续更新、维护旺盛生命力的源泉。但是，随着产品复杂程度的日益提高，跨行业、跨领域交叉融合日趋多样化，龙头企业如何持续吸引异质性资源进入系统需要创新思维。尤其是在创新生态系统的独特组织结构中，龙头企业及生态成员间必然存在与传统"点对点"平面化网络所不同的社会网络，并且这种网络形态对企业跨界资源整合的作用效果是动态演化的。龙头企业不仅要关注集群内产业链上下游的合作伙伴，还要注重与能够提供互补性支撑资源的界外主体形成良好的合作关系，沿着技术可行-市场扩张-技术与市场价值共创的路径，通过认知和关系嵌入促进彼此达成价值主张共识，跨界整合更多优质创新资源，形成丰富且持续更新的创新资源池，帮助创新生态系统保持高效运转（赵艺璇和成琼文，2022 年）。

三、龙头企业引领型的集群合作创新典型案例

（一）徐工集团引领徐州市工程机械集群创新发展

徐州市是全国最具影响力的工程机械集聚地，2010 年被中国机械工业联合会评为全国唯一的"中国工程机械之都"，2018 年再次被命名确认。近年来，以工程机械为主营业务，门类较为齐全、产业基础扎实、特色优势明显、集聚程度较高、具有较强竞争优势的徐州市工程机械集群加速崛起，已经成为江苏省重点打造的 4 个世界一流先进制造业集群之一，并在 2022 年入围国家先进制

第五章 先进制造业集群合作创新实践

造业集群名单。

2021年，徐州市工程机械集群规模以上工业总产值达1600多亿元，集聚了千亿元企业1家、百亿元企业1家、亿元以上企业30余家、规模上企业280余家，形成了以徐工集团（以下简称徐工）、卡特彼勒等龙头企业为引领，以赛摩电气、五洋科技等高新技术企业为骨干，与海伦哲、世通重工等创新型中小企业协同的优质企业梯队。

集群围绕原材料、关键零部件、系统集成、整机、核心生产设备进行生产，产品全面覆盖工程机械20个产业门类，包括200余个小类、600多个型号，占全国工程机械品种的85%，形成了完备的"零部件-主机-后市场"产业链协作关系。集群集聚从业人数超过16万，约占该产业全国从业人员的1/3。徐州市本科院校和专科院校每年输出工程机械类毕业生约3万人，为集群发展提供了坚实的人才支撑。

聚焦产学研合作创新，集群相继创建国家级企业技术中心、国家级工业设计中心、高端工程机械智能制造国家重点实验室等国家级技术创新载体20余个，并依托徐工、蒂森克虏伯、利勃海尔、云意电气等龙头企业及170余家高新技术企业，构建了政府引导、企业主体、院校参与、市场导向的"产学研用"紧密结合的集群合作创新网络。

徐工是集群领军型龙头企业，连续30多年保持中国工程机械行业第1位，连续两年位居全球行业前3位，荣获"中国驰名商标""世界品牌500强"，打造形成了齐全完备的工程机械综合产业链。目前，徐工业务覆盖全球180多个国家和地区，在全球设立了4大海外研发中心、15大海外制造基地、120个备件网点、400多个服务网点。同时，徐工又是徐州市工程机械集群合作创新网络的中心节点。凭借强大的学习创新主导性和影响力，通过推进核心技术自主创新、深化产学研合作、以大带小合作创新等，徐工引领整个集群合作创新网络的运转。

首先，徐工通过技术自主创新提升企业核心竞争力。徐工一直秉持"引领行业技术进步"的宗旨，持续进行技术突破与产品创新，不断实现引领全球关键核心技术的突破。但从总体看，徐工经历了技术引进期、技术改进期、自主创新期、国际领先期 4 个阶段。20 世纪八九十年代，徐工产品技术主要靠引进消化吸收，如与日本川崎、美国盖尔公司合作，引进生产设备与技术。伴随着集团的成立，徐工将江苏徐州工程研究所纳入并将其作为内部研发机构，对引进的技术进行消化吸收、改进升级。

进入 21 世纪以来，徐工大力实施高端、高附加值、高可靠、大吨位的"三高一大"产品战略，紧紧围绕"技术领先、用不毁"的技术标准，聚焦产品智能、绿色设计、可靠设计、工业设计等创新重点，每年安排销售收入的 5%支持技术研发，走向了自主创新阶段。近年来，徐工不断创造出数百项国际领先技术，推出一大批国产首台（套）重大技术装备，拥有一大批自主知识产权，正引领带动全球工程机械技术创新和产业发展。

其次，徐工通过深化产学研合作加速共性技术攻关。产学研合作模式的演进与徐工自主创新协同，为技术突破的实现提供了有效支撑。近年来，徐工与吉林大学共建工程技术研究中心，与清华大学机械工程系、装备再制造技术国防科技重点实验室等进行战略合作。

此外，徐工还通过积极构建以企业为主体的产学研联盟组合，联合同济大学、吉林大学等 12 家单位承接国家重大课题，实现装备制造业领军人才与技术人才的培养、多元化产品的创新和关键核心技术的集中突破，带动了整个集群的转型升级。

最后，徐工通过搭建共享平台以大带小促进合作创新。2008 年，徐工设立徐工研究院，并将其定位为关键共性技术研发中心，因为共性技术的加持，更多高端核心技术和产品在徐工不断涌现。同时，徐工又牵头组建了江苏省高端工程机械及核心零部件创新中心，成为国内首家工程机械省级创新中心。江苏省高端工程机械及核心零部件创新中心以"公司+联盟"的模式运营，集聚了行业骨干主机企业、零部件企业、高校和科研院所共 60 余家单位，有效整合了各类创新资源，推动了工程机械行业高端零部件的协同创新和产业化、商业化。

聚焦数字化转型升级，徐工搭建了徐工汉云工业互联网平台。据徐工汉云官网介绍，徐工汉云基于徐工多年的工业知识沉淀和数字化经验优势，秉持"为工业赋能，与伙伴共生"的理念，持续为制造业提供工业互联网、智能制造整体解决方案相关的咨询、设计、开发、生产、实施、运维等专业性产品及服务，推动制造业优化升级。目前，徐工汉云进入国家级跨行业、跨领域工业互联网平台前 3 位，连接的设备超过 130 万台。基于工业互联网平台，徐工也打破了物流空间的限制，面向平台用户企业提供技术赋能服务，通过专业技术培训和指导帮助合作伙伴提升技术开发、产品创新能力，加速集群的合作创新。

（二）海尔集团引领青岛市智能家电集群创新发展

青岛市是我国重要的家电产品研发和制造基地，是全国首批国家新型工业化产业示范基地（家电及电子信息），逐步形成了研发实力强、品牌影响力广的智能家电领域的先进制造业集群。总体看，青岛市智能家电集群经历了技术引进、自主创新、全球化品牌布局、单品智能、成套智能、智慧家庭引领的发展历程。在智慧家庭引领阶段，青岛市智能家电集群以"高端制造业+人工智能"为驱动，促进人工智能、物联网、大数据、云计算等新一代信息技术与家电制造深度融合，加速传统家电产业的转型和升级，形成了以高清数字终端及数字内容为驱动的新型显示产业和以智慧生活终端及智能服务为驱动的产业体系，成为全球智能家电的创新引领者，并在 2022 年入围国家先进制造业集群名单。

2021 年，青岛市智能家电集群主导产业工业总产值为 2620 亿元，集聚海尔、海信、澳柯玛 3 家龙头企业，以及 20 余家产业链核心企业、600 余家规模上企业，带动 2000 余家上下游配套企业发展。集群主导产品市场竞争力突出，冰箱、洗衣机、酒柜、冷柜市场占有率居全球第一，热水器、电视机市场占有率居国内第一。集群聚集了北京航空航天大学、哈尔滨工业大学、西安交通大学、中国电子科技集团等 60 多家全国知名高校和科研机构，在海尔、海信等龙头企业和一批创新型企业的引领下创建了 50 个左右国家级重点实验室、工程实验室、企业技术中心、工业设计中心等国家级技术创新载体，形成以大企业为主体、专家特新中小企业创新发展、"政产学研金服用"要素齐备的完善合作创新网络。集群企业平均研发投入强度超过 6%，处于全国前列。集群产业核心企业从业人员超过 30 万人，约占该产业全国从业人员人数的 1/4。集群数字化、网络化、智能化升级走在全国前列，网络化协同、个性化定制、在线增值服务、分享制造等"互联网+先进制造业"新模式在集群内得到广泛应用，智能家电单品加速向平台、生态模式跨越发展。

海尔集团（以下简称海尔）成立于1984年，是全球白色家电第一制造商，是青岛市智能家电集群的龙头企业。创新被喻为海尔的灵魂，是海尔成长壮大的源泉所在。2005年，海尔创始人、董事局名誉主席张瑞敏提出了"人单合一"的双赢模式，希望每个员工都能找到自己的"单"，从而实现价值增值。在实践中，这种模式有效促进了员工和企业的双赢，加速了海尔技术、产品和服务创新。根据许庆瑞院士及其团队对海尔发展的阶段定位，自2012年起，海尔基于"双创"理念实施网络化战略，立足用户需求与用户痛点，通过整合产业链、价值链、创新链上的各类资源，依托四大平台，致力于全要素、全时空、全员的全面创新，创建了家电行业多边供需匹配、价值共创、资源共享的平台生态系统（宁连举等，2022年）。其中，四大平台分别是2009年推出的海尔开放创新平台HOPE、2014年上线的创新创业平台海创汇、2015年上线的U+平台（2019年升级为海尔智家）、2016年上线的智能制造平台COSMOPlat。

海尔开放创新平台HOPE是龙头企业创新生态系统的典型。海尔官网显示，HOPE不仅是海尔旗下的独立平台，还是创新者聚集的生态社区和庞大的线上/线下协同创新资源网络。HOPE把海尔原先的外部技术合作方、制造商、技术研究机构和高校、创客和用户、企业内部产业研究部门、集团技术中心、全球研发中心和小微组织等多方创新参与者集结在一起，通过交互的场景和工具，跟踪、分析和研究市场前沿技术和创新需求，通过供需对接、资源共享、创新赋能的一站式服务，打通企业内外研发创新壁垒，促成创新技术和产品的诞生，最终推进创新技术和产品的产业化、商业化。海尔集团平台生态系统构成见图5-2。

目前，HOPE平台上已经聚集了高校、科研机构、大公司、创业公司等群体，覆盖了100多个核心技术领域，集聚社群专家12万名，全球可触达资源100万个。一方面，HOPE作为海尔研发连接用户和资源的入口，每年发布技术需求上千个，解决产业线技术难题近百个，为众多中小企业找到了应用场景，促成创新产品与场景的诞生与迭代，反哺海尔创新。另一方面，HOPE作为技术、创意、产品和解决方案落地的"加速器"，把海尔更多的技术、专家、项目开放给生态伙伴，助力中小企业成长。对于有潜力的科技型中小企业，HOPE联合海尔海创汇等创业孵化机构，对其进行订单赋能、供应链赋能、科技赋能、资金赋能，助力其成长壮大。

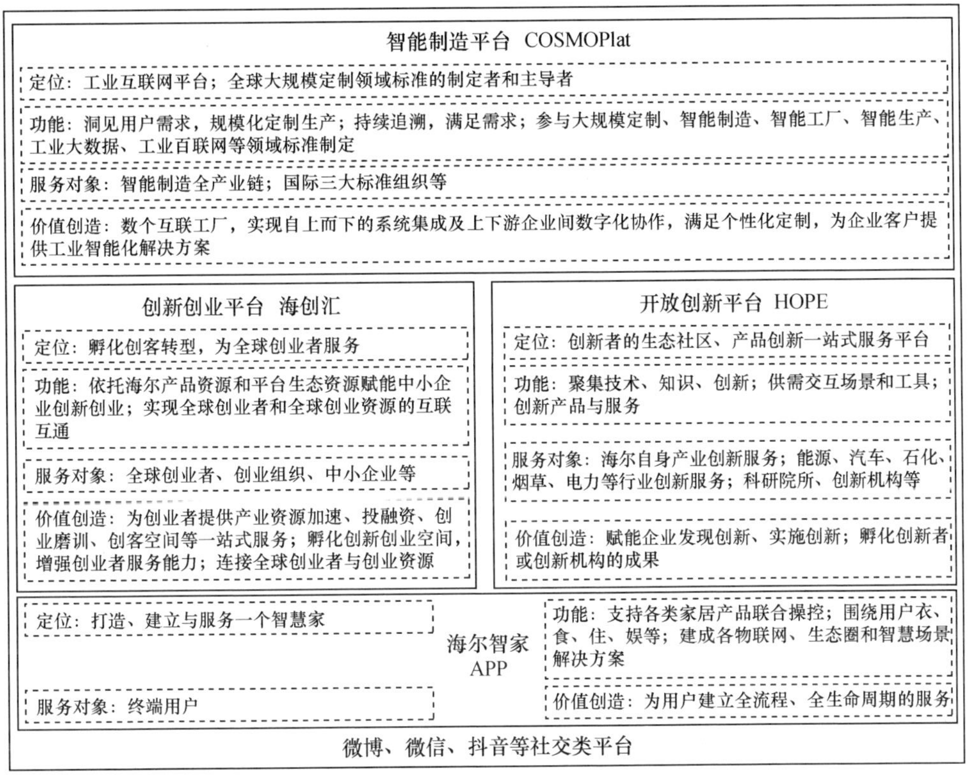

第五章 先进制造业集群合作创新实践

```
┌─────────────────────────────────────────────────────────────────────┐
│                     智能制造平台 COSMOPlat                            │
│  定位：工业互联网平台；全球大规模定制领域标准的制定者和主导者           │
│  功能：洞见用户需求，规模化定制生产；持续追溯，满足需求；参与大规模定制、│
│        智能制造、智能工厂、智能生产、工业大数据、工业百联网等领域标准制定│
│  服务对象：智能制造全产业链；国际三大标准组织等                         │
│  价值创造：数个互联工厂，实现自上而下的系统集成及上下游企业间数字化协作，│
│           满足个性化定制，为企业客户提供工业智能化解决方案             │
├──────────────────────────────────┬──────────────────────────────────┤
│      创新创业平台 海创汇           │      开放创新平台 HOPE            │
│  定位：孵化创客转型，为全球创业者服务│  定位：创新者的生态社区、产品创新一│
│                                  │        站式服务平台               │
│  功能：依托海尔产品资源和平台生态资 │  功能：聚集技术、知识、创新；供给交│
│        源赋能中小企业创新创业；实现 │        互场景和工具；创新产品与服务│
│        全球创业者和全球创业资源的互│                                  │
│        联互通                     │                                  │
│  服务对象：全球创业者、创业组织、中 │  服务对象：海尔自身产业创新服务；能│
│           小企业等                │           源、汽车、石化、烟草、电力│
│                                  │           等行业创新服务；科研院所、│
│                                  │           创新机构等              │
│  价值创造：为创业者提供产业资源加速、│  价值创造：赋能企业发现创新、实施创│
│           投融资、创业磨训、创客空间│           新；孵化创新者或创新机构│
│           等一站式服务；孵化创新创业│           的成果                 │
│           空间，增强创业者服务能力；│                                  │
│           连接全球创业者与创业资源 │                                  │
├──────────────────────────────────┼──────────────────────────────────┤
│  定位：打造、建立与服务一个智慧家   │  功能：支持各类家居产品联合操控；围│
│                                  │        绕用户衣、食、住、娱等；建成│
│                    海尔智家       │        各物联网、生态圈和智慧场景解│
│                     APP          │        决方案                     │
│  服务对象：终端用户                │  价值创造：为用户建立全流程、全生命│
│                                  │           周期的服务              │
├─────────────────────────────────────────────────────────────────────┤
│                  微博、微信、抖音等社交类平台                         │
└─────────────────────────────────────────────────────────────────────┘
```

图 5-2 海尔集团平台生态系统构成

注：参考《平台生态系统中价值网络与平台型企业创新能力演化逻辑——以海尔为例》，宁连举等。

HOPE 自成立以来，先后支持海尔多个产品研发团队和超前研发团队创造了诸如 MSA 控氧保鲜冰箱、防干烧燃气灶、水洗空调等受到消费者喜爱，在市场上畅销的明星产品。同时，通过跨界资源整合，HOPE 先后服务于家电、能源、健康、日化、汽车、烟草、材料、智慧家居、生活家电等 20 多个领域。

结合上文所分析的龙头企业创新生态系统角色构成及作用，我们对龙头企业创新生态系统——HOPE 平台的角色、构成及作用进行了分析，见图 5-3。

海尔内部创新平台是创新生态系统的引领带动者。海尔通过企业自建、收购等方式，建立了中央研究院、产业开发中心，以及全球十大研发中心。这些研究机构拥有丰富的技术资源和资本基础，是海尔推动关键核心技术攻关、布局前沿技术、开拓新产品和新模式的主力。其中，海尔中央研究院（海尔超前研发中心前身）是为实现海尔科技力量的整合和优势资源的优化而设立的，集科研、开发、中试于一体的综合性技术研发机构。

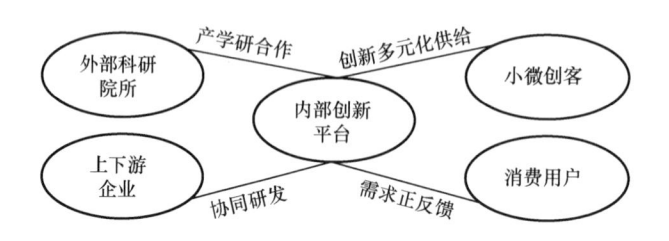

图 5-3　HOPE 平台的角色、构成及作用

海尔中央研究院成立于 1998 年，由海尔联合美国、日本、德国等多家具有一流技术水平的公司成立，旨在针对行业及相关领域的最新发展动态进行跟踪和预测，根据市场的最新发展及时调整海尔科技开发整体战略部署，确保海尔科技开发的超前性、国际性、整体性。海尔的产品开发中心归海尔各事业部、产品线所属，主要包括电冰箱研究所、空调器研究所、洗衣机研究所等，具体从事相应产品的应用技术研究和开发，为市场直接提供有竞争力的新产品。海尔在全球设立的十大研发中心，覆盖中国、美国、日本、意大利、韩国、印度、墨西哥、新西兰等国家，链接全球研究机构、大学、孵化器等 100 多万创新力量，组成科技创新的"最强大脑"。

外部科研院所、上下游企业是创新生态系统的重要参与者。 海尔相继走过了技术引进的自主创新、基于产学研合作的自主创新、原始自主创新阶段。海尔于 1984 年引进德国冰箱技术，对技术的引进与消化吸收后，积极与上下游企业开展技术合作，共同开展技术、产品和服务创新。同时，海尔注重与高校、科研机构合作，积极利用高校、科研机构的知识生产和创造能力，推动知识应用。海尔相继与中国科学院、清华大学、西安交通大学等研究机构和高校通过合作开发、联合攻关或委托等形式，共建联合实验室、创新平台等，开展产学研合作。

例如，海尔与西安交通大学签订战略合作协议，依托海尔西北（西安）研发中心，双方共建联合创新中心、科技成果加速平台、理论技术服务平台。其中，联合创新中心下设智慧家庭联合创新实验室、数据智能联合创新实验室、生物技术与转化医学研究院、绿色双碳研究院、强化换热联合创新实验室、制冷联合创新实验室6个联合创新实验室,聚焦专业领域进行科研攻关。

小微创客是创新生态系统的重要补充。 海尔2005年提出"人单合一"改革后,内部创业活动逐渐兴起,诞生了一大批内部员工创建的小微创客。这些小微创客基于海尔内部的供应链、物流等服务,以及自身特定的人脉、网络等资源,主动和高校、创客实验室等外部研发机构进行细致的沟通合作,积极与HOPE平台上的消费用户互动,通过改进已有技术、发展新的分销渠道、拓展相关业务领域等形式参与到创新生态系统的活动中来,在间隙市场或新兴领域深耕,最终给海尔带来全新的产业模块。海尔并不干涉小微创客的经营规范,更多的是发挥小微创客行动敏捷、反应迅速的优势,实现最大限度的产品多元化和市场辐射。

消费用户是为创新生态系统提供正反馈的重要主体。 HOPE平台上汇聚了大量消费者和金牌用户。平台后方的技术人员与消费用户进行频繁的线上互动与交流,广泛搜寻产品体验、消费痛点、即时需求,帮助企业确定技术和产品的改进方向。基于此,海尔转变先调研后开发的传统思路,通过平台与消费用户的即时连接,实现了一边开发一边交互的迭代式开发。总体看,消费用户行为比较分散,也很有自主性,主要涉及技术和产品的改进,较少涉及突破性技术,因此消费用户主要参与了海尔创新生态系统前期阶段的渐进式创新(杨升曦和魏江,2021年)。

第二节　新型研发机构赋能型的集群合作创新

一、新型研发机构的内涵与定位

新型研发机构是基于我国政策实践而诞生的一个新名词。2015年9月，中共中央办公厅、国务院办公厅印发了《深化科技体制改革实施方案》。方案中首次明确"推动新型研发机构发展，制定鼓励社会化新型研发机构发展的意见，探索非营利性运行模式，形成跨区域、跨行业的研发和服务网络"。这是新型研发机构首次列入国家创新驱动发展战略。2019年9月，科学技术部在印发的《关于促进新型研发机构发展的指导意见》中指出，"新型研发机构是聚焦科技创新需求，主要从事科学研究、技术创新和研发服务，投资主体多元化、管理制度现代化、运行机制市场化、用人机制灵活的独立法人机构，可依法注册为科技类民办非企业单位（社会服务机构）、事业单位和企业"。2021年3月，《中华人民共和国国民经济和社会发展第十四个五年规划和2035年远景目标纲要》提出，支持发展新型研究型大学、新型研发机构等新型创新主体，推动投入主体多元化、管理制度现代化、运行机制市场化、用人机制灵活化。

相关研究表明，伴随政策的推动和地方实践，更具抽象意义和解释灵活性的"新型研发机构"成为政府部门及学术界统一使用的肩负改革科技管理体制机制、促进技术创新发展使命的研发机构专有名词（李江华，2019年）。学术界重点从新型研发机构的理论基础、作用机理、运作模式等方面展开讨论，形成了一批研究成果。

第一，就诞生新型研发机构的背景和成因而言，新型研发机构重在解决传统研发机构面临的科技创新与经济发展"两张皮"这一难题。徐小俊等（2022年）相关研究学者将新型研发机构拆分开来，"新型"是指相对于传统研发机构所肩负的新使命；"研发"包括研究和开发，彰显出技术创新的本质特征；"机构"限定了独立法人的身份，需要聚焦市场需求，探索市场化发展机制。

在计划经济时期，高校研究单元、科研院所、企业研发部门等传统研发机构作为我国科研主体，为我国科技创新发展发挥了重大作用。随着时代的发展，市场经济发挥资源配置决定性作用的当下，传统研发机构的管理体制僵化、有效激励缺乏、创新能力不足等弊病逐步显现，以市场需求为导向的科技创新与经济发展逐渐形成了"两张皮"。从另外一个角度来看，传统研发机构主要采取中央顶层设计、布局和建设模式，这就导致我国科研布局不够合理和均衡。深圳、宁波、青岛等地由于历史原因，传统研发机构资源显得尤其匮乏。

随着改革开放红利的快速释放，以深圳为代表的地区积极开展科技体制机制改革，深圳清华大学研究院、中国科学院深圳先进技术研究院等新型研发机构的落户，实现了科教资源的汇聚和科技创新的弯道超车。这种新型研发机构相较于传统研发机构，管理体制更加灵活，投资主体既有政府，又吸引了很多社会资本参与进来（见表5-2）。同时，作为科研体制机制改革的产物，新型研发机构在人才流动、项目立项、成果转化、知识产权归属等方面更加市场化，对人才的激励性更强，与市场需求更加贴近。可以说，组建一批新型研发机构是解决一个地区科教资源匮乏、激发区域创新活力的重要手段之一，对构建先进制造业集群合作创新网络、提升集群创新能力也有着重要作用。

表5-2 传统研发机构与新型研发机构比较

功　能	传统研发机构	新型研发机构
管理体制	事业单位	体制外、混合编制
投资主体	政府	政府、企业、非营利组织
组织机制	人才流动僵化、受限	机制灵活，绩效评价多元化，培养复合型人才
经营机制	按任务分配，资金分配不灵活	按市场需求设人、设岗
社会功能	专注学术和理论研究	以科研为核心，向技术孵化、向产业投资延伸

第二，新型研发机构是贯通创新价值链、破解死亡峡谷的必然选择。创新价值链理论认为，创新价值链包括知识生产、知识应用、知识溢出这一从知识学习到技术研发再到产品生产和销售的全过程（王伟光等，2019年）。这一过程的核心，就在于知识与技术的流通和转化应用。但是，走完这一过程面临着"惊险一跃"，即要跳过从知识创新到技术成熟、再从技术成熟到产业化和商业化之间的"死亡峡谷"。基于创新价值链结构，知识生产环节主要由政府主导、

高校院所承载，而这往往不能很好地匹配市场需求。知识应用和知识溢出主要由企业主导，并且受利益驱动，往往会紧贴市场需求。尽管很多企业也会设立企业研发机构进行技术创新，但这种推动知识生产的动力不足，能力也比较薄弱。打通知识生产到知识应用的环节，畅通基础研究到应用研究再到产品研发和产业化的通道，需要既具备知识生产职能又能紧贴市场需求、承担知识应用风险的新型研发机构来承担。

尤其是在实践中，高校、地方政府和企业通过三方合作，采取高校、科研院所主导模式，组建了一批跨学科、跨领域的新型研发机构，积极参与基础研究、应用研究、产品研发，并且最终规模化生产并推向市场，这些机构切实体现了知识生产由"求真"向"应用"的转变（杨雅欣，2022年）。

知识视角下创新价值链结构见图5-4。

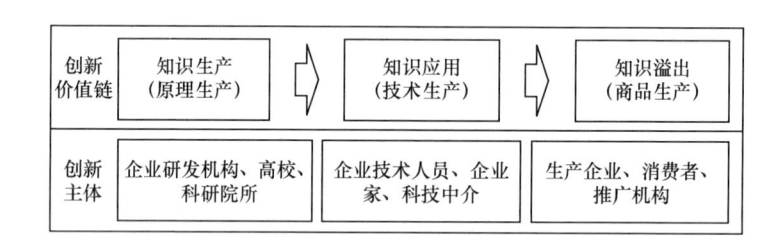

创新价值链	知识生产 （原理生产）	⇨	知识应用 （技术生产）	⇨	知识溢出 （商品生产）
创新主体	企业研发机构、高校、科研院所		企业技术人员、企业家、科技中介		生产企业、消费者、推广机构

图5-4　知识视角下创新价值链结构

注：参考《创新价值链及其结构：一个理论框架》，王伟光、张钟元、侯军利。

第三，新型研发机构是优化科技创新组织体系化配置，提升科技创新体系化能力的关键角色。

相关研究认为，科技创新体系化呈现出整体性、结构性和有机关联性要求，需要技术体系化和组织体系化的持续推进与互动，有效应对风险和不确定性（余江等，2020年）。组织体系化就在于通过多边平台机制，协调好产学研合作中不同创新主体的责任、义务和功能，构建一个协同和合作创新的全新网络体系，以实现知识、技术和产业之间的有效对接，畅通创新要素和资源的有效流动。而新型研发机构则可以凭借独立法人特征、灵活管理架构、市场化运作优势，作为第三方组织优化组织体系化配置，联通"政产学研金介用"各方，助推创新突破、技术链条、产业链条有效衔接，加快知识形态生产力向物质形态生产力转化。可以说，新型研发机构作为一个多元参与、共享共治的创新共同体，做了政府不能做、高校和科研院所不愿做、企业没有能力做、金融机构不会做的事情（吴崇明等，2022年）。新型研发机构优化科技创新组织体系化配置如图5-5所示。

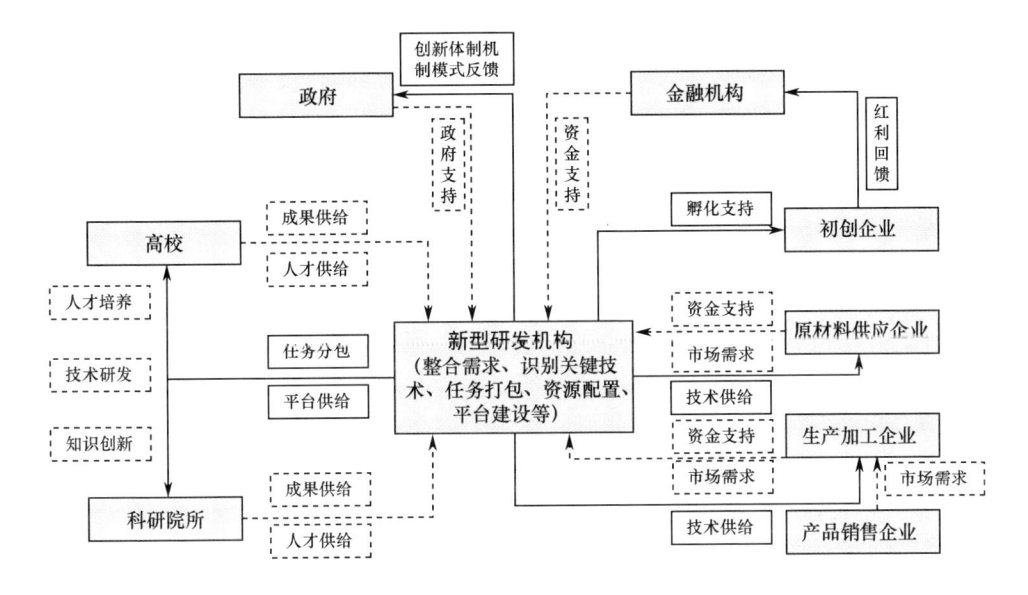

图 5-5 新型研发机构优化科技创新组织体系化配置示意图

注：参考《中国建设新型研发机构的源起、问题及对策建议》，吴崇明、程萍、王钦宏。

综合上述分析，笔者认为，所谓新型研发机构是指聚焦科技创新需求，主要从事科学研究、技术创新和研发服务，具备投资主体多元化、管理制度现代化、运行机制市场化、用人机制灵活化等特征的独立法人机构。法人类型主要包括科技类民办非企业单位、事业单位和企业。

二、新型研发机构典型示例

（一）中国科学院深圳先进技术研究院

中国科学院深圳先进技术研究院（简称中国科学院深圳先研院）由中国科学院、深圳市人民政府及香港中文大学于2006年共同组建，是新时期中国科学院面向国家和区域产业和社会需求进行的重大科技布局,是深圳市建设创新型城市的重要科技支撑。中国科学院深圳先研院实行理事会管理,探索体制机制创新,是典型传统科研机构与地方合作共建的新型研发机构。

中国科学院深圳先研院官网简介显示,自其成立以来,一直贯彻工业研究院理念,紧密贴合"世界科技前沿"和"区域经济发展"两种需求,建立了科研、教育、产业、资本四位一体的微创新体系,将高校、研究院、特色产业园区、孵化器、投资基金等"产学研资"创新要素紧密结合,实行统一规划、统一管理,有效打通科技和经济转移转化的通道,形成创新积聚优势,大大提高了创新效率。

目前,中国科学院深圳先研院主要由 9 个研究所(中国科学院香港中文大学深圳先进集成技术研究所、生物医学与健康工程研究所、先进计算与数字工程研究所、生物医药与技术研究所、广州中国科学院先进技术研究所、脑认知与脑疾病研究所、合成生物学研究所、先进材料科学与工程研究所、碳中和技术研究所),多个特色产业育成基地(深圳龙华、平湖及上海嘉定),多支产业发展基金,多个具有独立法人资质的新型专业科研机构(深圳创新设计研究院、深圳北斗应用技术研究院、中科创客学院、济宁中科先进技术研究院、天津中科先进技术研究院、珠海中科先进技术研究院、苏州先进技术研究院、杭州先进技术研究院、武汉中科先进技术研究院、山东中科先进技术研究院),3 大基础研究机构(深圳先进电子材料国际创新研究院、深圳合成生物学创新研究院、深港脑科学创新研究院)等组成①。

2019 年,中国科学院深圳先研院作为集群发展促进组织,代表深圳市新一代信息通信集群参加全国先进制造业集群竞赛胜出。在成为集群发展促进组织以后,中国科学院深圳先研院充分发挥新型研发机构创新引领作用,以及"产学研资"四位一体发展模式的优势,围绕深圳市新一代信息通信集群创新发展需求,聚焦新一代信息通信基础研究、应用研究开展了大量实践。笔者结合对中国科学院深圳先研院的实地调研和相关材料的分析,将中国科学院深圳先研院如何担任新型研发机构和集群发展促进组织这两个角色、创新体制机制、促进集群合作创新的做法与经验归纳如下。

---

① 相关内容来自"中国科学院深圳先进技术研究院"官网。

一是强化人才培养。中国科学院深圳先研院经过多年发展，在国内率先建立起一支以海归为主、国际化程度较高的人才队伍，成为华南地区人才新高地。中国科学院深圳先研院将人才队伍划分为研究型、开发型、创业型及管理型4类，建立了人才评价指标体系和人才双向流动制度，推动人才有进有出和动态管理。为加大高端人才培养力度，中国科学院深圳先研院本着"但求所用、不求所有"的原则，吸纳100余位海外教授来深工作，与全市中青年骨干和优秀的青年博士组成三级人才梯队，形成人才优势互补。

同时，中国科学院深圳先研院着力面向产业化，通过侧重产业化指标评价，持续引导科研/管理人才流动到产业化岗位，围绕产业发展需求引进创新团队，不断壮大产业化人才队伍。尤其是探索实施"企业特派员"机制，在与企业共建实验室、企业委托开发、合作申报项目、牵头地方产业联盟建设等工作中，派出企业特派员，实现与企业的无缝对接，这为产业发展提供了强有力的智力支持。

二是搭建产学研合作平台。中国科学院深圳先研院通过企业联合实验室，与多家企业开展协同创新合作，年横向到款稳定在一亿元以上。截至2022年8月，中国科学院深圳先研院累计与企业共建联合实验室近200个。依托企业联合实验室，合作周期更长、学术范围更广的稳定机制被建立，科研人员可以直接参与到企业合作中，这就保证了技术创新的过程既面向企业需求，又能低成本反哺知识创新，最终加速了科研成果转化。

同时，为解决产业共性技术问题，中国科学院深圳先研院广泛联合多家龙头企业和相关单位，成立创新联合体，赋能产业链。例如，中国科学院深圳先研院承担深圳市政府15亿元投资，牵头建设了深圳先进电子材料国际创新研究院（SIEM），并依托该研究院与近百家企事业单位成立粤港澳先进电子材料技术联盟，围绕产业关键电子信息材料技术共性问题开展合作攻关。

中国科学院深圳先研院积极探索组建"楼上楼下创新创业综合体"，采取科技成果"沿途下蛋"高效转化机制，有效打通了创新链和产业链，见图5-6。例如，深圳市光明区政府和中国科学院深圳先研院（由其合成生物研究所具体牵头）合作，组建深圳市工程生物产业创新中心。深圳市工程生物产业创新中心共拥有8层1.2万平方米的建筑空间，5楼"楼下"为初创企业提供拎包入住的平台支撑；5楼"楼上"由科研人员进行产业核心技术攻关。科研人员和企业家同在一栋楼里，架起科研服务产业、产业反哺科研的"双向车道"，极大也缩短了原始创新到产业转化的时间周期，达到边研究、边产出、边应用的效果。楼上开展原始创新活动、楼下进行工程技术开发和中试，加速"沿途下蛋"，带动产业发展。

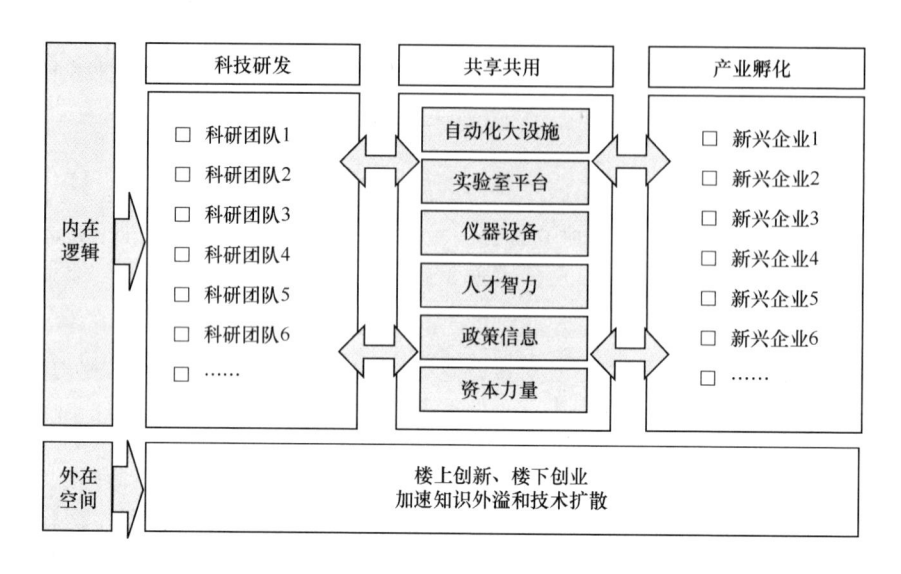

内在逻辑	科技研发	共享共用	产业孵化
	□ 科研团队1 □ 科研团队2 □ 科研团队3 □ 科研团队4 □ 科研团队5 □ 科研团队6 □ ……	自动化大设施 实验室平台 仪器设备 人才智力 政策信息 资本力量	□ 新兴企业1 □ 新兴企业2 □ 新兴企业3 □ 新兴企业4 □ 新兴企业5 □ 新兴企业6 □ ……
外在空间		楼上创新、楼下创业 加速知识外溢和技术扩散	

图 5-6 中国科学院深圳先研院"楼上楼下创新创业综合体"示意图

三是加速创新创业。 中国科学院深圳先研院及下属机构聚焦育成中心建设，建立了创客创业育成、众筹及投融资平台等一条龙的创新服务体系。数据显示，中国科学院深圳先研院在深圳相继建设龙华、平湖育成中心，在上海嘉定建设特色育成中心。这些育成中心累计孵化企业 1000 余家。同时，中国科学院深圳先研院参与发起设立 6 支产业发展基金和 1 支天使投资基金，基金规模接近 30 亿元，主要投资于中国科学院科技成果、战略性新兴产业等。中国科学院深圳先研院与丹华资本、深创投、松禾等创投资本，平安集团、通产集团、华立集团、远望谷等产业资本合作，引导海内外高端前沿项目落户深圳。为促进成果转移转化和创新创业，中国科学院深圳先研院制定了《技术成果转移转化管理办法》，对许可、转让、技术入股等方式实施转化奖励制度进行了详细的规定，这对科研人员产生了极大的激励作用。

四是开展公共技术服务活动。 中国科学院深圳先研院积极参与地方产业转型升级，以组建"产学研资"联盟为抓手，推动科研与产业元素的深度结合。在机器人、电子材料、人工智能、合成生物等16个新兴领域联盟或协会中担任副会长或副理事长，从产业基金争取、产业规划、项目争取、产业白皮书的调研与编纂、举办展会、高端论坛、行业杂志及建设产业基地和公共技术平台等方面提供全产业链支撑。为构建集群协同生态，中国科学院深圳先研院积极践行深圳市新一代信息通信集群发展促进组织职能，联合七大行业协会共同发起成立了"新一代信息通信产业联盟"，构建以"竞争者合作"为基础的全面合作格局，建立服务网络共享机制，实现优化资源配置，加快整合产业链上下游各项资源。

（二）华中科技大学工业技术研究院

华中科技大学工业技术研究院（简称"华中科大工研院"）是东莞市政府、广东省科技厅和华中科技大学于2007年联合共建的公共创新平台，按照"事业单位、企业化运作"模式运作，经过十年多的发展已经成为享誉全国的新型研发机构。自成立以来，华中科大工研院聚焦技术创新和产业化，积极服务东莞市产业转型升级，于2019年担任东莞市智能移动终端集群发展促进组织，并在全国先进制造业集群竞赛中胜出，是典型传统科研机构与地方合作共建的新型研发机构，也是集群发展促进组织与新型研发机构合二为一的典范。

目标定位。 华中科大工研院作为三方共建的新型研发机构，重在依托华中科技大学在制造学科的人才、科技、信息等优势，坚持创新为立足之本、创造为生存之道、创业为发展之路，以"创新、创造、创业"为主线开展产学研合作，有力支撑传统支柱产业和新兴产业技术创新，推动产业孵化，培育创新型企业，深化国际合作等。

运行机制。 作为新型研发机构，华中科大工研院采用事业单位市场化运作机制，较好地解决了公益性和可持续发展的矛盾。李莹亮（2021年）将这种创新的体制模式归类为 "三无三有"模式①。建设初期，华中科大工研院运营经费由华中科技大学和东莞市政府对等提供资金，随着步入正轨，就转为自主经

---

① 三无指无级别、无编制、无运行经费；三有指有政府支持、有市场化机制、有盈利能力。

营、自负盈亏，主要通过技术服务、孵化企业、成立公司等获得收益并反哺自身运营。

组织结构。华中科大工研院实行理事会领导下的院长负责制，理事会成员由华中科技大学和政府部门等制造行业领域相关专家和领导组成。理事会下设院务委员会、技术咨询委员会、企业顾问委员会，共同就工研院发展战略、重大科技问题等展开咨询讨论。聚焦技术创新、人才培养、国家合作、行政服务，多个平台和团队也被建立，见图5-7。

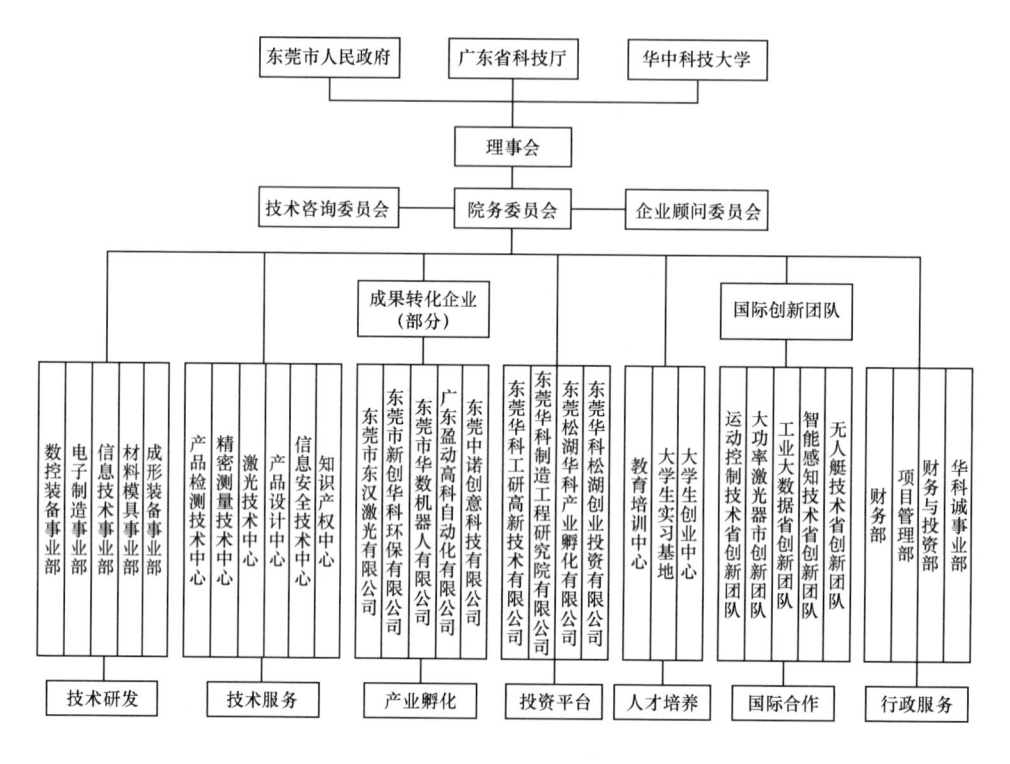

图5-7 华中科技大学工业技术研究院组织结构

技术创新。华中科大工研院聚焦技术研发，创立了数控装备事业部、电子制造事业部、信息技术事业部、材料模具事业部、成形装备事业部5个技术研发部门，建设了产品设计、精密测量、产品检测、知识产权等6个技术中心。针对广东省及东莞市的产业需求，华中科大工研院围绕智能感知、无人自主技术、核心器件、工业软件等市场需求方向，相继开发出玻璃加工装备、陶瓷加工装备、智能传感器等十余类几十个系列核心功能部件、工业软件及关键装备，孵化出了相关企业，推动科技成果产业化和商业化。

其中，聚焦校企合作这一产学研合作的关键一环，华中科大工研院和企业采取项目委托、共建研究院和创新平台、共同投资兴建企业三种形式，有效推动了技术创新与市场需求的紧密对接，加快技术创新和产品开发应用。

同时，华中科大工研院与OPPO、劲胜、粤科金融发起智能制造产业基金，设立了4家投资平台，为优质创新型企业提供投融资服务。华中科大工研院官网显示，华中科大工研院已经为1万余家企业提供了高端技术服务，建设了9个孵化园区，4家国家级孵化器，打造了"华科城"孵化器品牌，累计孵化企业1000余家，其中自主创办企业70余家，高新技术企业60余家，很好地践行了自身新型研发机构的定位。

人才培育。华中科大工研院聚焦行业领军人才、专业技术人才和高技能人才，分别建设了国家创新人才培养示范基地、国家博士后科研工作站、广东省博士工作站，与华中科技大学、香港科技大学等联合建设研究生联合培养基地等，与华中科技大学、东莞理工学院、东莞职业技术学院等联合建设人才培训基地，培养了一批高素质、产业化人才队伍。官网显示，华中科大工研院现拥有800余人的技术团队和1000余人的产业化团队。

（三）江南石墨烯研究院

江南石墨烯研究院（以下简称"研究院"）是由常州市政府于2011年成立的事业单位，是国家科技服务行业试点单位、国家科技企业孵化器运营单位、国家标委会石墨烯标准化推进工作组分组单位。研究院秉持开放合作、创新发展的运营理念，引入"四不像"机制[①]，构建了涵盖研发、孵化、投资和公共服务为核心的功能模块，以"搭建平台、引进人才、孵化企业、培育产业"为建设路径，致力于通过体制机制和管理创新，聚焦新型碳材料领域开展科技研发、促进科技与经济结合、成果转化、培育创新人才等工作。研究院于2020年担任常州市新型碳材料集群发展促进组织，并在全国先进制造业集群竞赛中胜出，

---

① 四不像指的是，不完全像大学、不完全像科研院所、不完全像企业、不完全像事业单位。

是典型传统科研机构与地方合作共建的新型研发机构，也是集群发展促进组织与新型研发机构合二为一的典范。

组织结构。 研究院实行理事会领导下的院长负责制，理事会由分管副市长及市工信、发改、科技、财政及辖（市）区领导组成，院务会由地方领导、技术专家、管理专家等组成，产业发展顾问委员会和学术技术委员会由多位专家组成。研究院主要分为行政管理、技术创新、公共服务、行业组织四大部门。围绕行政管理，研究院主要由行政办公室、产业发展部、产业资产部等组成。围绕技术创新，研究院建有技术开发平台，建设了碳材料制备、复合材料应用、绿色能源、智能传感功能等12个实验室。围绕公共服务，研究院建有新型碳材料检测中心、标准服务中心、产品认证中心、创业服务中心4个中心，见图5-8。

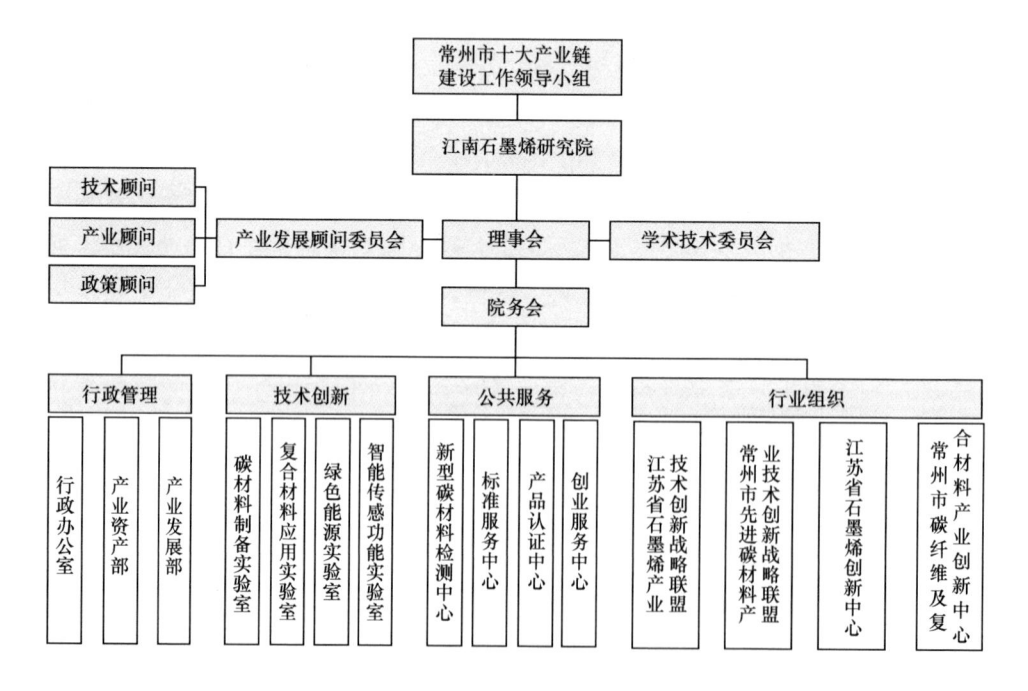

图 5-8 江南石墨烯研究院组织结构

为加强行业服务，研究院主导发起成立了江苏省石墨烯产业技术创新战略联盟、常州市先进碳材料产业技术创新战略联盟、江苏省石墨烯创新中心、常州市碳纤维及复合材料产业创新中心等行业组织，与国家计量院、中国石墨烯产业技术创新战略联盟、江苏省新材料产业协会、常州市输变电产业协会、常州市涂料协会、常州市地板协会、江苏省轨道交通产业技术协会、国家涂料质量监督检验中心、全国涂料和颜料标准化技术委员会、全国涂料行业生产力促进中心、全国涂料工业信息中心等建立了紧密的协同关系。

开展科技研发。研究院聚焦新型碳材料领域，围绕碳基材料制备、二维材料制备机理、碳基复合材料的应用等开展了深入研究，牵头承担江苏省重点研发计划等纵向项目100余项，申请专利80多件，通过承担企业委托课题达成横向合作60余项，突破了一批关键技术，推动了石墨烯粉体、石墨烯导电薄膜、高等级碳纤维等一批重大成果落地转化。研究院组建了江苏省石墨烯创新中心、常大碳材料研究院、南工大产业学院、新奥碳材料应用技术研究院、江苏省石墨烯材料研究所等一批行业创新平台，促进集群企业与中国科学院、西交大、北化工等达成了重大产学研合作。

提供技术服务。研究院牵头建设了集研究院、众创空间、孵化器、加速器、产业园于一体的创业孵化体系，建成研发孵化场地3.4万平方米，运营产业用房20多万平方米，创建国家级孵化器1个，孵化培育企业100多家。聚焦检测、标准和认证服务，建成了碳材料检测中心、重大仪器设备共享平台、国家级标准工作机构和石墨烯产品认证中心。围绕投融资服务，研究院出资组建了格瑞创投、江南科技等投资机构，与知名风创投机构达成合作，帮助集群企业获得融资超过30亿元。总体看，研究院已经形成了健全的孵化入驻、技术对接、投融资、人才培训、信息咨源、知识产权等创业孵化服务体系。

促进集群发展。研究院聚焦新型碳材料行业发展，积极为常州市政府打造"东方碳谷"建言献策，牵头编写了《常州市石墨烯产业发展规划》《常州石墨烯小镇建设方案》，参与编写了常州市《产业链招引指南》《先进碳材料产业提升路径》，为集群发展建言献策。研究院组建了长三角石墨烯专委会，构建了全球首个石墨烯发展指数，开展石墨烯专利数据库建设，编制了集群重点领域的技术路线图，指引了产业技术发展方向，而且举办了世界石墨烯大会、海峡两岸新型碳材料大会等重要行业活动，促进了区域性集群要素融合发展。

第三节　多边平台网络协作型的集群合作创新

一、产业创新服务综合体的内涵与理论逻辑

综合体是由多个使用功能不同的空间组合而成的一种综合系统，引入合作创新等相关概念，则指的是多个创新功能组合形成的创新平台或创新服务商。国外实践中，有萨赫尼、普兰代利（Sawhney、Prandelli，2000 年）的"创造共同体"概念，维萨（Vesa，2007 年）的产业创新服务平台概念等。维萨将产业创新服务平台定义为连接各个创新主体进行合作创新的网状组织，它能够有效减少社会研发总成本、缩短产业化进程。国内关于产业创新服务综合体的研究则主要来源于实践。早在 2017 年，浙江省第十四次党代会就提出，要深入实施创新驱动发展战略，全面振兴实体经济，建设产业创新服务综合体。此后，国内相关学者对杭州、宁波、温州等地的产业创新服务综合体开展了深入研究，重点集中在产业创新服务综合体的概念、功能定位、评价体系、运营模式上。

按照《浙江省产业创新服务综合体建设行动计划》的定义，产业创新服务综合体是指以产业创新公共服务平台为基础，坚持政府引导，企业为主体，高校、科研院所、行业协会及专业机构参与，聚焦新动能培育和传统动能修复，集聚各类创新资源，为广大中小企业创新发展提供全链条服务的新型载体。通过布局建设一批产业创新服务综合体，集聚创新资源、激活创新要素、转化创新成果、补齐产业短板，打造更具活力的产业创新生态系统。

研究认为，浙江省建设产业创新服务综合体的初衷，是促进创新链与产业链有机衔接，转换新旧动能，提振民营经济，构建区域创新体系（胡允银，2021 年）。可以说，产业创新服务综合体的本质就是一个区域创新公共服务平台，而且是一个多边平台。多边平台是相对双边平台而言的，更多的是指存在差异性和相互依赖性的群体集聚在一起、互动共生形成的平台，平台的主体则涉及供给、需求和第三方。多边平台架构具有多元主体参与、开放创新系统、知识溢出与资源共享等特征（钱吴永、李晓钟、王育红，2014 年）。

正如前文所分析的，先进制造业集群作为一个产业生态系统，集群企业与

高校、科研院所、技术中介依托创新中心、创新平台、公共服务等载体开展对接"产学研用"合作，通过学习交流、信息共享等机制，使得高效运转、知识溢出和技术扩散无时无刻不在发生，进而形成了集群合作创新网络。产业创新服务综合体对先进制造业集群合作创新网络的作用就在于深化多主体合作创新，促进知识溢出，加速技术扩散，提升创新绩效。

产业创新服务综合体对产业集群创新绩效的外溢效应可分为生产率增长效应、多样性扩展效应和稳定性增强效应（孙晓雨，2021年），见图5-9。其中，生产率增长效应是指产业创新服务综合体有助于提升集群创新资源利用效率和技术创新的生产率；多样性扩展效应是指产业创新服务综合体有助于发挥多主体创新主动性，加速产品多样性的设计和新兴技术应用，进而推动集群技术创新多样性的发展；稳定性增强效应是指产业创新服务综合体有利于吸引更多创新资源汇聚，加速成果转移转化，带动区域产业可持续、高质量、稳定发展。

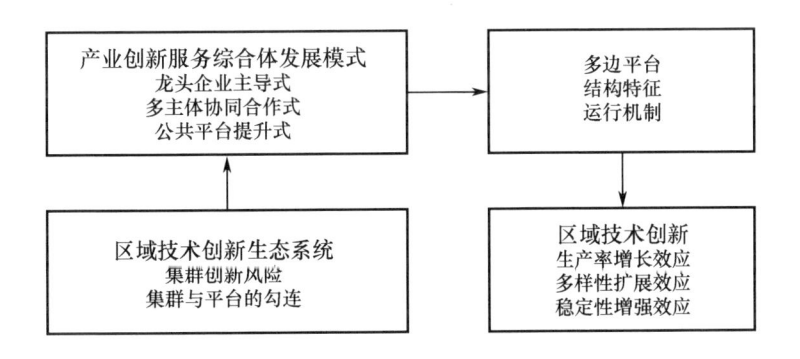

图 5-9　产业创新服务综合体的区域创新绩效外溢三大效应

注：参考《产业创新服务综合体的区域创新绩效外溢效应研究》，孙晓雨。

二、产业创新服务综合体的功能定位

从产业创新服务综合体的内涵可以看出，整合龙头企业、科研机构的创新资源，为中小企业创新服务、搭建合作创新网络是其核心宗旨。实践中，产业创新服务综合主要采取股份制、理事会制、会员制等模式，聚焦创新规律、激发创新活力，重点通过承担政府或企业委托的产业创新项目，引入多元主体参与综合体投资与运营,建设省级重点企业研究院、科技企业孵化器、众创空间、工业设计基地、云工程和云服务平台等设施,面向产业发展需要提供检验检测、技术开发、成果转化、创业孵化等有偿服务,实现可持续良性发展。由此,可以将产业创新服务综合体的功能归纳如下。

一是推动产学研合作创新。通过高校、科研院所、创投机构与各类创新研发机构一起参与综合体建设,形成紧密型产学研合作机制,聚焦关键共性技术开展联合攻关。围绕科技成果转移转化,发挥综合体内的成果转移转化平台作用,推动技术创新成果的工程化和产业化。

二是推动创新资源开放共享。面向中小企业发展需要,推动各级科技数据、系统、资源互联互通、共享共用,推动重大科研仪器设施开放共享,提供检验检测、标准信息、合作研发、委托开发、研发设计等创新服务,降低中小微企业创新创业成本。

三是推动人才培育引进。面向产业发展需要,采取柔性引才方式,引进行业领军人才、创新团队。依托产学研项目,着力培育和引进青年科研人才、质量管理创新人才和科研后备力量。

四是推动人才创新创业。通过引导创业投资、天使投资、股权投资等参与产业创新服务综合体建设,构建研究开发、技术转移、检验检测认证、创业孵化、科技金融、知识产权等新功能,有效促进孵化项目、孵化团队与融资需求紧密对接,助推创新型中小企业成长壮大。

总体看,产业创新服务综合体建设以来已经取得积极成效。浙江省科学技术厅总结了 7 种建设模式,见表 5-3。

表 5-3 浙江省产业创新服务综合体 7 种建设模式

序号	模式	模式简介	典型代表
1	政府主导推动式	各地政府充分发挥"无形的手"的作用,强势整合区域内各类创新资源,协同多部门共同推进综合体建设	湖州吴兴区把综合体建设作为"一把手"工程,积极引进中国美术学院等高校合作共建创新载体,与 16 家高校、科研院所开展合作,引进 MT 设计联盟等创意设计机构,童装设计团队突破 1000 家,连续举办全国童装设计大赛,为上万家童装产业的中小企业提供全链条产业创新公共服务

第五章 先进制造业集群合作创新实践

（续表）

序号	模式	模式简介	典型代表
2	龙头企业带动式	依托行业内龙头企业，按照理事会或董事会的模式，提供全产业链公共创新服务	杭州萧山新能源汽车及零部件产业创新服务综合体，依托龙头企业万向集团，整合利用全球创新资源，推动智能制造、工业互联网、区块链等数字技术推广应用。据不完全统计，已引进共建大院名所10余家，开展产学研合作的企业300多家，搭建产业创新公共服务平台，服务企业5千余家次
3	多元主体协同式	坚持"政府引导+市场服务"相结合，多个创新主体优势互补、协同创新、资源共享，探索联盟式模式共同推进综合体建设	温州瓯海眼镜产业创新服务综合体由华中科技大学温州先进制造技术研究院、瓯海经济开发区建设投资有限公司、温州市大学科技园发展有限公司等多主体运行，聚焦品牌建设滞后、设计能力薄弱等问题，联合多家大院名所、设计团队合作完成"眼镜架"浙江标准。据不完全统计，已整合眼镜产业公共服务平台10余个、研发机构40余家
4	公共平台提升式	以现有公共科技创新服务平台为基础，结合行业特点，引入创意设计、技术研发、技术交易等专业化服务模块，推动原平台功能扩充，整合提升发展为产业创新服务综合体	丽水龙泉汽车空调产业创新服务综合体建立集研发、检测、人才、科技、品牌、金融等功能于一体的全链条、一站式创新服务体系，取得了国家CNAS实验室资质，检测报告获得40多个国家认可，实现了汽车空调产品制造在龙泉、检测在龙泉、标准在龙泉的目标
5	全创新链推进式	按照"产业链、创新链、资金链、服务链"四链融合，打造"十要素"联动的产业创新创业生态系统	宁波依托新材料科技城，协同新材料联合研究院、新材料国际创新中心等创新载体，以"一核多平台"的模式，构建研发-中试-加速-产业化的闭环创新生态系统，打造全要素集聚、全链条服务、全产业链协同发展的新材料产业创新服务综合体
6	关键环节突破式	聚焦产业链、创新链关键环节，瞄准制约企业发展、产业转型的技术短板和工艺流程，集中为区域内、行业内中小企业提供统一、规范、高效的服务	台州三门橡胶产业创新服务综合体以培育绿色新型高端橡胶产业为目标，整合生产过程中污染最大的炼胶环节，建立橡胶公共炼胶中心，着力破解"中小企业分散炼胶污染大、效率低、质量差"等问题
7	未来产业孵化式	通过外部创新资源、产业资源的导入，孵化能够推动未来人类社会发展变革的新兴产业，实现区域内产业的从无到有，形成产业发展的良好生态环境	湖州德清地理信息产业创新服务综合体引进设立中科卫星应用德清研究院、武汉大学技术转移中心浙江分中心、浙江大学德清GIS创新中心等新型研发机构。据不完全统计，已拥有地理信息相关企业500余家，涵盖了地理信息+互联网、物联网、数据建模、卫星遥感定位等领域，产值突破500亿元

注：基于浙江省科技厅相关材料整理。

三、产业创新服务综合体典型示例

（一）宁波新材料产业创新服务综合体

宁波市是我国新材料产业基地之一，相继在稀土磁性材料、金属新材料、先进高分子材料、先进膜材料和石墨烯材料研发与应用等领域取得了较快发展。在工业和信息化部公布的45个国家先进制造业集群名单中，宁波市磁性材料集群、宁波市绿色石化集群成功入围。

宁波国家高新技术产业开发区是全国首批7个新材料产业国家高技术产业基地之一，集聚了宁波市1/3左右的重点科研机构，拥有中国科学院宁波材料技术与工程研究所、北方材料科学与工程研究院、诺丁汉大学宁波新材料研究院、宁波国际材料基因工程研究院等重要创新载体。数据显示，"十三五"末，宁波高新技术产业开发区实现地区生产总值289.4亿元，拥有省级及以上研发机构56个，创新型初创企业累计超过1600家，上市企业累计达到8家，基本形成以龙头企业、单项冠军企业、高新技术企业和初创企业为主体的雁阵梯队，产业集群效应逐步显现。

宁波新材料产业创新服务综合体依托宁波国家高新技术产业开发区（宁波新材料科技城）创建，致力打造全要素集聚、全链条服务、全产业链协同发展的新型载体，集创意设计、研究开发、检验检测、标准信息、成果推广、创业孵化、国际合作、展览展示、教育培训等功能于一体。该综合体于2018年1月被列入第一批浙江省级综合体创建名单。2021年度省级产业创新服务综合体绩效评价中，宁波新材料产业创新服务综合体获评"优"。创建过程中，综合体主要采取"一核多平台"模式。

"一核"即宁波新材料公共技术服务平台，重点建设宁波新材料联合研究院、宁波新材料国际创新中心、宁波研发园，承担起研究开发、检验检测、专家咨询、技术服务、知识产权、成果展示、创业孵化等一站式服务功能。

其中，宁波新材料联合研究院由宁波高新技术产业开发区与中国科学院宁波材料所、兵科院宁波分院两家国家级科研机构共同搭建，总投资约11亿元，占地约78.7亩，面向社会开放重大科研基础设施和大型科研仪器，累计对外服务5千余家次。宁波新材料国际创新中心总投资约31亿元，建筑面积约43万平方米，主要战略定位是国际化的新材料创新中心、专业化的新材料发展引领中心、产业化的新材料发展示范中心、生态化的新材料宜业宜居社区。宁波研发园是科学技术部全国首批25家科技创新服务体系建设试点基地之一，以"院士工作室+公共技术服务平台+大院名校技术成果转移中心+多元研发机构"的业态组合，聚集了中国电子科技集团宁波海洋研究院等大院名校研究院，TCL通讯（宁波）研究院等企业技术研究院等400余家各类研发及服务机构。

"多平台"主要是指中国科学院宁波材料技术与工程研究所、北方材料科学与工程研究院、高校新材料教研基地、成果展示交易平台、知识产权服务平台、创业孵化基地、众创空间等专业创新服务平台。其中，众创空间是国内首个以新材料为主题的国家级众创空间，建筑面积12万平方米。众创空间为产业发展提供了"苗圃-孵化器-加速器"全链式的创业孵化服务，相继引进了诺丁汉大学宁波新材料研究院、甬烯高性能材料研发中心、纳米节能光电材料产业化项目等40余家新材料领域的科研机构和产业化项目。

（二）湖州吴兴现代物流装备产业创新服务综合体

浙江省湖州市吴兴区地处长三角之心，是沪苏浙皖的重要交汇点，连接长三角南北两翼和东中部地区。现代物流装备产业是吴兴区主导产业之一，主要集中于湖州现代物流装备高新技术产业园区，该园区获评浙江省省级现代物流装备产业技术创新综合试点，以及浙江省首批现代服务业与先进制造业深度融合试点，即吴兴区现代物流装备产业集群融合试点。数据显示，集群拥有物流装备及关联企业达470余家，智能物流装备龙头骨干企业15家，全国制造业500强4家，营业收入达450亿元，产业集聚度达92%，产品已涵盖自动化立体仓储、智能分拣、装卸搬运、管道输送、数字标签、软件服务、包装和方案解决等产业链上下游的众多细分领域，智能物流装备全产业链式集群已显露雏形，成为中国重要的物流装备制造业规模企业群集聚地。

近年来，吴兴区深入推进现代物流装备"政产学研用"合作，企业自主创新能力显著提高。集群内相继建设多家企业研究院、高新技术企业研发中心。通过"企业+院士"共研、"政校企"共建模式，与浙江大学共建"三一装备履带式起重机研究院"，与浙工大共建"现代物流装备与技术研究院"，与哈工大机器人集团共建"国际科技创新中心"，与西安交通大学、南京大学等院校技术合作共建 10 余个校企研发中心。为充分整合集群内各类创新资源，有效促进大中小企业创新协同，深化产学研合作，集群内相关企业和科研机构联合组建了现代物流装备产业创新服务综合体。

吴兴区现代物流装备产业创新服务综合体以打造"一体六中心"为导向，一体即现代物流装备产业创新服务综合体，主要由技术创新、合作创新、创意设计、公共服务、知识产权、创业孵化"六大中心"构成，并以此完善"8+8"创新服务平台体系，构建物流装备产业创新生态体系，见图 5-10。

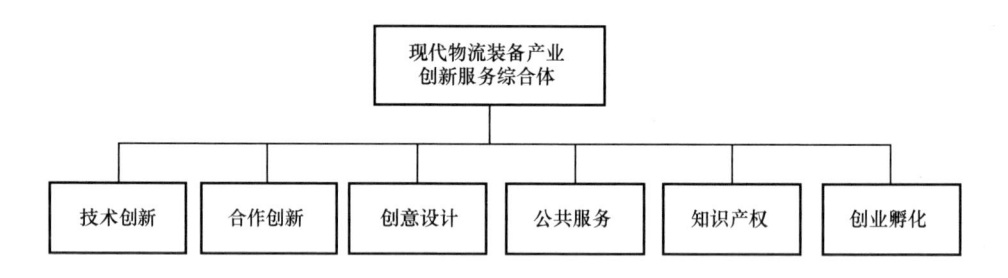

图 5-10 "一体六中心"架构

技术创新中心。技术创新中心主要包括现代物流装备技术创新共同体和哈尔滨工业大学机器人（湖州）国际创新中心。其中，现代物流装备技术创新共同体重点以浙江工业大学湖州现代物流装备与技术研究院、浙江大学–三一装备履带式起重机研究院为统领，联合其他龙头企业、高新技术企业、企业研究院、企业技术中心、院士工作站、博士后工作站等，围绕物流装备发展态势，集中攻关"物流自动分拣系统技术、自动化立体库技术、自动化搬运装备技术"等新技术。哈尔滨工业大学机器人（湖州）国际创新中心，重点聚焦关键核心技术和共性技术的创新研发，推动物流装备产业智能化、高端化发展。

产学研协同中心。产学研协同中心主要包括中国物流谷战略合作联盟、浙工大物流装备与技术研究院。中国物流谷战略合作联盟由中国物流与采购联合会物流装备专业委员会、德国物流协会、上海市物流协会、广东省物流行业协会和浙江湖州现代物流装备高新技术产业园区联合发起，主要开展多元化合作交流、物流装备产业发展大会、产学研合作大会等。浙工大物流装备与技术研究院是以浙工大现代物流装备与技术研究院为核心，联合浙江三一装备履带式起重机研究院、哈工大机器人（湖州）国际科技创新中心等，重点围绕"智能工厂规划设计、RFID 智能应用、机器人智能物流研发、科技服务、学术论坛与培训、人才联合培养"等方面开展合作创新。

创意工业设计中心。创意工业设计中心主要包括湖州国际工业技术设计中心。以湖州国际工业技术设计中心为媒介，集聚和整合物流装备产品创新设计、物流系统集成设计、品牌推广设计、包装设计等全产业链的设计资源。

公共创新服务中心。公共创新服务中心重在聚焦现代物流装备产业全链条服务，整合政府、企业、高校、研究院等机构资源，聚力打造产业大数据及可视化平台、区块链公共服务平台、科技云技术平台、人力资源平台、检验检测及共享生产平台等于一体的产业公共服务中心。

知识产权服务中心。知识产权服务中心重在依托现代物流装备知识产权联盟，定期调查联盟会员企业的知识产权持有情况，开展产业知识维权援助服务，帮助企业实现专利管理科学化，高效率保护知识产权合法权益。

创新创业孵化中心。创新创业孵化中心重在依托七幸科创园、湖州中小微智能制造产业园、吴兴科创园、高新区科创园等众创空间、科技孵化器、小微企业园、科创园等双创载体，构建完善的体制机制，打造良好的创新创业生态系统，提供全过程、全方位、全天候的保姆式服务，形成众创空间-孵化器-加速器-产业园的链式孵化体系。

为推动综合体良好运营，综合体内各类创新载体积极探索企业化管理、市场化运作机制，吸引企业参与载体建设。综合体内各类设备设施建立共享管理制度，构建营利性、公益性、政策性扶持与市场化服务相结合的管理模式，不断完善了"自我造血"功能。

第四节　本章小结

　　龙头企业是集群创新的主体，是带动集群合作创新的主要力量。龙头企业通过知识创造、知识扩散与网络治理，与集群其他企业因地理和组织邻近性极易发生知识溢出，从而不断推动新产品的开发与形成，加速知识总量的螺旋上升和技术跨越式进步，促进集群合作创新网络的形成、优化和完善。通过对徐工引领徐州工程机械集群创新发展、海尔引领青岛智能家电集群创新发展的分析发现，龙头企业为满足多元化、个性化市场需求，弥补自身资源不足，日益通过在技术、产品和服务创新过程中通过正式或非正式机制，将多个企业、科研机构、中介组织等利益相关的主体创新资源整合到一起，加速构建以其为主、为其所用的协同演化、相互依赖、共存共亡、开放包容的企业创新生态系统。

　　新型研发机构是指聚焦科技创新需求，主要从事科学研究、技术创新和研发服务，具备投资主体多元化、管理制度现代化、运行机制市场化、用人机制灵活等特征的独立法人机构，是贯通创新价值链条、破解死亡峡谷的必然选择，在集群中扮演了优化科技创新组织体系化配置、提升科技创新体系化能力的关键角色。通过中国科学院深圳先进技术研究院、华中科技大学工业技术研究院、江南石墨烯研究院的分析发现，新型研发机构能够打通知识生产（基础研究）到知识应用（技术创新）的环节，畅通基础研究到应用研究再到产品研发和产业化的通道，助推畅通集群合作创新网络。

　　产业创新服务综合体的本质就是一个区域创新公共服务平台，而且是一个多边平台的概念，具有多元主体参与、开放创新系统、知识外溢与资源共享等特征。整合龙头企业、科研机构的创新资源，为服务中小企业创新、搭建合作创新网络是产业创新服务综合体的核心宗旨。实践中，产业创新服务综合主要具备推动产学研合作创新、创新资源开放共享、人才培育引进、人才创新创业等四大功能。通过对宁波新材料产业创新服务综合体、湖州吴兴现代物流装备产业创新服务综合体的分析发现，产业创新服务综合体对先进制造业集群合作创新网络的作用就在于深化多主体间产学研合作，促进知识外溢，加速技术扩散，提升创新绩效。

第六章 结论与展望

第一节　研究结论

本书围绕丰富完善中国特色产业集群理论这一目标,重点对先进制造业集群进行了理论探讨,搭建了先进制造业集群组织变革和合作创新"双轮驱动"架构,总结了先进制造业集群组织变革和合作创新的实践探索,初步达到了丰富中国特色产业集群理论内涵,拓展产业集群架构体系的目的。总体上,研究结论可以归纳为以下三点。

一、深化了对先进制造业集群的内涵认识和功能定位分析

党的十九大报告提出培育若干世界级先进制造业集群以后,无论是学术界还是政府部门,都掀起了一轮产业集群研究热潮,对先进制造业集群的报道数量也急剧增加。从总体看,对先进制造业集群的研究鲜有上升到理论层面,相关研究也处于吃"产业集群"研究老本的状态,没有触及先进制造业集群的核心本质和发展机理。

推动产业集聚发展,形成产业分工与协作的产业集群是一种世界性的经济现象和产业发展规律,产业集群所具有的持续发展能力和独特的竞争力已经在全球多个地区得到实践验证。随着我国进入高质量发展阶段,产业集群转型升级和高质量发展面临新的形势。首先,数字经济带来产业集群生产制造模式和产业组织方式的变革,推动产业集群的虚拟化转型和数字化发展。其次,国际政治经济形势加速推动产业集群化、产业内在化发展,"收缩"的经济全球化倒逼产业区域本土化、多元化布局,以先进制造业为代表的产业竞争日益成为大国竞争的焦点,推动产业集群向更高水平迈进成为各国打造国际竞争优势的重要抓手。再次,新冠疫情冲击下产业链、供应链的安全稳定需求催生新的发展范式,倒逼产业链由水平分工向垂直整合转变,产业集群发展模式面临变革。最后,改革开放40多年来我国形成的一批各具特色的产业集群面临一系列不平衡、不充分问题,已不能适应我国经济由高速增长转向高质量发展、构建新发展格局的要求,迫切需要寻求"转型"与"升级"。

产业集群"转型"与"升级"的方向就是先进制造业集群。先进制造业集群是指先进制造业领域的企业、机构在一定地理空间集聚，通过相互合作与交流共生形成的产业组织形态。

为深化对先进制造业集群的理解，我们需要深刻认识先进制造业。研究认为，先进制造业是表面上与传统制造业相对的制造业，本质上则是一种先进的生产方式，是引领制造业发展方向的产业形态。推动先进制造业的发展，可以说是一场生产方式的深刻变革。同时，先进制造业不是在现有产业划分标准下新设一个行业类别或按照新分类标准划分一个新行业群体，而是借助先进制造技术进步，去革新生产制造模式和产业组织形态，去重塑制造业发展模式和发展方式。如果说全球制造业的发展曾经历了初级产品生产、加工装配、自主知识产权创新三个阶段，那么先进制造业的发展则标志着制造业发展进入了智造创新融合阶段。

笔者认为，先进制造业集群在具备产业集群一般特征（地理邻近下的高度集聚、基于专业化分工的产业联系、行为主体的互动合作）的基础上，更具有所在领域技术水平先进、产业组织形态先进、治理机制先进等特征。先进制造业集群竞争力综合体现在集群产业实力、合作创新能力、网络化协作、开放发展和治理能力五个方面。

世界级先进制造业集群作为先进制造业集群发展的高级形态，是指在一定区域内，与特定先进技术相关的若干企业、行业组织和科研院所等机构，围绕共同目标，共生形成的组织高度网络化、能够引领全球技术创新和产业变革、具有强大包容性和根植性的产业组织网络。世界级先进制造业集群是现代产业体系的重要组成，代表一国战略、优势产业领域的综合竞争力最高水平，凭借持续的技术创新和组织创新，引领先进制造业高质量发展。

在当前产业链渐失平衡的危机中，我们应积极顺应产业区域化和集群化发展趋势，发挥我国制造业规模最大、链条和配套最全的优势，围绕关系国计民生和国家安全的基础性、战略性、全局性领域，瞄准产业链、价值链中高端，加快培育一批国家级先进制造业集群，担当制造强国建设的重要载体、现代化产业体系的重要支柱、区域经济发展的重要力量三大使命，成为塑造国家竞争力、引领国家新型工业化进程的一面旗帜。

二、构建了组织变革和合作创新驱动先进制造业集群发展的总体架构

创新是驱动集群发展的第一动力，而组织变革则是集群发展的根本目的。组织变革和合作创新是驱动先进制造业集群高质量发展的两个"轮子"，两者相互配合、相互促进，共同促进集群发展。以合作创新为动力，可以深化集群组织变革；以集群组织变革为抓手，可以进一步促进集群合作创新。

先进制造业集群作为处于市场与企业之间的一种组织形态，是一种网络化的中间组织。先进制造业集群的发展过程，本身就是一个不断调整组织结构的过程。有效的集群组织结构要在保证集群组织网络具有较强环境适应能力的同时，提高集群组织网络的生产效率和柔性化，并适应外部环境的不确定性，确保集群组织网络整体生产和分工的有效性。其组织变革主要包括两个层面：一是不断深化集群产业分工方式，推动产业从集聚发展向集群发展转型，形成互动与共生的组织网络；二是创新集群治理机制，不断优化集群组织网络化结构，增强集群竞争新优势。

集群发展促进组织的本质是以服务集群发展为中心，促进集群达成共同目标和统一行动，提升集群集体效率的相关组织。作为一项重要创新实践，集群发展促进组织进一步拓展了我国产业集群发展理论中的合作机构这一组织的外延，将知识机构和合作机构合二为一，最终成为集群间"牵线搭桥""沟通协调"的行为主体。推动集群发展促进组织的发展，是加快先进制造业集群组织变革的重要创新实践，对创新以自发治理为主、公共治理为辅的集群治理机制具有重要作用。在具体实践中，集群发展促进组织主体选择的关注点应该是"第三方性"，而非"非营利性"。它既可以是社会团体、事业单位、社会服务机构等非营利组织，也可以是系统解决方案服务商、科研机构等市场化运作的营利性中介组织。这些组织的核心定位是促进集群多边联系、互利合作的独立"第三方组织"，鲜明特征是强调公共服务属性。

第六章　结论与展望

在先进制造业集群这个生态系统中，企业与高校、科研院所依托创新中心、创新平台、公共服务等载体，建立学习交流、信息共享机制，开展产学研合作，进而形成先进制造业集群合作创新网络。深化先进制造业集群合作创新，能够有机整合产学研合作中的各类创新主体资源，促进各主体间相互学习、模仿和借鉴，加速知识溢出和技术扩散，降低创新风险与成本，驱动技术创新能力的螺旋式累积和效率提升。先进制造业集群合作创新网络主要从发展动力、政策环境、风险治理和协作机制等方面推动合作创新发展。

各创新主体在合作创新网络的自组织机制下实现了主体之间的互惠知识分享、资源优化配置、行动同步优化等效能，助推创新能力的不断提升。对于集群合作创新网络而言，任何创新过程都是一个由混沌到有序的过程，而这个过程中的各个端对网络的驱动模式是不同的。具体来看，合作创新网络促进先进制造业集群创新主要有科技创新项目驱动、龙头企业驱动、契约合作驱动、科技孵化驱动四种驱动模式。

笔者认为，深化集群合作创新，能够有机整合产学研合作中的各个创新主体，促进相互学习、模仿和借鉴，加速知识溢出和技术扩散，降低创新风险与成本，驱动技术创新能力的螺旋式累积和效率提升。在这个过程中，企业作为创新主体，可在一定程度上丰富集群组织结构，提升企业的层级治理能力。企业、高校、科研院所为了市场需求和共同利益，以各自拥有的资源优势进行科学研究、技术研发、产品生产、市场开拓等一系列研发、经营活动，可在一定程度上优化集群组织结构形式，提升组织密度和韧性。同时，集群组织网络的重要组成就是集群合作创新网络。推动集群组织变革，优化和调整集群组织网络结构，也在一定程度上促进集群合作创新网络的变化。尤其是在组织变革下，原来的沿产业链垂直一体化、产业同类企业的横向关联、跨产业链横向一体化、围绕单一类型产业园区集群化等模式，开始逐步向产业链跨界网络化、产业组织平台化、产业集聚生态化等模式演进，进而成为融合型创新集群。

三、总结了先进制造业集群组织变革和合作创新的中国实践

本书对工业和信息化部遴选确定的 45 个国家级集群发展促进组织进行了分析研究,并将集群发展促进组织功能归纳为促进集群沟通交流、促进政府市场对接、促进集群合作创新、促进集群开放发展、促进行业自律规范五类功能。45 个集群发展促进组织由于既有单位的不同,其所具备的功能也不相同,不同类型的集群发展促进组织上述五类功能各有侧重。针对政策实践强调集群发展促进组织的"非营利性",本文提出应关注集群发展促进组织主体选择的"第三方性",而非"非营利性"。需要进一步拓展集群发展促进组织的外延、调动多主体的力量,合力推动集群发展。

我国先进制造业集群聚焦产业链企业联合党委、产业链上下游共同体等开展了深入实践。产业链企业联合党委作为非公党组织的一种,在先进制造业集群发展中,能够推动同类及上下游企业党建工作由"单个组建"转变为"产业联建"由"自主活动"转变为"行业互动"、由"个体提升"转变为"整体跨越"。而产业链上下游企业共同体是以产业链龙头企业或关键环节主导企业牵头,联合产业链上下游、横向同类企业、科研院所、高校,以优化产业链企业分工与协作,提高产业创新能力、产业链主导能力、供应链畅通能力、市场拓展能力为共同愿景,通过协议或契约方式组建的新产业组织形态,是企业层级治理的一项创新实践。

本书聚焦先进制造业集群合作创新,总结了龙头企业引领型、新型研发机构赋能型、多边平台网络协作型三种集群合作创新模式,并分别进行了实例分析。①龙头企业是集群创新的主体,是带动集群合作创新的主要力量。龙头企业通过知识创造、知识溢出与网络治理,带动集群其他企业不断推动新产品的开发与形成,加速知识总量的螺旋上升和技术的跨越式进步,促进集群合作创新网络的形成、优化和完善。②新型研发机构是指聚焦科技创新需求,主要从事科学研究、技术创新和研发服务,具备投资主体多元化、管理制度现代化、运行机制市场化、用人机制灵活化等特征的独立法人机构,是贯通创新价值链、

破解死亡峡谷的必然选择，在集群中扮演了优化科技创新组织体系化配置、提升科技创新体系化能力的关键角色。新型研发机构能够打通知识生产（基础研究）到知识应用（技术创新）的环节，畅通基础研究到应用研究，再到产品研发和产业化的通道，助推集群创新发展。③产业创新服务综合体的本质就是一个区域创新公共服务平台，具有多元主体参与、开放创新系统、知识溢出与资源共享等特征，整合龙头企业、科研机构的创新资源，为中小企业创新、搭建合作创新网络服务是其核心宗旨。在实践中，产业创新服务综合主要具备推动"产学研用"合作创新、创新资源开放共享、人才培育引进、人才创新创业四大功能。

第二节 研究展望

改革开放 40 多年来,尤其是党的十八大以来,随着制造强国建设的深入推进,我国制造业遵循集群化发展路径,在多个领域形成了一批先进制造业集群,集群在完善产业生态体系、推动网络化协作等方面取得显著成效,总体表现为以下几点。

一是集群发展理念逐步清晰,推动"竞争者合作"和"抱团发展"逐步成为各方共识。随着国家先进制造业集群竞赛的开展,社会各界对集群培育发展更加关注。过去竞争企业"老死不相往来"的局面正在被打破,企业间通过"牵手",开展产学研合作、产业链和供应链上下游协作和国际化市场开拓的频率在增加、深度在拓展。

二是集群发展作用不断彰显,集群在提升产业链、供应链现代化水平中的角色日趋重要。新冠疫情发生以来,先进制造业集群作为维护国家安全和经济竞争力的重要保障,凭借其主导产业特色鲜明、"产学研用"协作紧密、产业生态协调完善和产业组织开放包容发展的独特优势,积极整合产业链、创新链、资金链等各环节资源,推动大中小企业共同行动,强化上下游和产供销各环节协同复工,有效提高了复工复产的整体效益和水平,在保持产业链、供应链稳定与安全等方面发挥了积极作用。

三是集群发展方向日趋多元,正处于"量变到质变"的关键时期。经过多年发展,我国围绕新一代信息技术、高端装备、汽车、新材料、生物医药等战略性新兴产业领域和纺织服装、绿色食品、智能家电、智能家居等传统优势领域形成了一大批先进制造业集群。以工业和信息化部遴选出的 45 个国家先进制造业集群为例,这些集群主要分布情况为,新一代信息技术领域 11 个、高端装备领域 13 个、新材料领域 7 个、轻工纺织等消费品领域 6 个、生物医药及高端医疗器械 5 个、新能源及智能网联汽车 3 个。

四是深入探索集群发展路径,组织创新和合作创新"并行推进"正在得到广泛而深入的实践。一方面,多家集群发展促进组织积极面向集群成员提供技术创新、信息咨询、供需对接等共性服务,搭建服务集群企业的联合攻关、检验检测、成果转化、创业孵化等重要平台，有效促进了企业抱团发展、产学研合作创新和创新成果产业化。另一方面，面对"产与学""产与研"相对割裂、技术创新到成果转化难以轻易跨越这一难题，集群通过构建"政产学研用"合作创新机制，发挥龙头企业、中介组织等合作创新作用，加速核心技术攻关，并凭借完善的产业生态和丰富的应用场景，推动成果转移转化和产业化应用。

同时，我们也需要清醒认识到，与具有国际竞争力和影响力的世界级集群相比，我国先进制造业集群仍然存在不小的差距，培育与发展先进制造业集群中存在的问题也不容忽视。未来，随着我国先进制造业集群的蓬勃发展，相关实践也将需要更多理论支撑。本书虽然构建了组织变革和合作创新驱动先进制造业集群发展的架构，但囿于本人学术能力和研究精力，研究中尚存在许多不足，尤其是对实证方法的应用较少。更需要指出的是，先进制造业集群的形成与发展是一个系统性工程，涉及多方面理论和应用知识，有必要进一步增强研究的广度和深度，加入横向研究的力度。为此，本书从以下几个方向进行初步探讨，为从事先进制造业集群研究和工作的各界人士"抛砖引玉"。

一、先进制造业集群数字化转型

正如前文所提到的，随着信息和互联网技术的快速发展，突破地理空间限制、专业化分工及整体协作的虚拟产业集群逐渐成为产业发展的新形式。先进制造业集群追求交易成本降低和规模经济扩大所依赖的"地理邻近"正在被开放化、动态化的虚拟集群所具备的"组织邻近"所替代，传统集群所遵循的企业数量集中-质量提升-技术与品牌创新主导的演化路径面临较大挑战。为推动虚拟产业集群发展，需要加快推动先进制造业数字化转型。

制造业数字化转型是转变制造业发展方式、推动制造业高质量发展的"必答题"，旨在推动数字技术在制造业全流程、全领域深度应用，培育发展网络化研发、个性化定制、柔性化生产等新业态、新模式。先进制造业集群凭借先进制造业应用、企业空间集聚、产业关联协作、社会网络互动、链式融合发展"五位一体"的发展格局，成为推动制造业数字化转型的主战场。

第一，推进先进制造业集群数字化转型是转变制造业发展方式，加速新业态、新模式涌现的内在要求。制造业在数字化转型的背景下，正加速重构生产体系、生产方式、企业形态和产业组织。数据要素成为技术、劳动力、资本、土地等之外的新生产要素，不仅能助推传统要素的广泛链接和高效互动，也能提升全要素生产率。集群生产组织管理、合作分工逻辑与产业链、供应链形态加速重构，跨行业、跨领域交叉融合催生新业态、新模式。平台型组织的崛起加速产业分工，以降低对地理空间邻近的依赖。基于此，先进制造业集群数字化转型旨在全面重构集群企业生产、经营和管理模式，重构产业链、供应链形态，重塑产业组织和协同发展机制。

第二，推进先进制造业集群数字化转型是带动中小企业数字化转型、解决"不想转、不敢转、不会转"难题的重要抓手。中小企业是实体经济的重要组成部分，是数字化转型的重点和难点。中小企业对数字化转型的认识和理解不清、认为转型得不偿失，导致不想转；数字化转型的投入巨大、"用不起、玩不起、养不起"导致不敢转；数字化转型路径不清晰、关键架构和关键服务不对路、人才匮乏导致不会转。

先进制造业集群数字化转型为集群内部中小企业的数字化转型和创新发展提供了"肥沃土壤"。集群竞争氛围激发中小企业数字化转型动力，大企业转型基于产业链、供应链上下游企业协同，中小企业"看样学样"进行转型，可以有效解决不想转的问题。集群内工业互联网平台、数字化转型服务商和大型企业等形成配套，中小企业间形成订单共享、设备共享、产能协作和协同制造等新模式，可以有效解决不敢转的问题。集群内大型企业或互联网公司打造面向中小企业需求的工业互联网平台，输出成熟行业数字化转型经验，中小企业协同开展数字化转型，可以有效解决不会转的问题。

第三，推进先进制造业集群数字化转型是提升产业链、供应链、韧性和安全水平的关键一环。先进制造业集群数字化转型是数字技术与实体经济融合的必然产物，可以把原有松散点状的关系变成系统的复合网络，加速供应链各环节高效协同，提升产业链、供应链韧性和安全水平，将本地生产系统的内力和本土资源的外力高效结合，实现协同化、开放化发展。工业互联网平台可以有效助推上下游资源要素的融会贯通，推动研发、生产、供应、销售等高效流通和精准对接。而基于集群的完善产业链、供应链，能够建设数字化转型的产业链、供应链协同平台，以及共享制造工厂、共享车间等，打造透明的产业链、供应链。

由此，我们可以得出先进制造业集群数字化转型的内涵，即运用新一代信息技术，通过技术应用、平台打造、数据赋能、链式推动、生态打造等路径，加速点（企业效率提升）、线（产业链、供应链畅通）、面（社群网络生态打造）的系统性升级，助力集群企业生产和研发效率提升、产业链和供应链循环畅通、合作创新发展持续推动、产业组织高效运转、新业态和新模式不断涌现的过程。推动先进制造业集群数字化转型，加快发展虚拟先进制造业集群，实现先进制造业集群"线上"与"线下"融合发展，需要做到以下几点。

夯实技术底座，布局新型信息基础设施。在集群内加快数据中心建设，前瞻布局支撑集群数字化、智能化发展的算力能力底座，实现对集群内产业相关数据的汇聚和应用。在集群内试点建设未来工厂，优化要素管理，实现生产设备、产线、车间及工厂智能化运作，企业间数据互联和业务互联，大批量个性化定制和小批量个性化制造。引导集群深化"5G+工业互联网"融合发展，加快典型应用场景推广。

深化软件定义，培育数字产业集群。充分释放"软件定义"创新活力，推动云计算、大数据、人工智能、新一代信息技术与工业软件深度融合，培育制造业数字化转型新应用、新模式。加快软件与传感、通信等硬件融合，引导集群内企业将原有产品升级为满足客户场景应用和人机交互需求等要求的数字化产品。鼓励制造业向价值链两端高附加值环节延伸，发展设备融资租赁、共享制造、供应链金融、总集成总承包等新型服务。

做好平台布局，完善工业互联网平台体系。按照企业主导、市场选择、动态调整的方式，在集群内加快培育跨行业、跨领域的工业互联网平台，鼓励中小企业业务系统向云端迁移，实现多平台互联互通，实现多主体在虚拟空间的集聚。鼓励企业通过互联网平台整合资源，优化平台规则，完善平台进出机制，加快构建设计、生产与供应链资源有效组织的协同体系。引进培育一批专业化水平高、服务能力强的制造业数字化转型服务商，结合集群内行业与典型场景打造整体解决方案和集成技术产品。

强化数字治理，构建集群开放共享生态。 在集群中探索建立多样化的数据开发利用机制，加强数据监管与治理方面的技术探索与应用。构建集群中网络安全监测、通报预警、应急响应与处置机制，提高数字化治理能力。规范集群内数据交易管理，开展工业数据资产评估服务，培育高效流通的工业数据要素市场。发挥第三方组织作用，积极承担先进制造业集群虚拟化转型的发起人角色，在推动地理空间的社区化运作的同时，通过搭建共享平台，建立契约与监督机制，带动组织邻近机制在虚拟空间的快速建立。

二、先进制造业集群政策工具箱

国内外产业发展经验表明，集群的发展离不开专项集群政策的支持，但当前我国集群政策还面临着工具单一、操作性不强等问题，需要加快创新政策工具，有效促进先进制造业集群健康发展。

具体到集群政策的内涵，笔者认为其指的是，某个国家或地区政府面向先进制造业集群制定的，为解决集群市场失灵、促进集群健康发展的专项政策措施的总称，是与集群相关的各类产业、科技、金融、就业、环保等政策的综合和延伸，也是区别于一般的产业政策、科技政策、区域政策等的一项新型政策工具。总体来看，集群政策具有四个特征。

一是综合性。 过去很多政策带有"行业"属性，如财政政策、科技政策等，但集群政策是打破传统政策间壁垒，对现有政策进行综合与延伸，形成以服务先进制造业集群为目的的综合性政策体系。

二是功能性。 集群政策服务行业属性和地域属性，多聚焦于集群发展中的市场失灵领域（如市场垄断、同质化竞争、资源整合等），形成针对性的解决措施，通常具有"一群一策"的特征。

三是实效性。 集群政策不是一成不变的，而是与集群发展之间呈现螺旋上升的关系，针对集群发展不同阶段面临的问题，集群政策也要不断优化调整。

四是多维性。 集群政策可以分解为供给层面、需求层面和环境层面上的。供给层面政策主要是指影响要素可获得性的政策，如财政政策、土地政策、能源政策等；需求层面政策主要是指影响销售和市场的政策，如政府采购、市场服务等；环境层面政策主要是指营造良好集群发展环境的政策，如公共服务平台和基础设施建设等。

进入21世纪以来，世界各国为加快培育发展具有全球竞争力和影响力的产业集群，纷纷实施产业集群战略或计划，使得集群政策成为促进区域经济发展的一种新的政策工具。改革开放40多年来，我国产业集群取得了快速发展。但总体看，国家层面上仍然缺乏统一的集群政策工具来详细指导集群的培育发展，政策工具较为单一，没能形成有效的政策工具组合，重项目引进而忽视对集群成员互动与结网的服务，重区域协调发展而轻视差异化、特色化发展，导致产业碎片化、同质化。为此，建议：

要重视集群政策研究设计。国家有关部门要从顶层设计角度，将集群政策作为区别于产业政策、区域政策的一项新型政策工具，配合集群发展规划，用于解决集群市场失灵、优化集群治理机制和改善集群环境等。政策的制定要确立"竞争中立"的原则，推动集群政策与竞争政策相互协调，切实发挥竞争机制的作用。

要丰富集群政策工具箱。要做好集群政策的统筹兼顾，创建包含产业、创新、财政、金融、区域和公共服务等政策在内的集群政策工具箱，推动政策的合理组合和适当应用，提升政策的普惠性、功能性。要重点强调环境层面的重要性，将原有更多的供给层面的政策转向集群创新、集群治理、集群开放等角度。要采取竞争性方式遴选项目，通过提供财政补贴、优惠贷款、税收优惠，引导企业和科研机构之间联合开展基础研究和共性技术研究。通过搭建公共技术服务平台，加强市场监督，建立有序、平等的竞争环境。

要加强集群政策实施评估。一方面，要强化部门协同与分工，探索建立一个责任明确、分工合理、协调一致的国家先进制造业集群管理体系，做到政令统一、行动一致，切实形成支持先进制造业集群发展的政策合力。另一方面，要做好集群政策的延续与优化调整，加快建立标准化的集群政策评估体系。针对45个国家先进制造业集群发展，建议采用多种评价方法，评估周期为3~5年，评价角度应包括政策类型、政策目标、政策效果和存在的问题等。根据评估结果，针对政策的不足进行调整优化、补充完善，确保政策的先进和精准。

三、先进制造业集群梯次发展体系

我国幅员辽阔、区域差异明显、区域互补性强。总体看,我国先进制造业集群在区域布局层面明显不均衡,呈现与经济发展高度相关的"南强北弱、东多西少"特征,有必要引导不同地区基于自身特色的资源禀赋和产业基础,来推动产业集群化发展。同时,考虑到现有基础和未来布局,我们既要巩固提升、发展壮大规模优势突出、引领带动作用强的传统产业集群,又要面向未来前瞻布一批代表前沿科技和产业变革方向的新兴产业集群。为此,结合目前国家各个部委已经遴选确定的各类产业集群重点培育对象,以及地方主动谋划的集群培育发展方向,应加快构建包含区域级、国家级、世界级三个层次的先进制造业集群梯次发展体系。

首先,区域级先进制造业集群是引领区域经济发展的重要力量。区域级先进制造业集群是基于我国制造规模体量大、配套体系全、发展空间广优势,突出地方资源禀赋和发展基础,聚焦产业链某一或某些环节,以产业集聚发展向产业集群发展为导向,以深化产业分工与协作、推动"产学研用"合作创新、完善产业生态体系为重点,有效带动资源要素汇集和企业高效紧密协作的区域产业创新发展高地。重在突出因地制宜、聚焦特色,通过量大面广的发展,凝聚各方力量投入到制造业高质量发展中来,不仅推动传统产业转移升级,还应促使一批特色化、专业化的新兴领域先进制造业集群发展壮大,为发展成为更高层次的先进制造业集群提供生力军。

其次,国家级先进制造业集群是制造强国建设的重要支柱。国家级先进制造业集群是聚焦战略性、全局性、基础性领域,突出国家制造强国战略导向,以打造自主可控和安全高效的产业链、突破关键核心技术、打造畅通高效的产业生态、开展现代化产业治理为重点,引领制造业动力变革、质量变革、效率变革,推动制造强国建设的重要支柱。国家级先进制造业集群重在夯实我国重点优势领域产业链、供应链的完整性和韧性,承载国家重大工程、重大项目,厚植"链主"企业成长和关键核心技术攻关的土壤,时刻保持着对创新资源、企业、人才、外资的吸引力,引领带动制造业的转型升级和高质量发展。

最后，世界级先进制造集群是参与国际产业竞争的战略力量。世界级先进制造业集群是深度嵌入全球产业链、价值链和创新链，规模处于全球市场前列，集聚着一批世界级一流的企业和产品，掌控着一批知名品牌和标准，产业链、创新链、资金链、人才链、服务链深度耦合发展，代表着我国战略、优势产业领域的国际产业竞争新优势。拥有一批世界级先进制造集群，就拥有了引领全球技术创新和产业变革的战略力量。我们必须通过一段很长时间的努力，坚持国际视野和目标导向，瞄准战略性、全局性、基础性领域的国家级先进制造业集群，整合地方部门资源，凝聚社会各界共识，不断提升先进制造业集群的发展质量和水平。

四、先进制造业集群走向创新集群之路

当前，产业集群研究热度不减，针对产业集群创新升级的研究也非常多，创新集群、创新型产业集群、产业创新集群、战略性新兴产业集群等新名词也不断涌现。以王缉慈等为代表的一批学者将创新集群视为产业集群发展的高级阶段，并认为相较于企业通过越来越精确的专业化分工来获得成本降低效果的产业集群，创新集群更加强调产学研近距离、紧密的技术合作、知识共享和互动。

为此，相关学者就将创新集群定义为：创新集群是由企业、研究机构、大学、风险投资机构、中介服务组织等构成，通过产业链、价值链和知识链形成战略联盟或各种合作，具有集聚经济和大量知识溢出特征的技术—经济网络（钟书华，2008 年）。当然，也有一些学者不认同这种观点，而是将创新集群简单地等同于高新技术产业形成的产业集群，而不是传统制造业形成的生产性产业集群。也有一批学者简单地将高新技术产业开发区这一中国特色实践等同于创新集群，并在政策层面进行了推动（如科学技术部推动的以高新区为主题打造的创新型产业集群）。

鉴于当前国家创新系统、区域创新系统、创新网络的重要性，先进制造业集群与创新集群的关系也有必要做好正本清源，推动先进制造业集群走向创新集群也成为未来研究重点。

首先，需要说明的是，先进制造业集群本身具备高效率的合作创新网络，是立足先进制造业的生产型集群和创新型集群的合体。一些学者所认为的创新集群和产业集群在劳动力资源、经济活动主体、本地产业联系、外部性、战略意图五个方面存在的显著差异，笔者认为在先进制造业集群与创新集群中并不存在。本书所研究的先进制造业集群本身就形成了以龙头企业、高校、研究机构、中介机构等创新主体间正式和非正式关系为网络联结，打造具有集聚优势、知识溢出优势和技术转移优势的合作创新网络。这个集群合作创新网络与创新集群强调产学研主体间知识学习与互动的本质特征是一致的。因此，可以说先进制造集群本身就具备创新集群的核心内涵。

其次，需要强调的是，先进制造业集群走向创新集群的本质要求就在于综合利用集群式创新发展和内生动力激发，增强规模经济效应、提升创新经济效率，进而实现整体创新升级。推动创新集群发展。这并不是简单的产品升级、技术升级和产业升级，而重在变革创新模式、构建创新网络。正如前文所提到，先进制造业集群本身已经具备技术水平先进，生产制造模式先进，集群内企业和产品质量品牌先进，以及产业组织形态、集群治理机制先进等特征，推动先进制造业集群走向创新集群的核心要义在于不断激发集群发展内生动力，不断推动知识生产与创造、加速知识扩散与技术外溢，促进集群不断衍生发展新的技术、新的产品、新的产业。

再则，需要明确的是，先进制造业集群走向创新集群需要一个良好的内外创新生态环境。王缉慈（2007年）强调，只有形成一种真正的知识流通的环境，能够促使本地的企业创新，这样才叫作创新集群。而保障知识自由流通，需要先进制造业集群嵌入到国家、区域创新生态系统之中，嵌入到一个公平竞争的市场环境中。这也离不开本书所探讨的先进制造业集群合作创新和组织变革"双轮驱动"架构，即通过优化和调整集群组织网络结构，不断优化集群治理机制，来保障集群合作创新网络高效率运转。

五、先进制造业集群组织网络变革趋势

本书将先进制造业集群组织变革归纳为构建互动与共生的组织网络、创新

集群治理机制两个方面，并从集群发展促进组织、融合型组织等角度探讨了集群组织变革，但对龙头企业的治理、生态主导型企业的发展、平台组织、共享经济这些产业组织层面并没有太多了探讨。而这几个层面，都与数字经济催生先进制造业集群数字化治理有关。

正如前文所探讨的，数字经济重构了产业组织形态，推动着产业组织的发展与演化，根本上改变产业组织运行的规则与逻辑，并深刻地影响着产业集群的运行效率。由此，推动先进制造业集群数字化治理，则成为其适应数字经济发展，实现先进制造业集群组织网络变革的重要环节。

首先，生态主导型企业集群网络中的地位则显得愈发重要。我们所研究的先进制造业集群等多的属于轮轴式集群，围绕不同产业链细分领域，若干龙头企业及其供应配套中小企业，以及数量众多的竞争型中小企业在集群网络内集聚。而数量众多的竞合关系的中小企业围绕生态主导型企业，形成高度灵活性、柔性化的发散状网络形态。这种发散状网络又有着紧密的联系和权利结构，而数字经济更是对集群中各主体间新契约关系的梳理和权力的重新分配。生态主导型企业不仅对产业链上下游有着控制力，对企业创新生态系统、产业组织治理等都有一定的影响力。但是这种作用机理、结构类型、治理机制等都还需要进一步探讨。

其次，平台组织的作用需要进一步研究探讨。正如前文所提到的，数字经济下各类数字平台对物理世界与数字世界的重构，改变了人与自然、人与人、个体与组织之间的信息交换方式，促进了社会生产由规模化向规模化与精益化高度融合，由物理世界的时空规制向数字世界的无边界化、超越时空化等方向发展。基于平等协作、价值共创、利益共享理念，具有开放性、无边界、横向化、扁平化、去中心化、去中介化等特点的平台组织加速崛起。得益于这些平台组织，先进制造业集群可以加强整合和重构组织内外互补性资源，增强企业参与社会分工的适配性与选择广度，进而实现集群内资源要素数字化、产业数据共享化、创新服务集约化、平台治理协同化，有效提升生产专业化水平、生产制造和组织管理效率。但是平台的约束和监管尚处于起步阶段，平台组织如何协调与其他主体的关系还需要进一步探讨。

最后，共享制造、共享创新、共享服务等共享经济新模式等新模式的涌现。

数字化转型的情况下，可以推动集群产业链上下游、供应链企业和生态伙伴共享客户、订单、设计、生产、经营等各类信息资源，开展柔性制造、按需生产，加速共享制造、共享创新、共享服务等共享经济新模式的涌现。这不仅是先进制造业集群组织变革的一种体现，也为产业组织理论研究打开了新空间。在先进制造业集群发展中，共享经济可以将分散、闲置的生产资源集聚起来，集群企业可以按需、动态地获得资源从而推动集群内部资源流动和利用，同时通过共享互动促进企业间联系更为紧密，提高集群内资源利用效率和网络化协作水平。比如，围绕中小企业共性制造需求，通过建设共享工厂，可以为中小企业提供按需配置的设备、工具、生产线等共享的制造资源，减轻企业购买设备负担和储存备料压力。集群共享服务平台可以针对企业普遍存在的共性服务需求，提供专业化、个性化、便利化服务，促进中小企业通过充分利用信息和资源实现网络化协作。

但总体看，共享经济在推动过程中也存在一定的问题。例如，企业对共享过程中的安全、标准、用户数据保护等方面的隐患存在一定的担忧，共享平台的运营机制和组建模式还不清晰，而龙头企业存在营利性和公共服务性的矛盾，缺乏"共享"自身资源的动力。如何加快共享制造在先进制造业集群内的推广应用，推动集群内资源的高效利用和共享，促进集群网络化协作，还需要进一步的研究。

参 考 文 献

[1] BACATTINI G. The development of light industry in Tuscany:an interpretation[J]. Economic Note, 1978, 2(3): 107-123.

[2] BOSCHMA R A. Proximity and innovation: a critical assessment [J]. Regional Studies, 2005 (39): 61-74.

[3] BRESCHI S, MALERBA F. The geography of innovation and economic clustering: Someintroductory notes [J]. Industrial and Corporate Change, 2001, 10 (4): 817-833.

[4] CASSANEGO J P V, BOAVENTURA J M G, AZEVEDO A C, et al. Governance In business clusters:proposal for an application of an analytical model[J]. Entrepreneurship and Regional Development, 2019, 31(9-10): 984-1010.

[5] CENAMOR J, FRISHAMMAR J. Openness in platform ecosystems: Innovation strategies for complementary products[J]. Research Policy, 2021, 50(1): 104-148.

[6] COAKES E W, SMITH P A C. Developing Communities of Innovation by Identifying Innovation Champions[J]. The Learning Organization, 2007, 14(1) : 74-85.

[7] CRISTINA B. Industrial Clusters: Focal Firms, and Economic Dynamism—A Perspective from Italy[EB/OL]. [2008-10-29]. http://siteresources.worldbank.org/WBI/Resources/wbi37186.pdf.

[8] GRANSTRAND O, HOLGERSSON M. Innovation ecosystems: A conceptual review and a new definition[J]. Technovation, 2020, 90-91(2-3): 102.

[9] HAKEN H. Advanced Synergetics[M]. New York: Springer, 1983.

[10] IANSTI M, LEVIEN R. Strategy as ecology [J]. Harvarrd Business Review, 2004, 82(3): 68-81.

[11] KRUGMAN P. Increasing returns and economic geography[J]. Journal of Political Economy, 1991, 99(2): 483-499.

[12] LANGEN, DE P. Governance in Seaport Clusters[J]. Maritime Economics & Logistics, 2004, 6(2): 141-156.

[13] MICHAEL P. Competition advantage of nations[M]. New York: The Free Press, 1990.

[14] MOORE J F. The death of competition :Leader ship and strategy in the age of business ecosystems[M]. New York: Harper Business, 1996.

[15] PIORE M J, SABEL C F. The Second Industrial Divide:Possibilities for Prosperity[M]. New York: Basic Books, 1984: 29-103.

[16] PORTER M E, KETELS C. Clusters and industrial districts: Common roots, different perspectives[J]. Chapters, 2009.

[17] PORTER M E. Clusters and the new economics of competition [J]. Harvard business review, 1998:77-90.

[18] PYKE F, BECATTINI G, SENGENBERGER W. Industrial Districts and Inter-firm Co-operation in Italy[R] . Geneva: International Institute for Labour Studies, ILO , 1990.

[19] RABELLOTTI R. Is there an "industrial district model"?Footweardistricts in Italy and Mexico compared[J]. World Development, 1995, 2:29-41.

[20] ROMANO A, PASSIANTE G , ELIA V . The Web Economy: Towards a New Spatial Context for Learning and Innovation processes in the Business Environment[C]. ERSA conference papers. European Regional Science Association, 1999.

[21] TAPSCOTT D. The Digital Economy: Promise and Peril in the Age of Networked Intelligence[M]. New York: The McGraw-Hill Companies, 1996.

[22] PADMORE T, GIBSON H. Modeling Systems of the Innovation:A Framework for Industrial Cluster Analysis in Regions[J]. Research Policy, 1998, (26): 625-641.

[23] TRACEY P. CLARK G L. Networks and Competitive Strategy:Rethinking Clusters of Innovation[J]. Growth&Change, 2003, 34 (1): 1-16.

[24] WEI J, ZHOU M, GREEVEN M, et al. Economic governance, dual networks and innovative learning in five Chinese industrial clusters[J]. Asia Pacific Journal of Management, 2016, 33(4): 1037-1074.

[25] WILLIAMSON O E. The economics of governance[J]. American Economic Review, 2005, 95(2): 1-18.

[26] 特罗特. 创新管理与新产品开发[M]. 北京：机械工业出版社, 2020.

[27] 陈劲, 阳银娟. 协同创新的理论基础与内涵[J]. 科学学研究, 2012 (2): 161-164.

[28] 陈劲. 企业创新生态系统论[M]. 北京：科学出版社, 2017.

[29] 陈盛兴，郭丰荣. 数字平台形塑社会分工发展趋势[N]. 中国社会科学报，2022-06-08(005).

[30] 陈晓红. 数字经济时代的技术融合与应用创新趋势分析[J]. 中南大学学报(社会科学版) , 2018, 24 (5)：1-8.

[31] 创新集群建设的理论与实践研究组. 创新集群建设的理论与实践[M]. 北京：科学出版社出版, 2012.

[32] 崔永华, 王冬杰. 区域民生科技创新系统的构建——基于合作创新网络的视角[J]. 科学学与科学技术管理, 2011, 32(7): 86-92.

参 考 文 献

[33] 方炜, 王莉丽. 合作创新网络的研究现状与展望[J]. 科研管理, 2018, 39 (9): 30-41.

[34] 高映红. 基于核心企业的集群网络式创新研究[D]. 武汉: 武汉理工大学, 2010.

[35] 龚绍东. 产业集群"蜂巢型结构"形态的实证分析[J]. 中国工业经济, 2005(10): 37-44.

[36] 国家制造强国建设战略咨询委员会, 中国工程院战略咨询中心. 智能制造[M]. 北京: 电子工业出版社, 2016.

[37] 何一清, 乔晓楠. 协同创新、合作创新网络与技术创新[J]. 北方民族大学学报(哲学社会科学版), 2015 (2): 133-136.

[38] 何郁冰. 产学研协同创新的理论模式[J]. 科学学研究, 2012 (2): 165-174.

[39] 侯彦全, 程楠, 侯雪. 远程运维服务模式研究——以金风科技为例[J]. 工业经济论坛, 2017, 04 (2): 68-73.

[40] 侯彦全, 程楠. 破解世界级先进制造业集群的认知误区应做好三个结合[N]. 中国经济时报, 2018-08-01.

[41] 侯彦全, 程楠. 世界级先进制造业集群的内涵及竞争力[N]. 中国经济时报, 2018-08-23.

[42] 侯彦全, 程楠. 提供良好"土壤" 服务构建新发展格局[J]. 软件和集成电路, 2021, 442(11): 28-30.

[43] 侯彦全, 程楠. 先进制造业集群合作机构的实践与探索[N]. 中国经济时报. 2018-08-02.

[44] 侯彦全, 张兆泽. 国家级先进制造业集群的形成与发展机制探析[J]. 中国工业和信息化, 2022(11): 15-19.

[45] 侯彦全. 加快培育先进制造业集群 2.0 版[N]. 经济参考报, 2021-10-19.

[46] 侯彦全. 创新集群治理机制[N]. 中国经济时报, 2018-08-16.

[47] 侯彦全. 加快推动先进制造业集群发展[J]. 软件和集成电路, 2021 (7): 46-48.

[48] 侯彦全. 聚焦虚拟产业集群推动先进制造业集群虚拟化转型[N]. 中国计算机报, 2020-10-26.

[49] 侯彦全. 先进制造业集群的再认识[J]. 中国外资, 2023, 520 (1): 48-49.

[50] 胡允银. 产业创新服务综合体与龙头企业互动发展机理研究[J]. 河北科技师范学院学报(社会科学版), 2021, 20 (4): 11-17, 24.

[51] 黄彩英, 钟静静. 我国社会服务机构参与公共服务的理性思考[J]. 河北科技大学学报(社会科学版), 2017, 17 (4): 20-26.

[52] 黄鲁成. 区域技术创新生态系统的特征[J]. 中国科技论坛, 2003 (1): 23-26.

[53] 黄永明, 廖加富. 基于产业集群主体功能的集群治理[J]. 江淮论坛, 2011 (2): 21-28.

[54] 纪玉俊. 产业集群的网络组织分析[D]. 济南: 山东大学, 2009.

[55] 江苏省政府研究室, 新华日报社联合调研组, 等. 中国制造走向世界的领头羊——徐工集团三十年创新实践与启示[J]. 中国发展观察, 2018(22): 48-52.

[56] 蒋录全, 吴瑞明, 刘恒江, 等. 产业集群竞争力评价分析及指标体系设计[J]. 经济地理, 2006 (1): 37-40.

[57] 蒋石梅, 吕平, 陈劲. 企业创新生态系统研究综述——基于核心企业的视角[J]. 技术经济, 2015, 34 (7): 18-23, 91.

[58] 李春发, 李冬冬, 周驰. 数字经济驱动制造业转型升级的作用机理——基于产业链视角的分析[J]. 商业研究, 2020 (2): 73-82.

[59] 李江华. 校地共建新型研发机构的协同治理研究[D]. 武汉: 华中科技大学, 2019.

[60] 李琳, 韩宝龙. 组织合作中的多维邻近性: 西方文献评述与思考[J]. 社会科学家, 2009 (7): 108-112.

[61] 李琳. 多维邻近性与产业集群创新[M]. 北京: 北京大学出版社, 2014.

[62] 李梦楠, 贾振全. 社会网络理论的发展及研究进展评述[J]. 中国管理信息化, 2014 (3): 133-135.

[63] 李拓宇, 魏江, 华中生, 等. 集群企业知识资产治理模式演化研究[J]. 科研管理, 2020, 41(8): 60-70.

[64] 李莹亮. 从"苹果林"到"苹果核", 打造创新创业生力军——专访广东华中科大工研院院长张国军[J]. 科技与金融, 2021 (4): 60-63.

[65] 李运强, 吴秋明. 虚拟产业集群——一种新型的产业集群发展模式[J]. 华东经济管理, 2006 (12): 42-45.

[66] 刘友金, 叶文忠. 集群创新网络与区域国际竞争力[M]. 北京: 中国经济出版社, 2011.

[67] 刘友金. 产业集群竞争力评价量化模型研究——GEM 模型解析与 GEMN 模型构建[J]. 中国软科学, 2007 (9): 104-110, 124.

[68] 鲁开根. 产业集群社会网络的根植性与核心能力研究[J]. 广东社会科学, 2006 (2): 41-46.

[69] 马歇尔. 经济学原理[M]. 北京: 北京联合出版公司, 2015.

[70] 波特. 国家竞争优势[M]. 李明轩, 译. 北京: 中信出版社, 2012.

[71] 宁连举, 肖玉贤, 牟焕森. 平台生态系统中价值网络与平台型企业创新能力演化逻辑——以海尔为例[J]. 东北大学学报(社会科学版), 2022, 24 (2): 25-33.

[72] 裴长洪, 倪江飞, 李越. 数字经济的政治经济学分析[J]. 财贸经济, 2018, 39(9): 5-22.

[73] 钱吴永, 李晓钟, 王育红. 物联网产业技术创新平台架构与运行机制研究[J]. 科技进步与对策, 2014, 31 (9): 66-70.

[74] 任太增. 产业集群的内部结构与治理[J]. 河南师范大学学报(哲学社会科学版), 2015, 42 (2): 36-40.

[75] 师博. 市场创新与中国经济增长质量[J]. 治理现代化研究, 2020, 36 (6): 43-51.

[76] 施雪华, 张琴. 国外治理理论对中国国家治理体系和治理能力现代化的启示[J]. 学术研究, 2014(6): 6.

[77] 史际春. 政府与市场关系的法治思考[J]. 中共中央党校学报, 2014, 18 (6): 7.

[78] 孙冰, 周大铭. 国外创新网络核心企业研究现状评介与未来展望[J]. 外国经济与管理,

2011, 33(8): 17-24.

[79] 孙聪, 魏江. 企业层创新生态系统结构与协同机制研究[J]. 科学学研究, 2019, 37 (7): 1316-1325.

[80] 孙晓雨. 产业创新服务综合体的区域创新绩效外溢效应研究[D]. 杭州：浙江师范大学, 2021.

[81] 唐晓华, 等. 我国先进制造业发展战略研究[M]. 北京：经济科学出版社, 2020.

[82] 佟家栋, 张千. 数字经济内涵及其对未来经济发展的超常贡献[J]. 南开学报(哲学社会科学版), 2022 (3): 19-33.

[83] 万幼清. 产业集群核心竞争力研究[M]. 北京：人民出版社, 2013.

[84] 王缉慈, 谭文柱, 林涛, 等. 产业集群概念理解的若干误区评析[J]. 地域研究与开发, 2006(2): 1-6.

[85] 王缉慈, 王敬甯. 中国产业集群研究中的概念性问题[J]. 世界地理研究, 2007 (4): 89-97.

[86] 王缉慈. 超越集群：中国产业集群的理论探索[M]. 北京：科学出版社, 2010.

[87] 王缉慈. 创新集群三十年探索之旅[M]. 北京：科学出版社, 2016.

[88] 王缉慈, 等. 创新的空间：产业集群与区域发展[M]. 北京：科学出版社, 2019.

[89] 王缉慈, 等. 创新的空间：企业集群与区域发展[M]. 北京：北京大学出版社, 2001.

[90] 王嘉馨. 产业集群网络的治理机制及其绩效研究[D]. 成都：西南财经大学, 2021.

[91] 王如玉, 梁琦, 李广乾. 虚拟集聚：新一代信息技术与实体经济深度融合的空间组织新形态[J]. 管理世界, 2018, 34 (2): 13-21.

[92] 王伟光, 张钟元, 侯军利. 创新价值链及其结构：一个理论框架[J]. 科技进步与对策, 2019, 36 (1): 36-43.

[93] 魏江, 申军. 传统产业集群创新系统的结构和运行模式——以温州低压电器业集群为例[J]. 科学学与科学技术管理, 2003 (1): 14-17.

[94] 魏中龙. 数字经济的内涵与特征研究[J]. 北京经济管理职业学院学报, 2021, 36 (2): 3-10.

[95] 吴崇明, 程萍, 王钦宏. 中国建设新型研发机构的源起、问题及对策建议[J]. 科技和产业, 2022, 22 (7): 306-314.

[96] 吴秋明, 陈捷娜. 集成视角下的产业集群组织结构模式研究[J]. 东南学术, 2015 (2): 131-140.

[97] 吴哲坤, 金兆怀. 关于我国虚拟产业集群发展的思考[J]. 东北师大学报(哲学社会科学版), 2015 (6): 82-86.

[98] 肖建华, 张栌方, 孙玲. 我国虚拟集群治理模式与协同效应研究：以服务业为例[J]. 科技进步与对策, 2016, 33(15): 44-49.

[99] 徐康宁. 当代西方产业集群理论的兴起、发展和启示[J]. 经济学动态, 2003 (3): 70-74.

[100] 徐小俊, 孙雁, 郭昉. 新型研发机构的外部治理研究[J]. 实验技术与管理, 2022, 39 (8): 225-228.

[101] 斯密. 国民财富的性质和原因的研究[M]. 北京: 商务印书馆, 2002.

[102] 严北战. 产业集群治理模式演化机理及其路径研究[J]. 商业研究, 2013 (11): 6-10.

[103] 杨升曦, 魏江. 企业创新生态系统参与者创新研究[J]. 科学学研究, 2021, 39 (2): 330-346.

[104] 杨雅欣. 从新型研发机构看我国高校科研组织变革[J]. 扬州大学学报(高教研究版), 2022, 26 (5): 56-63.

[105] 叶海景. 龙头企业知识溢出、治理效应与产业集群创新绩效[J]. 治理研究, 2021, 37(2): 110-117.

[106] 易明. 产业集群治理: 机制、结构、行动与绩效[D]. 武汉: 华中科技大学. 2010.

[107] 易明. 产业集群治理结构与网络权力关系配置[J]. 宏观经济研究, 2010 (3): 42-47.

[108] 于波, 李平华. 先进制造业的内涵分析[J]. 南京财经大学学报, 2010 (6): 23-27.

[109] 余江, 管开轩, 李哲, 等. 聚焦关键核心技术攻关强化国家科技创新体系化能力[J]. 中国科学院院刊, 2020, 35 (8): 1018-1023.

[110] 俞可平. 全球治理引论[J]. 马克思主义与现实, 2002 (1): 20-32.

[111] 原长弘, 孙会娟. 政产学研用协同与高校知识创新链效率[J]. 科研管理, 2013 (4): 60-67.

[112] 熊彼特. 经济发展理论[M]. 何畏, 易家详, 等, 译. 商务印书馆. 2020.

[113] 熊彼特. 资本主义、社会主义与民主[M]. 宥佑, 注释. 上海: 上海译文出版社. 2020.

[114] 张聪群. 知识溢出与产业集群技术创新[J]. 技术经济, 2005 (11): 87-89.

[115] 张鹏. 数字经济的本质及其发展逻辑[J]. 经济学家, 2019 (2): 25-33.

[116] 赵新勇. 产业集群的形成机理和作用机制研究[J]. 商业研究, 2006 (5): 135-137.

[117] 赵艺璇, 成琼文. 创新生态系统中核心企业如何实现跨界资源整合?[J]. 科学学与科学技术管理, 2022, 43 (5): 100-116.

[118] 赵作权, 田园, 赵璐. 网络组织与世界级竞争力集群建设[J]. 区域经济评论, 2018 (6): 44-53.

[119] 浙江省科技厅. 浙江省产业创新服务综合体建设实践[J]. 今日科技, 2019 (5): 4-14.

[120] 钟书华. 创新集群: 概念、特征及理论意义[J]. 科学学研究, 2008 (1): 178-184.

[121] 周志太. 基于经济学视角的合作创新网络研究[D]. 长春: 吉林大学, 2013.